高速铁路前沿技术系列著作

数据驱动的高速列车智能感知与运行优化控制

杨　辉　付雅婷　张坤鹏　著

科学出版社

北　京

内 容 简 介

本书基于交通强国、智慧铁路发展规划，以实现高速列车智能运行需求为引导，针对高速列车运行环境复杂、运行工况变化频繁等特点，以及基于人工操纵驾驶模式难以实现动车组高效运行的现状，从高速列车运行数据分析出发，以应用实践为目的，主要介绍高速列车行驶状态感知技术，高速列车运行建模、优化和控制一体化技术，高速列车智能运行控制技术等，部分技术已成功应用于高速列车运行控制系统——中国高铁核心关键系统。

本书可供列车自动驾驶领域的从业者、对列车自动驾驶实践感兴趣的学生和学术研究人员阅读和参考。

图书在版编目（CIP）数据

数据驱动的高速列车智能感知与运行优化控制 / 杨辉，付雅婷，张坤鹏著. — 北京：科学出版社，2024. 12. -- ISBN 978-7-03-080609-3

Ⅰ. U284.48

中国国家版本馆CIP数据核字第2024LP1759号

责任编辑：张海娜　赵微微 / 责任校对：任苗苗
责任印制：肖　兴 / 封面设计：图阅社

科 学 出 版 社 出版
北京东黄城根北街 16 号
邮政编码：100717
http://www.sciencep.com
北京建宏印刷有限公司印刷
科学出版社发行　各地新华书店经销
＊
2024 年 12 月第 一 版　开本：720×1000　1/16
2024 年 12 月第一次印刷　印张：16 1/2
字数：330 000
定价：150.00 元
（如有印装质量问题，我社负责调换）

序

我国铁路营业里程达到 16.2 万公里，其中高铁里程达到 4.8 万公里，超过全世界高铁总里程的 60%，是世界上高速铁路里程最长、运营速度最高、运营场景最为丰富的国家。高铁已成为我国自主创新的典范和亮丽的国家名片。

在人工智能浪潮席卷全球的今天，数据要素已成为驱动智能化发展的关键。《数据驱动的高速列车智能感知与运行优化控制》一书的作者团队在国家自然科学基金联合基金(高铁联合基金)-重点支持项目、国家自然科学基金面上项目、中国国家铁路集团有限公司重点课题等项目支持下，针对高速列车行驶环境复杂、运行工况变化频繁和基于人工操纵驾驶模式难以实现安全高效运行的现状，系统开展高速列车运行状态与行驶环境感知、高速列车运行建模与运行优化决策、高速列车运行控制与智能辅助驾驶等关键技术研究并取得系列成果，获吴文俊人工智能科学技术奖技术发明一等奖、江西省技术发明奖一等奖等省部级奖励，部分技术成功应用于高速列车运行控制系统，有效保障我国高铁安全高效运行，经济社会效应显著。该著作既有理论方法的深度介绍，也有实践应用的案例，具有较高的出版价值。

智能高铁新时代，征途漫漫再启航。作为一名长期从事控制工程和工业人工智能领域的科技工作者，对该书的出版倍感欣慰，也期待更多专家学者和工程技术人员聚焦我国交通行业的科技创新，以"敢为天下先"的创新勇气和"十年磨一剑"的工匠精神，共同绘制"人享其行、物畅其流"的智慧交通新图景，为助力我国先进轨道交通的智能化贡献力量。

中国工程院院士

2024 年 11 月

前　言

中国铁路坚持"应用牵引、创新突破、开放协同、引领发展"的基本原则，依托技术创新不断解锁"新成就"，为建设交通强国贡献力量。高铁作为我国轨道交通行业的标杆，经过不断地建设和发展，其示范效应和经济支撑引领作用正不断凸显。为了抢占新一轮科技革命和产业变革制高点，保持我国铁路科技创新领先优势，高铁智能化发展已成为我国从铁路大国迈向铁路强国的必经之路。

本书基于交通强国、智慧铁路发展规划，以实现高速列车智能运行需求为引导，系统介绍高速列车智能驾驶关键技术：高速列车行驶状态感知技术，高速列车运行建模、优化和控制一体化技术，高速列车运行优化控制技术。本书总结作者团队在列车自动驾驶领域内多年系统深入的研究成果，所使用的材料来源于作者团队在 *Automatica*、*IEEE Transactions on Intelligent Transportation Systems*、*IEEE Transactions on Fuzzy Systems*、《自动化学报》等期刊以及相关会议发表的 100 余篇相关学术论文及获授权的中国、美国等 20 余项发明专利。本书成果已获吴文俊人工智能科学技术奖技术发明一等奖、江西省技术发明奖一等奖等省部级奖励 8 项；作者指导的研究生获中国国际"互联网+"大学生创新创业大赛金奖，以及江西省优秀博士、硕士学位论文（10 余篇）。本书的主要学术观点和方法得到包括中国人工智能学会理事长戴琼海院士和控制领域专家桂卫华院士等国内外同行的广泛认可和高度评价，将有效提升我国高速列车运行智能化水平，为新一代智能化高速铁路运行控制系统研发提供重要技术支撑。

大多数高速列车控制方面的专著注重理论深度和完整性，把实际应用作为补充。本书采用了完全不同的撰写方法，重点研究基于结构化的问题求解技能和最佳实践方法。本书内容主要从数据驱动角度进行分析，以实践为导向，内容主线如下：绪论⇒智能感知技术⇒运行优化控制技术⇒高速列车智能辅助驾驶及展望。按照上述思路，本书的内容按如下五个部分进行安排：第一部分即第 1 章为绪论，介绍高速列车智能感知与运行优化控制相关方法和技术概况。第二部分介绍高速列车行驶状态感知技术，包括第 2 章和第 3 章。第 2 章介绍基于多源数据融合的高速列车高精度定位感知技术；第 3 章给出融合北斗的高速列车姿态感知技术。第三部分介绍高速列车运行目标优化和控制一体化技术，包括第 4~8 章。第 4 章论述高速列车运行多目标优化技术；第 5~7 章重点阐述基于自适应模糊神经网络和模糊双线性模型推理学习的高速列车运行优化控制技术；第 8 章介绍数据驱动的高速列车追踪运行优化控制技术。第四部分介绍高速列车智能辅助驾驶技术，包括第 9 章和第 10 章。第 9 章重点阐述高速列车牵引/制动手柄级位预测控制技术；第 10 章给出数据驱动的高速列车牵引电机多故障诊断与容错控制技术。第五部分即第 11 章为高速列车智能辅助驾驶关键技术应用与展望，总结本书主要工作及后续研究工作的展望。

　　本书由华东交通大学教材（专著）出版基金、江西省技术创新引导类计划（国家科技奖后备项目培育计划）（20203AEI009）资助出版，在此表示衷心感谢！

　　限于作者水平，本书难免存在不妥之处，敬请广大读者批评指正。

作　者
2024 年 6 月

目　　录

第1章 绪 论

1.1 列车运行控制系统概述

列车运行控制系统(简称列控系统)是保障高速铁路行车安全、提高运输效率的核心技术装备,是高速铁路的大脑和中枢神经。中国列车控制系统(China train control system,CTCS)融合国外高速铁路列车运行控制系统的运营经验,根据我国铁路运输特点,在欧洲列车控制系统的基础上更新改进设计,最终于 2002 年由铁道部确定构建。CTCS 结合我国国情,从实际需求出发,遵循以地面设备为基础、车载与地面设备统一设计的原则,按系统构成和功能划分为五个等级,分别为 CTCS-0 级、CTCS-1 级、CTCS-2 级、CTCS-3 级、CTCS-4 级。其中 CTCS-2级、CTCS-3 级列控系统是我国目前主流的高速列车应用列控系统,CTCS-2 级列控系统主要应用于速度为 200~250km/h 的高速铁路、CTCS-3 级列控系统主要应用于速度为 300~350km/h 的高速铁路[1]。

近年来,我国逐步开展了铁路自动驾驶技术应用的可行性研究,在可靠的CTCS 中叠加列车自动驾驶(automatic train operation,ATO)功能,在具备安全性保障的前提下,利用自动化控制技术提高运输效率、便捷性,逐步建立起较完善的自动驾驶技术融合方案。至此,发展出两种类型:CTCS-2+ATO(2016 年珠三角莞惠城际铁路开始使用)、CTCS-3+ATO(2019 年底京张高铁开始使用)。搭载 CTCS-2+ATO 列控车载设备的珠三角莞惠城际铁路的开通,实现了全球首条在时速 200km 的高铁线路的自动驾驶技术应用;2019 年 12 月,京张高铁的开通,也标志着时速 300km 以上的高铁自动驾驶时代已经开启。

CTCS-3+ATO 是在成熟可靠的 CTCS-3 级列控系统的基础上,增加 ATO 等功能,构建的适用于时速 300km 以上,高自动化、智能化的高速铁路自动驾驶系统。车载设备在 CTCS-3 级列车超速防护(automatic train protection,ATP)设备的基础上增加 ATO 单元、通用分组无线服务(general packet radio service,GPRS)电台及相关配套设备,地面设备在临时限速服务器、调度集中系统、列控中心等设备上增加 ATO 相关功能,在轨旁增加精确定位应答器。根据行车需要,调度集中系统通过计算机联锁将列车进路信息发送给无线闭塞中心(radio block center,RBC),并由无线闭塞中心发送行车许可给车载 ATP 设备,调度集中系统通过临时限速服务器发送行车计划给车载 ATO 设备,车载 ATP 设备生成目标距离连续速度模式曲线,如图 1.1 所示,车载 ATO 设备在车载 ATP 设备的行车许可下根据线路条件、运行计划等信息计算控车指令,实现自动驾驶。这里的 ATO 需要驾驶员判断是否具备自动驾驶条件,再由其确认车载设备转入自动驾驶模式,向列车输出牵引、制动、惰行命令,实现在节能优化控制和准点运行前提下的自动驾驶。

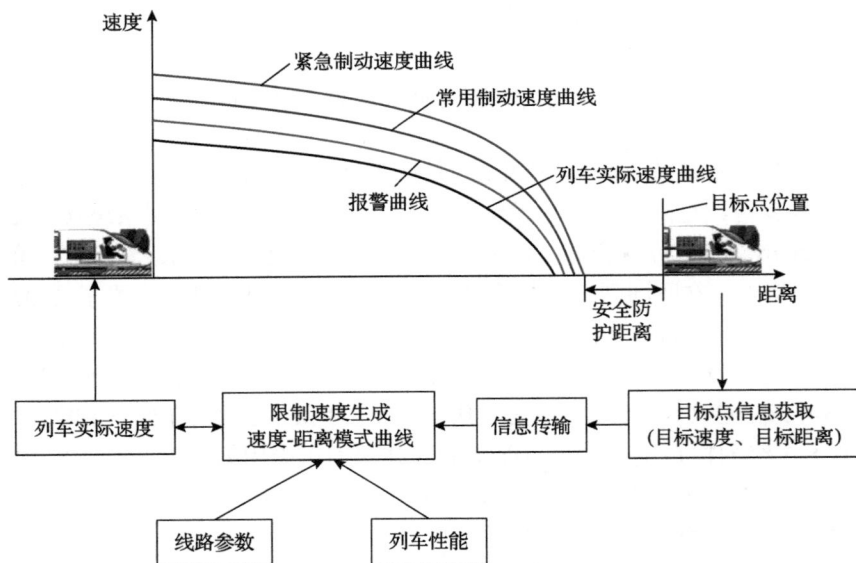

图 1.1　目标距离连续速度模式曲线控制方式示意图

此模式下的列车自动驾驶也并没有实现真正意义上的智能驾驶,真正的智能驾驶需要在 CTCS-4 级列控系统的移动闭塞基础上,结合多种定位方式精准定位,在 5G 网络的前提下实现多车之间的车车通信,从而对列车进行智能化运行优化控制。本书是在高速列车自动驾驶发展过程中,对高速列车的智能定位和智能优化控制的研究,希望能够为未来 CTCS-4 级列控系统和高速列车智能驾驶奠定坚实的基础。

1.2　高速列车行驶环境感知技术概述

我国高铁建设和运营技术世界领先,作为中国"新四大发明",高铁已经成为中国最闪亮的名片之一。中国科学院院士翟婉明曾在接受采访时,高度评价了"复兴号"高速列车运营的意义:"这使我们成为世界上铁路运营速度最高的国家,这对于将来行业标准的制定意义重大,为下一步'引领高铁发展'提供了可能"。

高铁是一个高度复杂的安全苛求系统,对系统运行的安全性要求非常高。高速列车定位技术是其运行控制系统的一项关键核心技术,其精度、可靠性、可用性和可维护性,直接影响高速列车运行的安全和效率。随着我国高铁大规模的应用和运营速度不断提高，研究更高精度、更可靠的高速列车测速定位及姿态检测的行驶环境感知技术显得尤为重要，这对提高我国高速列车运行的安全性和效率具有重要意义。位置和姿态信息不仅可以帮助载体了解自身状态，也可以对其未来的运行轨迹进行预测，具有很强的民用和军用背景。在飞机、船舶等载具的航路导航、陆地车辆自动驾驶、高速列车安全行驶、航空摄影测量等领域有着广泛的应用需求。

2019 年 9 月，中共中央、国务院印发的《交通强国建设纲要》中提出"合理统筹安排时速 600 公里级高速磁悬浮系统、时速 400 公里级高速轮轨(含可变轨距)客运列车系统、低真空管(隧)道高速列车等技术储备研发"，这就迫切需要研发出更实时、更高精度和更高可靠性的定位与姿态检测技术。中国科学院院士翟婉明指出，高速列车的姿态数据对于高速列车轨道的不平顺检测具有重要作用[2]。中国工程院院士何华武[3]指出，无人驾驶是高速列车驾驶系统的一个重要发展方向，速度为 350km/h 的无人驾驶高铁将在京张高速铁路上首次应用。先进的移动闭塞控制系统和无人驾驶系统也对高速列车的测速定位与姿态检测技术提出了更高的要求，必须要开展相关的前瞻性探索研究。

在测速定位方面，现有的各种高速列车定位技术各有优缺点，需要采取多传感器融合技术进行融合，以取长补短。但是，采用太多的传感器也会导致定位系统的成本急剧增加、可维护性下降，从而提高安全风险。多源信息融合定位技术吸引了大量学者的关注和研究，研究主要集中在如何将多个定位系统进行融合、如何提高融合结构的灵活性，以及如何提高融合系统的鲁棒性和经济性。于鸿江[4]以全球定位系统(global positioning system，GPS)、转速传感器、多普勒雷达为基础，提出了基于加权融合算法的多传感器组合测速定位系统方案，分别分析了GPS、转速传感器和多普勒雷达测速传感器的工作原理，设计了加权融合算法来分配各传感器的权重值，从而建立了测速传感器融合的权重系数模型。Hasan 等[5]提出一种集成 GPS/惯性导航系统(inertial navigation system，INS)的方法，采用人工智能算法中的自适应神经模糊推理系统算法融合两个系统的测量数据，进而实现对高速列车位置和速度信息的估计。卢宇环[6]提出北斗/INS/轨道电子地图组合的列车定位方式，通过轨道电子地图投影将定位估计信息转化为一维的轨道线路数据结果来实现定位，不仅提高了列车的定位精度，还能更加直观地将列车的运行状态信息展示在电子地图上。

在姿态检测方面，早期主要采用惯性导航系统进行姿态检测，文献[7]介绍了平台式与捷联式惯性导航系统在姿态测量等方面的优缺点，并给出捷联惯性导航技术的姿态解算方法。随着全球导航卫星系统(global navigation satellite system，GNSS)的发展和应用的深入，新的技术与应用需求不断涌现，利用导航卫星测量载体姿态成为伴随着 GPS 发展起来的一项新的应用技术。在 GPS 建设初期，学者们就意识到了利用载波相位干涉原理测量载体姿态的潜能，并形成了相关理论基础。1976 年，Spinney[8]首次提出利用 GPS 卫星载波相位确定载体姿态，将两个距离已知的 GPS 天线安置在低地球轨道航天器上为其提供姿态信息。随着载波相位的准确测量以及差分相对定位方法的成熟，GNSS 姿态测量技术得到了进一步的完善。Zhang 等[9]提出了一种基于主基线切换的多天线姿态确定方法，该方法是基于自主设计的嵌入式软件和硬件平台实现，所提出的方法可以提高有效纪元比例和姿态信息。Medina 等[10]提出了一种利用四元数旋转确定联合定位和姿态的新方法，该方法提出了一种用于联合定位和姿态的贝叶斯递归公式，并为其推导出一种类似卡尔曼滤波器的解决方案。Liu 等[11]开发了一种用于高精度姿态确定的约束包络最小二乘方法，该方法建立在一个优化模型之上，以创新的方式利用了与天线阵列相关的先验信息和载波相位模糊的整数性质，该方法采用了一种高效的搜索策略，可直接利用模糊载波相位观测来估计飞行器的姿态参数，而无须事先固定载波相位模糊性。Zhang 等[12]提出了一种基于自适应卡尔曼滤波的姿态参数直接估计算法，该算法使用高精度相位测量，并根据最大后验估计原理自适应调整与欧拉角和角速率相对应的系统噪声协方差矩阵。

不同的测速定位与姿态检测技术有着各自的优劣，然而，迄今为止并不存在一种技术可以完美地解决高速列车行驶环境感知这一技术难题。因此，针对目前高速列车测速定位与姿态检测等行驶环境感知方法存在的问题，将不同方法有效结合，研究多源信息融合的高速列车高精度行驶环境感知技术，是解决这一问题的有效途径之一。

1.3　高速列车运行过程建模与优化控制方法分析

高速列车运行过程是一个非常复杂的非线性控制过程，与牵引供电、行车信号、线路断面、各种限速、列车编组、列车牵引/制动性能以及司乘人员自身的驾驶经验等多种因素密切相关，对高速列车运行过程进行数学描述是研究和分析优化控制的基础。

围绕列车牵引功率设定问题所建立的数学模型主要有：Milroy[13]提出的基于牵引力连续控制而建立的机械能模型，Howlett 等[14]提出的基于手柄级位离散控制而建立的能耗模型，以及 Yang 等[15]提出的基于非线性特性的状态空间模型。机械能模型虽然满足牛顿运动定律，但牵引力做功只是行车总能耗的一部分，该模型未能准确地描述实际目标函数。能耗模型可以在一定程度上对牵引过程中的能耗进行较全面的描述，但该模型只是将加速度作为运动过程中的控制变量，并且加速度是一致有界的，然而列车运行环境复杂，其操纵过程不可避免地会发生牵引力突变或者紧急制动等工况，这种建模方法也不能完全刻画列车恶劣条件下的动态特性。另外，上述能耗模型是一种离散模型，只能描述有限个离散控制级位对应的功率特性，机车功率只是在速度较低的情况下才与能耗成比例。除此之外，这些模型主要适用于普通中低速列车，难以应对高速列车牵引过程中的无级调速要求。

另外，高速列车与普通列车的根本区别在于运行动态环境发生了质的变化，由以机械作用为主改变为以非线性空气动力学作用为主，其运行过程包含了大量随机、不确定等多种模态信息，采用机理建模或单一智能建模技术，难以准确描述高速列车运行过程的复杂动态性质[16]。关于高速列车运行过程的动力学研究，大部分学者将其作为普通列车高速化的特殊情况进行研究，忽略了占主导地位的非线性时变空气阻力，从而导致较大的能量消耗和系统性能恶化[17]。针对高速列车运行过程的非线性特性，虽然可以采用线性化后的状态空间模型，但在实际运行过程中，系统状态作为内部变量，很难直接被检测或测量，限制了其应用。为了解决上述问题，文献[18]重点讨论了高速列车运行过程的速度控制问题。然而，上述机理模型参数通常凭经验确定，难以适配高速列车复杂多变的运行场景。

高速列车按照既定运行图，在指定时段和区间内有规律地运行，可以借助已有的大量运行数据来预测未来的运动状态，为基于数据驱动的建模提供了可能[19]。文献[20]针对高速列车结构特点建立了一种数据驱动的子空间预报模型，其状态空间表达形式在列车建模方面取得了一定效果，但其模型表达缺乏具体的物理意义，难以有针对性地调整模型参数。支持向量机建模具有较好的泛化能力，在复杂不确定系统建模中有较好应用，文献[21]基于最小二乘支持向量机算法建立了高速列车运行模型，取得较好的结果，但如何快速设置有效的参数还没有较好的方法。文献[22]、文献[23]基于多模型切换方法建立了高速列车数据多模型预测控制方法，该方法简单清晰地表明了速度与控制力之间的关系，但多个模型之间如何平衡切换尚没有较好的办法。文献[24]提出一种可以无限逼近非线性系统的自适应神经模糊推理系统(adaptive neuro-fuzzy inference system, ANFIS)来描述高速列车运行中速度与控制力之间的关系，高速列车建模精度有一定的提高。以上都是采用数据驱动建模方法建立的单质点动车组模型，多质点数据建模同样也在被大家关注。文献[25]采用减法聚类和模式分类方法构建了高速列车数据驱动多智能体模型，文献[26]基于子空间建模方法完成对高速列车运行过程的分布式建模，都取得不错的实验结果，但各智能体或各动力单元的模型没有具体的物理意义，难以有效调整模型参数。随后，文献[27]将每一车厢看成一个质点，考虑受到前后车厢车钩力的作用，提出了一种动车组状态空间多 ANFIS 模型，提高了列车运行过程建模精度。然而，上述数据驱动模型对数据样本的适用性条件要求较高。

为了较好地融合机理模型和数据驱动模型的优势，基于数据驱动的 T-S (Takagi-Sugeno)模糊模型通过引入模糊化的多模型机制来建立非线性系统动态模型，已在许多复杂系统的辨识过程中获得成功应用。然而，当列车运行模式或环境变化等因素导致系统跟踪性能变差时，T-S 模糊模型的模糊规则更新机理更复杂。基于记忆的即时学习策略是一种有效的自适应建模和控制方法，尤其适用于不断变化的动态环境，可以较好地解决非线性系统优化控制问题[28-30]。针对高速列车非线性动力学特性，结合机理分析和系统辨识方法建立高速列车运行过程的T-S 模糊双线性模型，考虑安全、准点、节能、高精度跟踪给定速度等约束条件，文献[31]提出了基于双线性模型的高速列车运行过程预测控制方法。为保障预测模型精度和算法实时性，仅当高速列车运行特性和环境变化等因素导致速度跟踪误差超出给定阈值时，才会采用即时学习策略在线调整模型参数和预测控制算法，实现了高速列车安全、高效运行。基于 CRH380AL 型高速列车实际运行数据进行的仿真结果，验证了该方法的有效性。

列车运行控制系统的操纵策略由列车级位和牵引、惰行、制动工况切换点组合而成，通常以行车安全、节能、提高线路效率、准点、提升乘坐舒适性等多目标进行优化设定的。目前，高速列车运行控制主要采用基于 ATP 系统的人工操纵模式，其动态过程具有工况变化范围广、列车驾驶员操纵信息不完备、牵引能耗大、动力学非线性特征明显等特点[32,33]。在安全、准点等约束条件下，难以建立有效的控制模型来实现高速列车的优化运行[34]。针对人工操纵模式带来的不稳定因素，铁路运营单位大都采用在客运专线上反复培训列车驾驶员的驾驶方法，该方法具有成本高、效率低等缺点。近年来，基于模型辨识的列车自动驾驶技术是一种低成本、高效的列车驾驶员辅助操纵系统，可以实现单车速度跟踪控制和多车协同优化控制，受到相关学者和科研机构的广泛关注[35,36]。

针对高速列车运行速度跟踪控制问题，文献[37]基于高速列车动态特性建立了线性化机理模型，并设计了对应的控制器。文献[38]考虑了高速列车牵引/制动饱和非线性动态特性，提出了基于多质点单位移机理模型的高速列车速度跟踪控制方法。文献[39]建立了高速列车牵引和制动工况动态模型，并设计了自适应Back-Stepping 控制器进行速度跟踪控制。然而，机理模型的参数通常凭经验确定，难以精确描述高速列车运行过程的动态特性[40,41]。针对高速列车能耗优化问题，文献[42]提出基于模糊 C 均值聚类分析和遗传算法优化的模糊控制模型，文献[43]讨论了高速列车不同目标速度下的能耗模型，文献[44]建立了适用于高速列车运行过程的仿真模型，并采用遗传算法来选择最优的运行轨迹。由于高速列车采用动力分散牵引模式，多级挡位集中操纵的策略，而以上均采用离线优化方法，难以满足高速列车实时速度同步跟踪控制要求。

针对多车追踪运行操纵优化问题，除了考虑上述运行条件的约束之外，还需要考虑前车运行状态变化对后车运行控制的约束，兼顾线路区间整体运行效率、能耗、舒适性的综合优化。此外，在不同信号闭塞系统下的列车追踪运行特性也有显著区别[45]。针对闭塞系统下的多列车追踪运行优化控制，国内外学者进行了大量研究。文献[46]分析了高速列车在不同闭塞系统下的追踪运行特征，基于此提出了高速列车追踪运行的多目标优化控制模型，并给出相应的求解策略。文献[47]根据高速列车在移动闭塞下的追踪运行特点，建立了基于后方通信拓扑原理的协同控制模型，设计了基于非线性映射的反馈控制方法，并给出反馈控制系统的全局稳定性分析。文献[48]根据移动闭塞的特点，提出了一种无需经验参数知识的控制律在线调整方法，确保列车追踪过程满足设定的性能指标。上述这些方法往往以最小固定追踪间隔为多车协同优化目标，约束了单车运行控制的灵活性，难以满足线路整体的多目标运营需求。

高速列车高速、高密度的追踪运行已逐渐成为高速铁路运营的重要场景，列车运行控制系统出现的局部未知故障难以避免，这类故障包括电源电压故障、传感器故障和牵引/制动单元动力故障等。牵引/制动单元长期频繁地执行控制任务，是最容易发生故障的部件，如何在上述高速列车运行建模与优化控制方法的保障下，开展有效的故障诊断方法研究，并提供可靠的维修建议，是列车运行控制系统安全运行急需解决的问题。

1.4　列车自动控制系统概述

相比其他载运工具（如汽车、飞机、中低速客货运列车），高速列车具有长距离、大运量、高密度、高效率等优势，已成为各国发展现代交通工具和建立城际交通网络的首选方式。中国已拥有全世界规模最大、运营速度最高的高速铁路网，且规划到 2035 年将建成总长 7 万公里的高速铁路。在高速铁路建设中，列车自动控制（automatic train control，ATC）系统起着至关重要的作用，它以技术手段控制列车运行方向、速度和间隔，确保高速列车的运行安全和提高列车的运行效率。随着高速铁路的发展，ATC 系统已从简单的调度、闭塞、联锁、信号机等设备的组合，逐渐发展为集自动驾驶和调度指挥于一体的自动化系统。现有 ATC 系统主要包括列车 ATO 系统、列车 ATP 系统和列车自动监督（automatic train supervision，ATS）系统。在信息交互的基础上，三个子系统组成了一个闭环系统，实现了地面与车上共同控制、现场控制结合中央控制，从而形成了一个以安全设备为基础，集行车指挥、运行调整以及列车驾驶自动化于一体的系统。

中国高速铁路网具有区别于欧洲和日本高速铁路的若干重要特征，如路网规模大，地理、地质、气候条件复杂多变，不同速度等级客运专线运营条件差异明显等。研制有自检测、自诊断、自决策能力的智能化车载控制系统，实现高速列车安全、高效运行已成为列车自动控制技术的发展趋势。设计开发有效的 ATO 系统是 ATC 系统的重要技术，ATO 系统能代替驾驶员驾驶列车，结合地面信息和车载信息对高速列车的启动、牵引、恒速、惰行和制动等工况进行自动控制，列车可以自动调整车速，自动停车到准确位置，自动加速到最佳运行速度，具有提高列车运行效率、加快运行速度、保证行车安全和有效防止由人为错误操作所引起的恶性事故发生等功能。ATO 的作用必须结合 ATC 各个子系统共同工作完成，具体关系框图如图 1.2 所示。

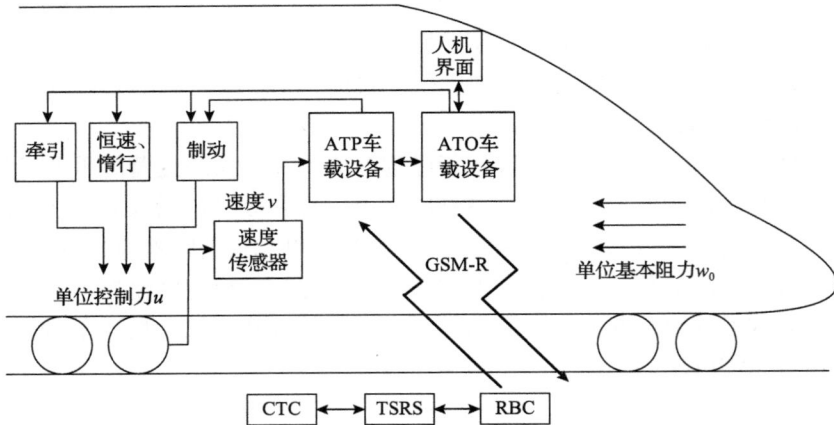

图 1.2　高速列车自动驾驶闭环控制框图

图 1.2 中分散自律式调度集中（centralized traffic control，CTC）系统、临时限速服务器（temporary speed restriction server，TSRS）系统、ATP 系统和 ATO 系统通过信息交换网络实现信息共享。在该系统中，ATO 系统执行一个闭环反馈控制过程来完成自动驾驶过程，地面核心设备 RBC 通过铁路综合数字移动通信系统（global system for mobile communications-railway，GSM-R）将列车行驶条件、线路参数、临时限速等报文信息传递给 ATP 系统，列车测速测距单元将列车速度和位置信息传递给 ATP 系统，ATP 系统将这些信息整合处理后传递给 ATO 系统。ATO 系统经过复杂计算，向动车组的牵引、恒速、惰行、制动模块发送相应的控制命令，这些命令又控制了列车运行的速度和位置；同时，ATO 系统也通过 GSM-R 向地面 RBC 发送列车信息，以便识别列车位置信息等，从而实现自动驾驶。

由图 1.2 可知，高速列车 ATO 系统需要解决的核心问题是针对不同运行工况和环境自动调整牵引力/制动力，从而实现高速列车的安全准点运行，同时改善乘客舒适性和降低能源消耗。为此，需自动调整控制力大小使高速列车自动跟踪最优速度-距离（velocity-position）曲线（即 V-S 曲线）运行，控制列车运行轨迹与理想 V-S 曲线贴近。所以，需要建立有效的高速列车运行过程动态模型和设计相应的高速列车运行控制方法。从高速列车建模角度来看，其运行优化控制需要采用复杂的大型机电耦合系统来描述。由于牵引计算模型适合描述系统稳态工作点附近的动力学行为，但难以应对高速列车运行过程大范围演化的工作特性，而基于数据驱动的建模方法不具有解释功能，如何实现机理模型与数据的自动匹配，是实现模型可靠辨识的关键。

1.5　本书的主要研究内容

本书主要从数据驱动的角度出发，研究高速列车智能感知与运行优化控制关键技术及应用，内容主线如下：绪论⇒智能感知技术⇒运行优化控制技术⇒高速列车智能辅助驾驶及展望，共五个部分。

第一部分为绪论。第 1 章介绍高速列车智能感知与运行优化控制相关方法和技术概况。

第二部分介绍高速列车行驶状态感知技术，结合高速列车运行过程中各自传感器及车载系统、电子地图信息等数据，采用智能优化算法设计了高速列车运行环境感知技术。第 2 章介绍基于多源数据融合的高速列车高精度定位感知技术，对高速列车定位技术进行讲解，并基于改进的微分进化算法设计多源信息融合的高速列车高精度定位系统。在假设定位精准及位置预测可信的前提下，第 3 章给出融合北斗的高速列车姿态感知技术，将卫星载波相位姿态检测、惯导姿态检测和地图姿态信息相结合，设计一种多源信息融合的高速列车姿态测量技术。

第三部分介绍高速列车运行目标优化和控制一体化技术，结合第 2 章和第 3 章感知采集的数据和高速列车机理特性，在第 4 章论述高速列车运行速度多目标优化技术。基于第 4 章提出的高速列车运行多目标优化技术，第 5 章针对高速列车运行非线性的特性，结合其牵引/制动力特性曲线和实际线路列车的真实运行数据，采用数据驱动 ANFIS 模型描述列车的运行速度与控制力之间的非线性关系，并在所建立的 ANFIS 模型基础上运用广义预测控制方法设计有效的速度控制器。在第 5 章提出的模糊学习推理与决策的基础上，第 6 章采用 ANFIS 模型对其运行进行多质点建模，并在多质点-ANFIS 模型的基础上，设计高速列车运行速度同步跟踪控制办法，接着详细剖析了该控制系统的可行性与稳定性，并采集短编组 CRH380A 型高速列车的真实运行数据检验该章方法的有效性和优越性。根据第 6 章提出的速度同步跟踪控制方法，第 7 章结合高速列车的非线性动力学特性和实际运行数据，给出高速列车操纵过程 T-S 模糊双线性模型及其速度跟踪控制方法，提出的基于即时学习的自适应预测控制算法具有较好的鲁棒性和实时性。通过综合分析第 4～7 章的高速列车优化控制方法，第 8 章提出一种数据驱动的高速列车追踪运行优化控制技术。在分析高速列车追踪运行场景关键特征的基础上，建立包含线路、电分相、追踪运行约束等因素的高速列车追踪运行场景特征模型，并采用所建立的特征模型，给出高速列车追踪运行多目标优化模型，据此设计基于多目标粒子群优化算法的模型求解方法。最后利用高速列车现场运行数据开展仿真实验,验证所提出建模和优化控制方法的有效性。

第四部分介绍高速列车智能辅助驾驶技术,根据第三部分提供的高速列车智能优化运行控制技术,第 9 章针对高速列车操纵过程中驾驶员可获取操作指令有限、列车操纵受驾驶员个人能力经验影响较大、传统预测方法只考虑列车速度因素等问题,提出一种基于端-边-云协同的高速列车牵引/制动手柄级位预测技术。考虑高速列车牵引电机长期在复杂环境中高速工作,再加上牵引系统的互联分布式属性,多故障的发生成为常态,第 10 章给出基于数据驱动的高速列车牵引电机多故障诊断与容错控制。

第五部分介绍高速列车智能辅助驾驶关键技术应用与展望,第 11 章针对本书的理论研究与应用进行总结,并从宏观角度对高速列车智能感知与优化控制理论未来研究方向进行展望。

参 考 文 献

[1] 杨辉, 周艳丽. 高速铁路列车运行控制系统[M]. 北京: 中国铁道出版社, 2021.

[2] 徐磊, 翟婉明. 轨道不平顺概率模型[J]. 交通运输工程学报, 2018, 18(3): 56-63.

[3] 何华武. 时速 350 千米无人驾驶高铁将在京张高铁首次应用[A]//《高速铁路与轨道交通》旗舰版. 北京: 今日轨道交通杂志社, 2018: 34-35.

[4] 于鸿江. 基于加权融合算法的高铁速度信息融合技术的研究[D]. 兰州: 兰州交通大学, 2014.

[5] Hasan A M, Samsudin K, Ramli A R. Optimizing of ANFIS for estimating INS error during GPS outages[J]. Journal of the Chinese Institute of Engineers, 2011, 34(7): 967-982.

[6] 卢宇环. 基于北斗/INS/图像融合的下一代列车定位系统研究[D]. 兰州: 兰州交通大学, 2018.

[7] 井世丽, 宦亮, 郝俊岭. 采用捷联惯导技术测量高速列车姿态[J]. 舰船科学技术, 2012, 34(增刊 1): 99-101.

[8] Spinney V W. Applications of global positioning system as an attitude reference for near earth users[C]. Proceedings of ION National Aerospace Meeting, Wariminster, 1976: 32-136.

[9] Zhang P, Zhao Y Z, Lin H A, et al. A novel GNSS attitude determination method based on primary baseline switching for a multi-antenna platform[J]. Remote Sensing, 2020, 12(5): 747.

[10] Medina D, Vilà-Valls J, Hesselbarth A, et al. On the recursive joint position and attitude determination in multi-antenna GNSS platforms[J]. Remote Sensing, 2020, 12(12): 1955.

[11] Liu X, Ballal T, Chen H, et al. Constrained wrapped least squares: A tool for high accuracy GNSS attitude determination[J]. IEEE Transactions on Instrumentation and Measurement, 2022, 71: 8005315.

[12] Zhang S Y, Chang G B, Chen C, et al. GNSS attitude estimation based on adaptive Kalman filtering using phase measurement[J]. IET Radar, Sonar & Navigation, 2020, 14(5): 747-754.

[13] Milroy I P. Aspects of automatic train control[D]. Loughborough: Loughborough University, 1980.

[14] Howlett P G, Pudney P J, Vu X. Local energy minimization in optimal train control[J]. Automatica, 2009, 45(11): 2692-2698.

[15] Yang C D, Sun Y P. Mixed H_2/H_∞ cruise controller design for high speed train[J]. International Journal of Control, 2001, 74(9): 905-920.

[16] 袁海军, 赵志刚. 高速列车模型参数辨识及控制研究[J]. 轨道机车车辆, 2009, 39(6): 5-9, 15.

[17] Raghunathan R S, Kim H D, Setoguchi T. Aerodynamics of high-speed railway train[J]. Aerospace Science, 2002, 38(6-7): 469-514.

[18] Li Z Q, Yang H, Zhang K P, et al. Distributed model predictive control based on multi-agent model for electric multiple units[J]. Acta Automatica Sinica, 2014, 40(11): 2625-2631.

[19] Yu Q X, Hou Z S. Adaptive fuzzy iterative learning control for high-speed trains with both randomly varying operation lengths and system constraints[J]. IEEE Transactions on Fuzzy Systems, 2021, 29(8): 2408-2418.

[20] 衷路生, 颜争, 杨辉, 等. 数据驱动的高速列车子空间预测控制[J]. 铁道学报, 2013, 35(4): 77-83.

[21] 杨辉, 张芳, 刘鸿恩, 等. 基于自适应 LSSVM 模型的动车组运行速度控制[J]. 铁道学报, 2015, 37(9): 62-68.

[22] 杨辉, 张坤鹏, 王昕, 等. 高速列车多模型广义预测控制方法[J]. 铁道学报, 2011, 33(8): 80-87.

[23] Wen S H, Yang J W, Rad A B, et al. Multi-model direct generalised predictive control for automatic train operation system[J]. IET Intelligent Transport Systems, 2015, 9(1): 86-94.

[24] Yang H, Fu Y T, Wang D H. Multi-ANFIS model based synchronous tracking control of high-speed electric multiple unit[J]. IEEE Transactions on Fuzzy Systems, 2018, 26(3): 1472-1484.

[25] Zhang K P, Jiang B, Chen F Y, et al. Directed-graph-learning-based diagnosis of multiple faults for high speed train with switched dynamics[J]. IEEE Transactions on Cybernetics, 2023, 53(3): 1712-1724.

[26] 杨辉, 张芳, 张坤鹏, 等. 基于分布式模型的动车组预测控制方法[J]. 自动化学报, 2014, 40(9): 1912-1921.

[27] Fu Y T, Yang H, Wang D H. Real-time optimal control of tracking running for high-speed electric multiple unit[J]. Information Sciences, 2017, 376: 202-215.

[28] Zou W, Li C S, Zhang N. A T-S fuzzy model identification approach based on a modified inter type-2 FRCM algorithm[J]. IEEE Transactions on Fuzzy Systems, 2018, 26(3): 1104-1113.

[29] Skrjanc I. Evolving fuzzy-model-based design of experiments with supervised hierarchical clustering[J]. IEEE Transactions on Fuzzy Systems, 2015, 23(4): 861-871.

[30] Wu Q B, Li H L, Meng F M, et al. Generic proposal evaluator: A lazy learning strategy toward blind proposal quality assessment[J]. IEEE Transactions on Intelligent Transportation Systems, 2018, 19(1): 306-319.

[31] Yang H, Zhang K P, Liu H E. Online regulation of high speed train trajectory control based on T-S fuzzy bilinear model[J]. IEEE Transactions on Intelligent Transportation Systems, 2016, 17(6): 1496-1508.

[32] Yang H, Wang C Y, Zhang K P, et al. End-edge-cloud collaborative learning-aided prediction for high-speed train operation using LSTM[J]. Transportation Research Part C: Emerging Technologies, 2024, 160: 104527.

[33] Fu Y T, Yang H, Ding J L. Multiple operating mode ANFIS modelling for speed control of HSEMU[J]. IET Intelligent Transport Systems, 2018, 12(1): 31-40.

[34] Lin P, Huang Y, Zhang Q, et al. Distributed velocity and input constrained tracking control of high-speed train systems[J]. IEEE Transactions on Systems, Man, and Cybernetics: Systems, 2021, 51(12): 7882-7888.

[35] 高士根, 董海荣, 朱海楠. 面向操纵优化的智能列车辅助驾驶系统[J]. 铁道学报, 2019, 41(11): 88-94.

[36] Guo Y X, Sun P F, Wang Q Y, et al. Adaptive cooperative control for multiple high-speed trains with uncertainties, input saturations and state constraints[J]. Control Engineering Practice, 2024, 142: 105768.

[37] Guo Y X, Sun P F, Feng X Y, et al. Adaptive fuzzy sliding mode control for high-speed train using multi-body dynamics model[J]. IET Intelligent Transport Systems, 2023, 17(2): 450-461.

[38] Song Q, Song Y D, Tang T, et al. Computationally inexpensive tracking control of high-speed trains with traction/braking saturation[J]. IEEE Transactions on Intelligent Transportation Systems, 2011, 12(4): 1116-1125.

[39] Song Q, Song Y D, Cai W C. Adaptive backstepping control of train systems with traction/braking dynamics and uncertain resistive forces[J]. Vehicle System Dynamics, 2011, 49(9): 1441-1454.

[40] Zhang K P, Jiang B, Chen F Y. Multiple-model-based diagnosis of multiple faults with high-speed train applications using second-level adaptation[J]. IEEE Transactions on Industrial Electronics, 2021, 68(7): 6257-6266.

[41] Chen H T, Jiang B, Chen W, et al. Data-driven detection and diagnosis of incipient faults in

electrical drives of high-speed trains[J]. IEEE Transactions on Industrial Electronics, 2019, 66(6): 4716-4725.

[42] Hwang H S. Control strategy for optimal compromise between trip time and energy consumption in a high-speed railway[J]. IEEE Transactions on Systems, Man, and Cybernetics—Part A: Systems and Humans, 1998, 28(6): 791-802.

[43] Feng X S. Optimization of target speeds of high-speed railway trains for traction energy saving and transport efficiency improvement[J]. Energy Policy, 2011, 39(12): 7658-7665.

[44] Sicre C, Cucala A P, Femández A, et al. Modeling and optimizing energy-efficient manual driving on high-speed lines[J]. IEEJ Transactions on Electrical and Electronic Engineering, 2012, 7(6): 633-640.

[45] 蔡伯根, 孙婧, 上官伟. 高速列车动态间隔优化的弹性调整策略[J]. 交通运输工程学报, 2019, 19(1): 147-160.

[46] Liu H E, Yang H, Cai B G. Optimization for the following operation of a high-speed train under the moving block system[J]. IEEE Transactions on Intelligent Transportation Systems, 2018, 19(10): 3406-3413.

[47] Ning B, Dong H R, Gao S G, et al. Distributed cooperative control of multiple high-speed trains under a moving block system by nonlinear mapping-based feedback[J]. Science China: Information Sciences, 2018, 61(12): 120202.1-120202.12.

[48] Gao S G, Dong H R, Ning B, et al. Cooperative prescribed performance tracking control for multiple high-speed trains in moving block signaling system[J]. IEEE Transactions on Intelligent Transportation Systems, 2019, 20(7): 2740-2749.

第2章 基于多源数据融合的高速列车高精度定位感知技术

2.1 引 言

高速列车是一个高度复杂的安全苛求系统，对系统运行的安全性要求非常高。高铁运行安全事故虽然极少发生，但是一旦发生就影响巨大。2011年我国"7·23"温州动车追尾事故和2018年韩国KTX高速列车脱轨事故震惊世界，高速列车运行重大事故的发生与列车自身定位技术密切相关。在高速列车的自动驾驶任务中，无论是辅助驾驶系统还是更高级别的智能驾驶系统，如果没有列车精准定位，控制列车将无从谈起。

高速列车运行速度快，对定位精度的要求越来越高，单一的定位方式已不能满足高速列车的定位需求，单传感器定位系统结构如图2.1所示。在列车运行过程中，容易受到外界运行环境的干扰，由于目前技术的制约，单一传感器测速定位系统抗干扰能力较弱，而且当定位传感器出现故障时，整个列车运行控制系统将会瘫痪。

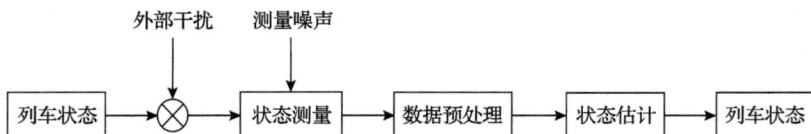

图2.1 单传感器定位系统结构图

单一传感器的数据很难能提供足够的感知精度，需要选择合适的定位传感器并组合，以解决当前列车定位精度不足的问题。通过对传感器系统所能提供的定位信息进行合理利用，将多个传感器按照一定的方式进行组合，以达到获取更高的精度和可靠性的目的，多传感器融合定位系统结构如图2.2所示。

由图2.2可知，当多传感器融合系统中的某一传感器因为某些原因意外失效时，其余传感器仍可以降级工作，达到列车运行控制系统在特殊情况下仍能正常使用的目的，提高列车运行的安全性能。

目前，基于多传感器信息融合测速定位方法根据组合方式可以分为以下几种。

(1)切换法。该方法是简单组合方法的一种，可以提高定位测速系统的抗干扰能力，但无法提高测速定位的精度。

(2)加权平均法。该方法也是简单组合方法的一种，主要对各个传感器以加权

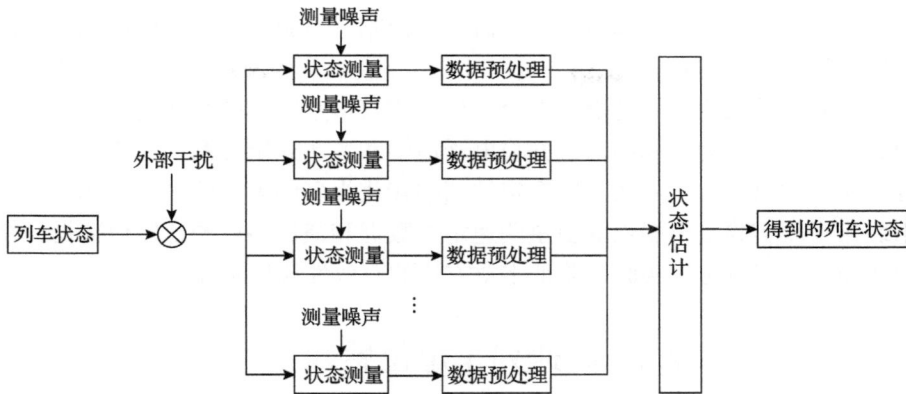

图 2.2　多传感器融合定位系统结构图

的方式进行简单的信息融合，在一定程度上提高了测速定位的精度和抗干扰能力，但是当传感器数量较多时存在权重分配复杂的问题，同时该系统的定位精度也有一定的局限性。

（3）最优信息融合估计法。该方法的核心思想就是把单个测速定位传感器进行最优融合，能有效地提高测速定位的精度和抗外界干扰的能力。

当前的发展趋势是采用多种传感器构成组合系统，可帮助高速列车自动驾驶系统取得更好的性能。基于里程计和加速度计设备的信息，运用信息融合和卡尔曼滤波可提高列车的定位精度[1]。文献[2]提出了基于扩展卡尔曼滤波器融合惯性元件与里程计数据的方案，通过测距航位推算算法，提高定位精度和可靠性。近年来，也有很多学者探索将卫星定位技术用于列车定位上。文献[3]总结了北斗卫星系统实现定位的特点并分析其用于高速列车定位的可行性。文献[4]提出使用GPS、惯性测量元件、速度编码器组成微处理器系统，然后进行数据融合处理，从而得到列车的速度、位置和状态信息。文献[5]在非差分全球定位系统/惯性测量单元紧耦合导航系统中实现时间差载波相位，提高定位性能。文献[6]将立方卡尔曼滤波与随机森林回归进行结合，进一步提高了列车定位的精度和可靠性。

综上所述，列车测速定位系统的未来发展趋势在于采用多源信息融合的技术测速测距，如卫星导航系统、惯性导航系统和地图匹配策略等不同系统的多源信息融合方法。在系统架构设计时，应当考虑减少或取缔地面辅助设备，提高系统测速测距精度，实现列车自主定位的能力，降低建设和维护成本。在算法设计方面，应考虑噪声的影响，降低传感器的噪声干扰，基于最优状态估计理论实时估算出列车的运动状态。然而，在设计多传感器融合列车测速定位系统时，传感器的数量或种类并不是越多越好，传感器太多会使系统变得复杂，应根据实际线路环境情况，综合考虑安全性、可行性和经济适用性等多种因素，提供更加可靠且高效的融合方案。因此，本章将着重研究讨论基于多源信息融合的高速列车高精度测速定位的感知技术。

为探究一种切实有效的信息融合定位方式，本章以不同测速定位系统的方向和距离误差加权作为目标函数，并将电子地图和各测速定位系统允许的最大误差范围转换为约束条件，从而将融合定位问题转化为多约束下的多目标优化问题。采用北斗开放实验室中提供的卫星测速定位数据和惯性导航测速定位数据，结合电子地图信息进行仿真实验，验证本章方法的有效性和优越性。

2.2　高速列车定位感知技术

我国高速铁路广泛应用的列控系统为 CTCS-2/3 级系统，该系统采用地面应答器辅助车轮传感器实现列车位置状态感知，但是当列车轮对出现磨损、空转或滑行等情况时，其误差较大。多普勒雷达法克服了车轮磨损、空转或滑行等造成的误差，可以进行连续测速、方向检测和定位，但在地面不平整导致电波散射较大时测量精度明显下降[7]。轨道电路是最早用于列车定位的技术，也是检测轨道占用的设备。这种定位设备具有经济、简单的特点，但定位精度取决于轨道电路区间的长度，且轨道电路的故障对定位精度影响很大。应答器可以确保列车在安装点具有很高的定位精度，能稳定地工作在恶劣的环境下，使用寿命长。这种方法只能对列车进行点式定位，因此定位精度取决于应答器的安装密度[8]。同时，应答器对车载系统测速定位的校正作用有明显的离散性，其校正效能的增强需要以加大设备投入为代价，给系统结构、逻辑的复杂性以及与之相关的不确定性带来了更大挑战[9,10]。

目前，现有的可实现测速定位的方法和设备多种多样，要设计基于多源信息融合的测速定位系统，必定要先了解基础的单一测速定位方式的工作原理，本节主要介绍如下六种测速定位技术。

2.2.1　基于测速测距的定位技术

1. 基于轮轴速度传感器的列车定位

轮轴速度传感器是目前列车定位中常用的传感器，可以用来对列车的位置和速度进行估计，该传感器通过测量列车的轮轴转速确定列车的运行速度[11]。目前常用的轮轴速度传感器包括霍尔式、光电式及磁电式三种类型[12]。轮轴速度传感器的工作原理如下：将其安装在待测轮轴上，当列车在铁轨上运行时，脉冲调制器产生脉冲序列；记录车轮转过的圈数，再乘以车轮周长，得到列车经过的距离；将列车经过的距离除以列车走过这段距离的时间，计算得到列车的运行速度。轮轴速度传感器结构图及输出信号见图 2.3。

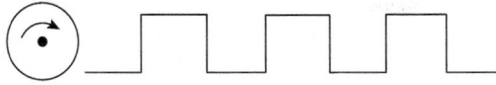

图 2.3　轮轴速度传感器结构图及输出信号

列车运行速度和行驶里程的计算公式如下：

$$v_{\text{odo}} = \frac{\Delta n \pi D}{N t_{\text{T}}} \tag{2.1}$$

$$\Delta s_{\text{odo}} = \frac{\Delta n \pi D}{N} \tag{2.2}$$

式中，v_{odo} 为列车运行速度，单位 m/s；N 为车轮旋转一圈产生的脉冲数；D 为车轮轮径，单位 m；Δn 为当前周期脉冲测量值；t_{T} 为测速周期，单位 s；Δs_{odo} 为列车行驶里程，单位 m。

由上述公式可知，轮轴速度传感器通过测量车轮的转速间接测量列车速度，列车实际运行的速度 v_{odo} 和行驶里程 Δs_{odo} 与车轮轮径 D、车轮产生的脉冲数 Δn 密切相关。因此，轮轴速度传感器的优点在于：不会产生数据冗余，且不会增加数据处理及通信的额外负担。然而缺点在于：外界天气情况会造成车轮空转、滑行、蠕动并带来误差，且轮轨摩擦会引起轮径变化[13]。

2. 基于多普勒雷达测速的列车定位

多普勒雷达是一种直接测量速度和距离的传感器，图 2.4 为其定位示意图，定位原理如下：在列车运行时，安装在列车车头部位的定位雷达不停地向地面发出特定频率的电磁波信号并接收反射回来的信号[14]。由于列车运行时的多普勒效应，两个信号频率不一样(列车处于前进状态时，接收到的信号频率比发射的信号频率高，反之则比发射的信号频率低)，且两个信号的频率差会随着列车运行速度的加快而变大。因此，计算两个信号的频率差就可得到列车的运行方向和行驶速度，对速度进行积分就能够得到列车的位置。

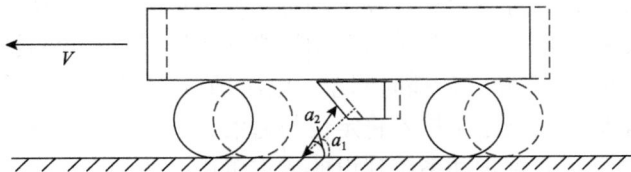

图 2.4　多普勒雷达测速定位图

设雷达发射电磁波的频率为 F，在介质中的传播速度为 c，发射角为 a_1。若

雷达以速度 V 平行于反射面运动且反射面静止，则在反射面接收到的波频率为

$$f_1 = F \frac{c}{c - V \cos a_1} \tag{2.3}$$

此时反射面把波反射回去，雷达接收反射回来的波，由于雷达的运动，此时入射角为 a_2，则雷达接收到的波频率为

$$f_2 = f_1 \frac{c + V \cos a_2}{c} = F \frac{c + V \cos a_2}{c - V \cos a_1} \tag{2.4}$$

发射波与接收波的频移为

$$\begin{aligned} f_r &= f_2 - F = F \left(\frac{c + V \cos a_2}{c - V \cos a_1} - 1 \right) \\ &= FV \frac{\cos a_2 + \cos a_1}{c - V \cos a_1} \end{aligned} \tag{2.5}$$

由于雷达运动的速度 V 远远小于电磁波的速度 c，可以近似认为入射角 $a_2 \approx a_1$，则频移为

$$f_r \approx F \frac{2V \cos a_1}{c - V \cos a_1} \tag{2.6}$$

将式 (2.6) 展为泰勒级数，并舍去高次项，可得

$$\tilde{f}_r \approx F \frac{2V \cos a_1}{c} \tag{2.7}$$

由式 (2.7) 可知，如果发射角 a_1 固定，则发射波与入射波之间的频移 $\tilde{f}_r$ 与雷达速度 V 成正比，只要测量出频移 $\tilde{f}_r$ 的值，就可以计算出雷达的运动速度 V。

2.2.2 基于无线网络的测速定位技术

随着移动通信技术的日益成熟和快速发展，无线定位技术越来越受到重视。无线定位技术是一种通过测量和计算来确定用户坐标的定位算法，其定位原理如下：首先对固定在不同位置的基站与移动体之间传播的信号进行测量，得到特征参数 (如传播时间、入射角、传播时间差、电波场强等[15])，利用特征参数可计算目标点的位置坐标。无线定位技术将定位与通信技术进行有效融合，充分利用现有通信系统，降低运营维护和系统建设的成本费用，达到定位盲区少、抗攻击能力强、覆盖面广以及抗破坏力强的目的[16]。

根据定位需要测量的参数，无线定位技术可以划分为基于接收信号场强 (测

量参数为到达信号的场强)、基于信号到达角度(测量参数为到达信号的入射角)、基于信号到达频率差(测量参数为到达信号的频率差)、基于信号到达时间(测量参数为到达信号的时间)、基于信号到达时间差(测量参数为到达的信号时间差)等技术[17]。

2.2.3　基于惯性导航的测速定位技术

基于惯性导航传感器的列车定位系统是一种自助式全天候导航系统,其工作时不需要任何外来信息,仅依靠系统本身就能全天候进行连续的三维空间定位和定向。由于其工作自主性和信息全面性,惯性导航系统在航空、航天、航海以及陆地导航等许多领域中广泛应用,是一种主要的导航定位手段[18]。

完整的惯性导航系统主要包括加速度计、陀螺仪及导航计算机。其中,加速度计主要用来测量载体运行的加速度;陀螺仪模拟一个导航坐标系,将加速度的测量轴稳定在导航坐标系中,并用模拟的方法给出载体的姿态和方位信息;导航计算机则用来完成导航计算和平台跟踪回路中指令角速度信号的计算[19]。

惯性仪表误差包括安装误差、刻度系数误差和随机误差。设陀螺仪漂移误差由随机常数、一阶马尔可夫过程随机误差和白噪声误差组成;加速度计误差为一阶马尔可夫过程随机误差,且陀螺仪和加速度计 3 个轴向的误差模型相同。

惯性导航系统的位置信息可表示为

$$\begin{cases} \lambda_{\mathrm{I}} = \lambda_t + \delta\lambda \\ L_{\mathrm{I}} = L_t + \delta L \\ h_{\mathrm{I}} = h_t + \delta h \end{cases} \tag{2.8}$$

式中, λ_{I} 、 L_{I} 和 h_{I} 分别表示惯性导航系统推算的纬度、经度和高度位置信息; λ_t 、 L_t 和 h_t 分别表示载体 t 时刻的纬度、经度和高度位置信息; $\delta\lambda$ 、 δL 和 δh 分别表示 t 时刻惯性导航系统所测载体纬度、经度和高度的位置变化信息。

惯性导航系统的速度信息可表示为

$$\begin{cases} v_{\mathrm{IN}} = v_{\mathrm{N}} + \delta v_{\mathrm{N}} \\ v_{\mathrm{IE}} = v_{\mathrm{E}} + \delta v_{\mathrm{E}} \\ v_{\mathrm{IU}} = v_{\mathrm{U}} + \delta v_{\mathrm{U}} \end{cases} \tag{2.9}$$

式中,下角标 E 、 N 、 U 代表地理坐标系的东、北、天方向; v_{IN} 、 v_{IE} 和 v_{IU} 分别表示惯性导航系统推算的飞行器沿地理坐标系各坐标轴方向(即"北-东-天"坐标系三个轴方向)的速度; v_{N} 、 v_{E} 、 v_{U} 分别表示飞行器沿地理坐标系各坐标轴方向的真实速度; δv_{N} 、 δv_{E} 和 δv_{U} 分别表示惯性导航系统所测飞行器的速度变化量。

当考虑飞行高度 h 、经度 L 且地球为旋转椭球时,设地球自转角速度为 ω_{ie} ;

R_M、R_Z 分别为载体所在地理位置对应的地球子午圈曲率半径和卯酉圈曲率半径（单位 m），可列出如下方程：

$$
\begin{cases}
\dot{\varphi}_E = -\dfrac{\delta v_N}{R_M + h} + \left(\omega_{ie} \sin L + \dfrac{v_E}{R_Z + h} \tan L \right) \varphi_N - \left(\omega_{ie} \cos L + \dfrac{v_E}{R_Z + h} \right) \varphi_U + \varepsilon_E \\[3mm]
\dot{\varphi}_N = -\dfrac{\delta v_E}{R_Z + h} - \omega_{ie} \sin L \delta L - \left(\omega_{ie} \sin L + \dfrac{v_E}{R_Z + h} \tan L \right) - \dfrac{v_N}{R_M + h} \varphi_U + \varepsilon_N \\[3mm]
\dot{\varphi}_U = -\dfrac{\delta v_E}{R_Z + h} \tan L + \left(\omega_{ie} \cos L + \dfrac{v_E}{R_Z + h} \sec^2 L \right) \delta L \\[3mm]
\qquad + \left(\omega_{ie} \cos L + \dfrac{v_E}{R_Z + h} \tan L \right) \varphi_E + \dfrac{v_N}{R_M + h} \varphi_N + \varepsilon_U
\end{cases}
\tag{2.10}
$$

式中，φ_E、φ_N、φ_U 表示载体在三个方向上的姿态角；$\dot{\varphi}_E$、$\dot{\varphi}_N$ 和 $\dot{\varphi}_U$ 表示载体在三个方向上的姿态角变化量；ε_E、ε_N 和 ε_U 表示三个方向的姿态角计算过程中的噪声；且

$$
\begin{cases}
R_M = R_e \left(1 - 2f + 3f \sin^2 L \right) \\[2mm]
R_Z = R_e \left(1 + f \sin^2 L \right)
\end{cases}
\tag{2.11}
$$

式中，R_e 为地球长半轴，$R_e = 6378137\text{m}$；f 为扁率，$f = 1/298.257$。

速度误差方程：

$$
\begin{cases}
\delta\dot{v}_E = f_N \varphi_U - f_U \varphi_N + \left(\dfrac{v_N}{R_M + h} \tan L - \dfrac{v_U}{R_M + h} \right) \delta v_E + \left(2\omega_{ie} \sin L + \dfrac{v_E}{R_Z + h} \tan L \right) \delta v_N \\[3mm]
\qquad + \left(2\omega_{ie} \cos L v_N + \dfrac{v_E v_N}{R_Z + h} \sec^2 L + 2\omega_{ie} \sin L v_U \right) \delta L - \left(2\omega_{ie} \cos L + \dfrac{v_E}{R_Z + h} \right) \delta v_U + \nabla_E \\[3mm]
\delta\dot{v}_N = f_U \varphi_E - f_E \varphi_U - \left(2\omega_{ie} \sin L + \dfrac{v_E}{R_Z + h} \tan L \right) \delta v_E - \dfrac{v_U}{R_M + h} \delta v_N - \dfrac{v_N}{R_M + h} \delta v_N \\[3mm]
\qquad - \left(2\omega_{ie} \cos L + \dfrac{v_E}{R_Z + h} \sec^2 L \right) v_E \delta L + \nabla_N \\[3mm]
\delta\dot{v}_U = f_E \varphi_N - f_N \varphi_E + \left(2\omega_{ie} \cos L + \dfrac{v_E}{R_Z + h} \right) \delta v_E + 2\dfrac{v_N}{R_M + h} \delta v_N - 2\omega_{ie} \sin L v_E \delta L \\[3mm]
\qquad + \nabla_U + \dfrac{2g}{R} \delta h
\end{cases}
$$

$$
\tag{2.12}
$$

式中，R 为地球半径，单位 m；f_E、f_N 和 f_U 为对应地理坐标系东、北、天方向地球的扁率；∇_E、∇_N 和 ∇_U 为三个方向的噪声。

位置误差方程：

$$\begin{cases} \delta\dot{L} = \dfrac{\delta v_N}{R_M + h} \\ \delta\dot{\lambda} = \dfrac{\delta v_E}{R_Z + h}\sec L + \dfrac{v_E}{R_Z + h}\sec L \tan L \delta L \\ \delta\dot{h} = \delta v_U \end{cases} \tag{2.13}$$

在不考虑高度通道时，可取 $\delta\dot{h}$、δh 为零。

2.2.4　基于北斗卫星导航系统的定位技术

北斗定位技术具有实现简单、扩展性强、成本低等优点，近年来越来越受到学术研究和工业运用的重视。北斗卫星导航系统的独特之处在于它的双向通信功能，这项功能是国际上任何导航系统都不具备的，且具有一定的保密、抗干扰和摧毁能力。

假设某个信号在原子钟时间 T_t 由卫星进行发射，被接收机接收的真实时间为 T_r，则其真实传输时间 $\Delta t = T_t - T_r$。在接收的瞬间，由于接收机时钟产生相对卫星原子钟时刻 δt_u 的偏移量，故接收机寄存器接收该信号的时刻为 $T_r + \delta t_u$。因此，对于接收机，传输时间为

$$\Delta t_u = (T_r + \delta t_u) - T_t = (T_r - T)_t + \delta t_u = \Delta t + \delta t_u \tag{2.14}$$

接收机处获得的距离为

$$R_d = c\Delta t_u = c\Delta t + c\delta t_u = p + c\delta t_u \tag{2.15}$$

式中，p 表示未加时钟修正时所测得的伪距值。

考虑接收机时钟相对于卫星时钟的偏移后，需要再增加一个参考卫星，将几何距离表示为坐标的函数，则由四颗卫星构成的观测方程为

$$\begin{aligned} R_1 &= \sqrt{\left(x_{S_1} - x\right)^2 + \left(y_{S_1} - y\right)^2 + \left(z_{S_1} - z\right)^2} + c\delta t_u \\ R_2 &= \sqrt{\left(x_{S_2} - x\right)^2 + \left(y_{S_2} - y\right)^2 + \left(z_{S_2} - z\right)^2} + c\delta t_u \\ R_3 &= \sqrt{\left(x_{S_3} - x\right)^2 + \left(y_{S_3} - y\right)^2 + \left(z_{S_3} - z\right)^2} + c\delta t_u \\ R_4 &= \sqrt{\left(x_{S_4} - x\right)^2 + \left(y_{S_4} - y\right)^2 + \left(z_{S_4} - z\right)^2} + c\delta t_u \end{aligned} \tag{2.16}$$

将上述观测方程在近似点 $X_a = (x_0, y_0, z_0, c\delta t_{u0})$ 处进行线性化，可得

$$
\begin{aligned}
\Delta R_1 &= -G_{\alpha 1} \cdot \Delta x - G_{\beta 1} \cdot \Delta y - G_{\gamma 1} \cdot \Delta z + \Delta b \\
\Delta R_2 &= -G_{\alpha 2} \cdot \Delta x - G_{\beta 2} \cdot \Delta y - G_{\gamma 2} \cdot \Delta z + \Delta b \\
\Delta R_3 &= -G_{\alpha 3} \cdot \Delta x - G_{\beta 3} \cdot \Delta y - G_{\gamma 3} \cdot \Delta z + \Delta b \\
\Delta R_4 &= -G_{\alpha 4} \cdot \Delta x - G_{\beta 4} \cdot \Delta y - G_{\gamma 4} \cdot \Delta z + \Delta b
\end{aligned}
\tag{2.17}
$$

式中，$G_{\alpha i}$、$G_{\beta i}$ 和 $G_{\gamma i}$ $(i=1,2,3,4)$ 分别是距离在近似点 $X_a = (x_0, y_0, z_0, c\delta t_{u0})$ 处分别关于 x、y 和 z 的偏导数，它们代表近似点指向卫星 S_i 的方向余弦；Δb 表示一个误差量，是由接收机钟差与假设的初始钟差不一致造成的，即 $\Delta b = c(\delta t_u - \delta t_{u0})$。

将式 (2.17) 写成矩阵形式，可得

$$
\Delta R = G_a \Delta X_a
\tag{2.18}
$$

式中

$$
G_a = \begin{bmatrix}
-G_{\alpha 1} & -G_{\beta 1} & -G_{\gamma 1} & 1 \\
-G_{\alpha 2} & -G_{\beta 2} & -G_{\gamma 2} & 1 \\
-G_{\alpha 3} & -G_{\beta 3} & -G_{\gamma 3} & 1 \\
-G_{\alpha 4} & -G_{\beta 4} & -G_{\gamma 4} & 1
\end{bmatrix}
\tag{2.19}
$$

$$
\Delta R = \begin{bmatrix} \Delta R_1 & \Delta R_2 & \Delta R_3 & \Delta R_4 \end{bmatrix}^T
\tag{2.20}
$$

$$
\Delta X_a = \begin{bmatrix} \Delta x & \Delta y & \Delta z & \Delta b \end{bmatrix}
\tag{2.21}
$$

ΔX_a 可通过最小二乘法进行解算，通常采用迭代最小二乘法、简化最小二乘法或加权最小二乘法等。最小二乘解可表示为

$$
\Delta X_a = \left(G_a^T G_a \right)^{-1} G_a^T \Delta R
\tag{2.22}
$$

将得到的 ΔX_a 叠加到初始的假设近似值中，即可得到真正的位置解 $X = X_a + \Delta X_a$。

2.2.5　基于光纤传感的定位技术

随着光纤通信的发展，分布式光纤传感技术应运而生，该技术主要原理如下：外界环境变量(如应力、温度、磁场、电压等)改变会引起光纤中传输的光波的特征参数(如光的强度、幅度、相位及偏振态等)的变化。因此，通过获取光波的特征参数与外界环境因素的定量关系，就可以推测出外界环境量的变化，计算原理如下。

　　入射光波长记为 λ_r，瑞利散射光强度 I 与 λ_r^4 成反比，也就是入射光的波长越短，瑞利散射光越强，瑞利散射光强度 I 与入射光波长的关系表示为[20]

$$I \propto \frac{1}{\lambda_r^4} \tag{2.23}$$

　　瑞利散射光的强度随着探测方向也会发生变化，探测方向不同，瑞利散射的光强也不同，如式 (2.24) 所示：

$$I = I_0 \left(1 + \cos^2 \theta\right) \tag{2.24}$$

式中，θ 为入射光与探测方向的夹角；I_0 为 $\theta = \pi / 2$ 时的瑞利散射光强度。

　　光纤中各个方向都存在瑞利散射光，受光纤结构的限制，只有与入射光同向或者反向的散射光才能在光纤中传输，见图 2.5。

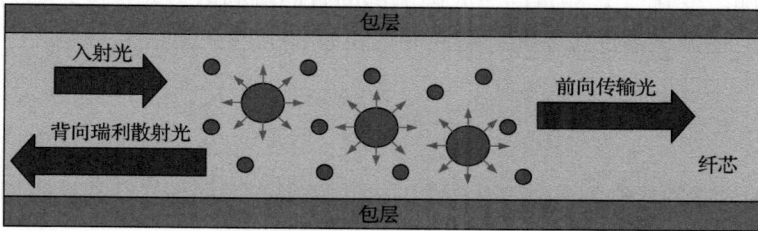

图 2.5　瑞利散射光方向图

　　在分布式光纤传感系统中，接收端接收到的信号即为背向瑞利散射信号，光功率 P_R 的计算公式为

$$P_R = P_0 S \alpha_s W \frac{v}{2} \tag{2.25}$$

式中，P_0 是入射光峰值功率；S 是背向 L_r 位置处瑞利散射光功率捕获因子；α_s 是瑞利散射系数；W 是探测光脉冲的脉宽；v 为光纤中光波群速度。S 的计算公式为

$$S = \frac{1}{4} \left(\frac{\lambda_r}{\pi n r}\right)^2 \tag{2.26}$$

式中，λ_r 为入射光的波长；n 为光纤介质折射率；r 为光纤模场半径。

　　脉冲光在光纤中传播会有一定程度的衰减，其衰减系数为 α，则在光纤上位置 L_r 处脉冲光经过衰减后得到的峰值功率 P_{L_r} 可以表示为

$$P_{L_r} = P_0 e^{-\alpha L_r} \tag{2.27}$$

位于光纤 L_r 处的背向散射功率 $P_R(L_r)$ 可根据其与前向传输的功率关系表示为

$$P_R(L_r) = \frac{v}{2} P_0 e^{-\alpha L_r} S \alpha_s W \tag{2.28}$$

当 L_r 位置处的背向瑞利散射光进入到光电探测器后，探测到的光功率 $P_w(L_r)$ 为

$$P_w(L_r) = \frac{v}{2} P_0 e^{-2\alpha L_r} S \alpha_s W \tag{2.29}$$

由式 (2.29) 可知，系统探测到的背向瑞利散射曲线具有不断下降的趋势，这说明光在光纤中传输会有损耗。当光纤链路中某处存在损耗、衰减、断点或振动时，前向传输衰减系数迅速变大，导致背向瑞利散射曲线在前述的事件点位置出现非常明显的跌落。在损耗、衰减、断点或振动时，该点产生的背向瑞利散射光的光强将随之变化[21]，测量同一光缆端部的背向瑞利散射光强度，通过式 (2.29) 即可确定上述振动事件位于光纤链路中的位置：

$$L_r = \frac{vt}{2n} \tag{2.30}$$

式中，t 为光脉冲传输到 L_r 处产生的背向瑞利散射光返回到光纤首端所用的时间。

2.2.6 基于地图匹配的定位技术

地图匹配是一种需要结合其他定位方法实现列车定位的技术，该技术可以提高其他定位方法的精度，是目前比较常见的一种辅助定位方法。地图匹配定位通过将其他定位方法确定的位置点与地图上的位置点进行匹配运算以确定列车的位置。目前铁路的轨道线路分为直线、圆曲线和连接它们的三次抛物缓和曲线。接下来说明三种情况下，列车通过投影实现定位的方法。

1. 直线部分

图 2.6 是列车直线行驶情况下的投影，BC 是列车某一时刻的一个区间段，当其他列车定位技术存在误差时，其定位点可能会落在轨道之外，如图中的 A_1 点。过 A_1 点可以作轨道方向的垂线交于轨道上 A_2 点，即可通过投影的方法确定列车在直线轨道上的位置。通过数学推导轨道电子地图确定列车位置和误差分析，在已知 B 和 C 点的情况下可以确定轨道数学化的方程：

$$Y - Y_B = \frac{Y_C - Y_B}{X_C - X_B}(X - X_B) \tag{2.31}$$

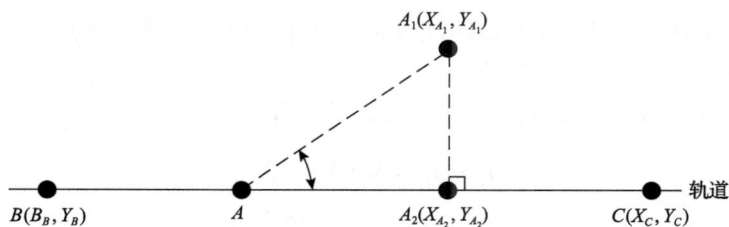

图 2.6　直线行驶情况下的投影图

同时，可以推导出直线 A_1A_2 的方程：

$$Y - Y_{A_1} = \frac{X_C - X_B}{Y_C - Y_B}\left(X - X_{A_1}\right) \tag{2.32}$$

分别对式 (2.31) 和式 (2.32) 进行如式 (2.33) 和式 (2.34) 的简化：

$$K_1 = \frac{Y_C - Y_B}{X_C - X_B} \tag{2.33}$$

$$K_2 = \frac{X_C - X_B}{Y_C - Y_B} \tag{2.34}$$

进而解得 A_2 的坐标为

$$X_{A_2} = \frac{Y_{A_1} - Y_B + K_1 X_B - K_2 X_{A_1}}{K_1 - K_2} \tag{2.35}$$

$$Y_{A_2} = Y_{A_1} + K_2 X_{A_2} - K_2 X_{A_1} \tag{2.36}$$

由式 (2.35) 和式 (2.36) 可以确定列车的位置，列车定位误差从 $|AA_1|$ 减小到 $|AA_2|$，它们误差之间的关系：

$$|AA_2| = |AA_1|\cos a \tag{2.37}$$

2. 圆曲线部分

对于圆曲线部分，常用匹配方法可参照文献[16]，匹配定位方法见图 2.7，图

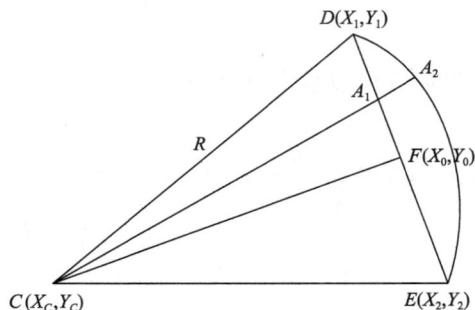

图 2.7　曲线匹配定位方法

中线段 CF 垂直平分线段 DE 以匹配投影点 A_2 作为匹配结果,则点 A_2 坐标可由以下方式求出。

由点 C 和点 F 坐标,可求得直线 CF 的方程:

$$Y_C - Y_0 = K_1 (X_C - X_0) \tag{2.38}$$

式中, $X_0 = \dfrac{X_D - X_E}{2}$; $Y_0 = \dfrac{Y_D - Y_E}{2}$; $K_1 = \dfrac{X_D - X_E}{Y_D - Y_E}$ 。

对于三角形 CFD 有

$$\left| CF \right|^2 + \left| DF \right|^2 = R^2 \tag{2.39}$$

由此可得

$$(X_C - X_0)^2 + (Y_C - Y_0)^2 + \frac{(X_D - X_E)^2 + (Y_D - Y_E)^2}{4} = R^2 \tag{2.40}$$

与式(2.38)联立可以算出圆心 C 的坐标:

$$X_C = X_0 \pm \sqrt{\frac{R^2 - \dfrac{d^2}{4}}{1 + K_1^2}}, \quad Y_C = Y_0 \pm \sqrt{\frac{R^2 - \dfrac{d^2}{4}}{1 + \dfrac{1}{K_1^2}}} \tag{2.41}$$

式中, $d = (X_D - X_E)^2 + (Y_D - Y_E)^2$ 。

所以直线 CA_1 的方程为

$$Y_C - Y = \frac{Y_{A_1} - Y_C}{X_{A_1} - X_C}(X_C - X) \tag{2.42}$$

圆 C 的方程为

$$(X_C - X)^2 + (Y_C - Y)^2 = R^2 \tag{2.43}$$

式(2.42)与式(2.43)联立可以解出点 A_2 坐标:

$$X_{A_2} = X_C \pm \sqrt{\frac{R^2}{1 + K_2^2}}, \quad Y_{A_2} = Y_C \pm \sqrt{\frac{R^2}{1 + \dfrac{1}{K_2^2}}} \tag{2.44}$$

式中, $K_2 = \dfrac{Y_{A_1} - Y_C}{X_{A_1} - X_C}$ 。

3. 三次抛物缓和曲线部分

对于三次抛物缓和曲线部分，设过参考点 (x_p, y_p) 的垂线与两个精确位置 (x_1, y_1)、(x_2, y_2) 之间的直线交于点 (x'_p, y'_p)，则由式 (2.45) 即可求得交点 (x'_p, y'_p) 坐标。最后，结合参考点 (x_p, y_p) 和交点 (x'_p, y'_p) 求出直线方程，则直线方程与缓和曲线的交点即为投影点。

$$
\begin{aligned}
x'_p &= \frac{(x_2 - x_1)\left[x_p(x_2 - x_1) + y_p(y_2 - y_1)\right]}{(x_2 - x_1)^2 + (y_2 - y_1)^2} + \frac{(y_2 - y_1)(x_1 y_2 - x_2 y_1)}{(x_2 - x_1)^2 + (y_2 - y_1)^2} \\
y'_p &= \frac{(y_2 - y_1)\left[x_p(x_2 - x_1) + y_p(y_2 - y_1)\right]}{(x_2 - x_1)^2 + (y_2 - y_1)^2} + \frac{(x_2 - x_1)(x_2 y_1 - x_1 y_2)}{(x_2 - x_1)^2 + (y_2 - y_1)^2}
\end{aligned}
\tag{2.45}
$$

2.3　基于多源信息融合的高速列车高精度测速定位

如图 2.8 所示，本书将高速列车多源信息融合的高精度测速定位过程转化为根据已有测速定位信息（包括北斗卫星定位信息、惯性导航定位信息、各传感器测速信息和电子地图数据信息）对高速列车进行位置估计的求解过程。此求解过程往往追求不同定位系统对应的多个最小误差，并要求定位结果在多个误差范围限制之内，通过不同目标在误差范围内相互之间的博弈来确定最终的估计位置。本章通过分析对比将列车定位问题转化为在约束下的多目标优化问题，针对定位问题

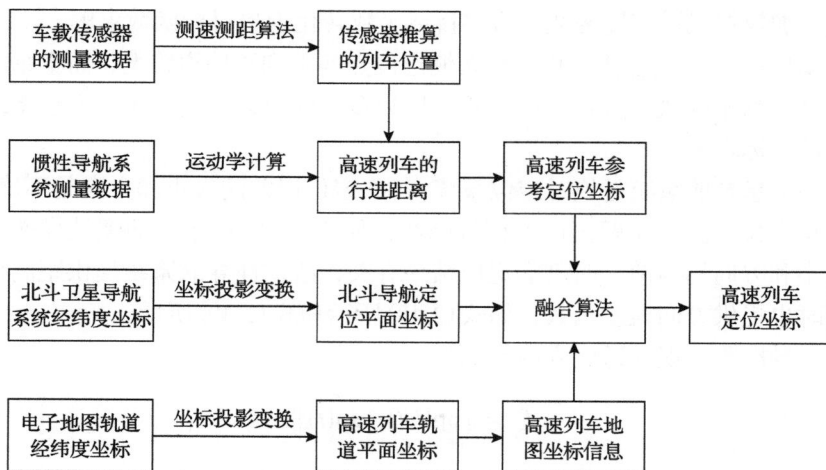

图 2.8　多源信息融合高速列车定位示意图

向多目标优化问题的转化，本节主要进行如下四个方面的工作。

2.3.1　种群的初始化

本节采用惯性导航系统和北斗卫星导航系统的定位信息进行联合定位。北斗卫星导航系统在市区、隧道等地区会有较大的定位误差甚至出现无效定位结果，而惯性导航系统虽存在误差累积，但短时间内的定位相对精确，故本节认为惯性导航系统能连续定位。采用在惯性导航系统估计位置的误差范围内生成随机值的方法完成种群的初始化：

$$\mathrm{pp}(i,t) = s(t) + (r - 0.5)\max(e) \tag{2.46}$$

式中，$\mathrm{pp}(i,t)$ 代表对于第 t 个位置随机生成的第 i 个初始个体；$s(t)$ 代表第 t 个惯性导航参考定位坐标；r 代表在 $(0,1)$ 之间随机生成的 3 维列向量；$\max(e)$ 代表第 t 次惯性导航定位之前最大的惯性导航误差范围。

在第 t 次初始化完成后，对种群进行迭代寻优，找到最优估计位置并利用其坐标数据对惯性导航系统和北斗卫星导航系统进行参数校正，将最优估计位置作为新位置进行下一次惯性导航参考位置的计算。

2.3.2　目标函数的设计

设计合理的目标函数，更有利于微分进化算法的快速寻优。而对于列车定位问题，其定位目标主要可以分为两个方面：一方面是距离误差最小；另一方面是方向误差最小。谷远利等[22]通过将空间相似度、修正的最短路径和方向相似度加权构成了多目标遗传算法的适应度函数。参照此方法，本章将方向相似度和距离误差进行加权构成适应度函数，将多目标函数转化为单目标函数求解。

注 2.1　文献[22]主要是将浮动车辆定位点匹配到正确道路上，而本章的侧重点在于进行列车的数据融合定位，两者均为多目标函数，故参照其方法将多目标转化为单目标求解。

北斗卫星导航系统是绝对定位系统，每次定位误差的大小和方向是不确定的，因此卫星定位主要提供距离误差评价函数，如式 (2.47) 所示，而惯性导航系统误差的大小和方向均与前一时刻的定位结果有关，故惯性导航系统提供距离误差函数的同时也提供方向误差函数，如式 (2.48) 所示和式 (2.49) 所示。

卫星导航距离误差适应度函数如下：

$$f_{\mathrm{sp}} = \| \mathrm{pp}(i,t) - \mathrm{sp}(t) \| \tag{2.47}$$

式中，$\| \mathrm{pp}(i,t) - \mathrm{sp}(t) \|$ 代表对于第 t 个位置随机生成的第 i 个初始个体与第 t 个卫

星导航距离误差适应度函数。

惯性导航距离误差适应度函数如下：

$$f_s = \| pp(i,t) - s(t) \| \tag{2.48}$$

式中，$\| pp(i,t) - s(t) \|$ 代表对于第 t 个位置随机生成的第 i 个初始个体与第 t 个惯性导航系统参考定位坐标的模长，即惯性导航距离误差适应度函数。

惯性导航方位误差适应度函数如下：

$$f_\phi = \phi_{pp(i,t)s(t-1)} - \phi_t \tag{2.49}$$

式中，$\phi_{pp(i,t)s(t-1)}$ 代表对于第 t 个位置随机生成的第 i 个初始个体与第 $t-1$ 个惯性导航系统参考定位坐标的方位值，即惯性导航方位误差适应度函数；ϕ_t 代表惯性导航系统测得的方位变化值。

考虑到惯性导航系统的误差会随着时间的推移而累积，如果将权重值设置为恒定值，则会导致融合定位系统的定位效果随惯性导航系统的误差累积而变差。本章使用最大误差的反比的平方作为权重系数来避免这种情况，有两点考虑：一是为了确保不同的定位系统对融合定位结果产生影响的比重相同，将其归一化，即当前误差除以已发生的最大误差；二是为了确保某个定位系统在突然发生故障时，融合定位系统仍能够相对较好地定位，采用最大误差加权。

因此，将相应最大误差的平方的倒数作为单个目标函数的权重，相加后形成总目标函数。这种方法的优点是，当误差增加时，权重会自适应地减小，从而防止融合定位系统连续依赖某个系统。这种加权方法可确保某一定位系统中的误差越大，其对融合定位结果的影响就越小。

由于北斗卫星导航系统为绝对定位，误差值与时间无关，而惯性导航系统误差与时间有关，故北斗卫星导航系统的加权系数采用最大定位误差的倒数的平方，惯性导航距离值和方向值的加权系数采用在第 t 次定位之前出现的最大误差的倒数的平方。加权后微分进化地图匹配算法（map matching algorithm based on differential evolution algorithm，简称 DE-MM 算法）的目标函数为

$$F(t) = \frac{1}{\left(e_s^{\max}\right)^2} f_{sp} + \frac{1}{\left(\max(e_2)\right)^2} f_s + \frac{1}{\left(\max(e_3)\right)^2} f_\phi \tag{2.50}$$

式中，$F(t)$ 为个体适应值函数；f_{sp} 为个体点坐标到卫星导航参考坐标的距离；f_s 为个体点坐标到惯性导航参考坐标的距离；f_ϕ 为个体点坐标对应的方向误差值；$e_s^{\max}$ 为卫星定位的最大误差范围值；$\max(e_2)$ 为到第 t 次定位之前出现过的最

大惯性导航误差值；$\max(e_3)$ 为到第 t 次定位前出现过的最大方向误差值。

2.3.3　约束条件的设计

列车定位过程中有很多的限定条件，列车的真实位置应在卫星定位的误差范围与惯性导航定位误差范围共同包含的区域内，且其必定满足铁路线的轨迹方程。因此，采用卫星导航的误差范围(距离误差)、惯性导航的误差范围(距离误差和方位误差)和铁路路线的轨迹方程作为 DE-MM 算法的约束条件。约束方程如下。

卫星导航距离误差约束：

$$0 \leqslant \| pp(i,t) - sp(t) \| \leqslant e_{\mathrm{s}}^{\max} \tag{2.51}$$

式中，$\| pp(i,t) - sp(t) \|$ 代表对于第 t 个位置随机生成的第 i 个初始个体与第 t 个卫星导航系统参考定位坐标的模长；$e_{\mathrm{s}}^{\max}$ 为卫星定位的最大误差范围值。

惯性导航距离误差约束：

$$0 \leqslant \| pp(i,t) - s(t) \| \leqslant e_2^{\max} \tag{2.52}$$

式中，$\| pp(i,t) - s(t) \|$ 代表对于第 t 个位置随机生成的第 i 个初始个体与第 t 个惯性导航系统参考定位坐标的模长；$e_2^{\max}$ 为到第 t 次定位之前出现过的最大惯性导航误差值。

惯性导航方位误差约束：

$$0 \leqslant \| \phi_{pp(i,t)s(t-1)} - \phi_t \| \leqslant e_3^{\max} \tag{2.53}$$

式中，$\| \phi_{pp(i,t)s(t-1)} - \phi_t \|$ 代表对于第 t 个位置随机生成的第 i 个初始个体与第 $t-1$ 个惯性导航系统参考定位坐标的方位误差的绝对值；$e_3^{\max}$ 为惯性导航系统允许的最大方位误差值。

铁路路线轨迹方程约束：

$$\begin{cases} -0.5 \leqslant y - f_{\mathrm{sp}}(x) \leqslant 0.5 \\ -0.2 \leqslant z - f_{\mathrm{s}}(x) \leqslant 0.2 \end{cases} \tag{2.54}$$

式中，$f_{\mathrm{sp}}(x)$、$f_{\mathrm{s}}(x)$ 分别为根据精准定位点拟合出的 y、z 关于 x 的曲线函数。我国现行高速铁路线轨距为 1.435m，因此将平面误差设置为 ±0.5m，高程误差设为 ±0.2m。

注 2.2　目前，高铁的轨距为 1.435m，那么一侧允许的最大误差为 0.7175m。

考虑到进行曲线拟合时会有一定的偏差，假设误差范围为 ± 0.2m，则允许偏差为
0.5175m，因此平面误差设置为 ± 0.5m。高铁在施工过程中的高度误差是毫米级
的，可以忽略不计。但是，拟合结果会受到偏差的影响，并且再次设置为 0.2m，
高度误差设置为 ± 0.2m。

2.3.4　边界情况处理

对于优化问题的约束边界条件的处理方式，可以分为死亡惩罚、静态惩罚和
动态惩罚三种。由于高速列车定位对应的约束条件为不同定位系统对应的误差范
围边界，并非完全不可超出的边界范围，且并不需要随时间而改变对超出边界的
惩罚力度。故本章采用静态惩罚的方式处理越界个体，即考虑个体违反约束条件
的程度，并记录违反度，作为定位结果优劣的另一评判标准。2.3.3 节已经给出各
种不同定位系统所限定的约束上下限，在此不再赘述，以卫星定位误差限定的边
界为例，本章所使用的违反度计算方法如下：

$$c_1 = \begin{cases} \dfrac{g_1 - \mathrm{cons_{up}}}{\mathrm{cons_{up}} - \mathrm{cons_{low}}}, & g_1 > \mathrm{cons_{up}} \\[2mm] 0, & \mathrm{cons_{low}} \leqslant g_1 \leqslant \mathrm{cons_{up}} \\[2mm] \dfrac{\mathrm{cons_{low}} - g_1}{\mathrm{cons_{up}} - \mathrm{cons_{low}}}, & g_1 < \mathrm{cons_{low}} \end{cases} \tag{2.55}$$

式中，c_1 为该个体的坐标值对应卫星定位约束的违反度；g_1 为个体对应的坐标值；
$\mathrm{cons_{up}}$、$\mathrm{cons_{low}}$ 为卫星定位约束的上下限。

本章计算坐标超出约束的大小，并采用误差范围对其进行归一化，以确保不
同约束条件的违反度有统一指标。之后对该个体对应不同约束的违反度进行简单
相加，作为个体优劣的另一评判指标。

2.4　求　解　方　法

现研究地图匹配的算法基本将匹配过程与定位过程分离，即定位结束后再利
用电子地图信息进行地图匹配。本节试图探究一种将电子地图信息融入定位过程
的定位方式，因此将列车定位问题转化为多约束下的多目标优化问题。针对通过上
述方法转化成多目标优化问题后的信息融合列车定位问题，本节提出采用基于灰
狼算法的微分进化地图匹配算法(map matching algorithm based on the combination
of grey wolf algorithm and differential evolution algorithm，简称 GWDE-MM 算法)
对高速列车定位问题进行求解。

2.4.1　微分进化算法的改进

微分进化算法是一种基于群体的启发式搜索算法，在变异操作时，该算法先随机选择不同的个体，然后根据所选个体生成比例微分矢量，最后以比例微分矢量对当前代个体进行扰动生成新个体。这在一定程度上保证了种群的多样性，可以使算法尽量避免局部最优。然而在求解复杂优化问题时，微分进化算法还是可能陷入局部最优[23]。为防止微分进化算法陷入局部最优并提高算法的求解速度，本章引用灰狼算法[24]的思想对微分进化算法的变异操作进行改进，改进方法为，变异操作时，在微分进化算法原变异策略向最优值变异的基础上，除最优解之外，保留两个次优解，个体进行变异操作的同时向着最优解和两个次优解的方向变异，变异机制见图 2.9。

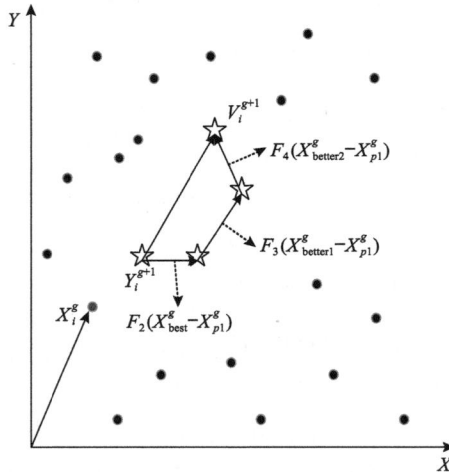

图 2.9　改进后的变异操作示意图

变异公式如下：

$$\begin{cases} X_i^g = \left(x_{i,1}^g, x_{i,2}^g, \cdots, x_{i,d}^g \right) \\ Y_i^{g+1} = X_{p1}^g + F_1 \left(X_{p2}^g - X_{p3}^g \right) \\ V_i^{g+1} = Y_i^{g+1} + F_2 \left(X_{\text{best}}^g - X_{p1}^g \right) + F_3 \left(X_{\text{better1}}^g - X_{p1}^g \right) + F_4 \left(X_{\text{better2}}^g - X_{p1}^g \right) \end{cases} \tag{2.56}$$

式中，X_i^g 表示进化中第 g 代的第 i 个 d 维个体向量；X_{best}^g 表示第 g 代种群中的最优个体向量；X_{better1}^g、X_{better2}^g 表示第 g 代种群中的两个次优个体向量；X_{p1}^g、X_{p2}^g、X_{p3}^g 为从第 g 代种群中随机选取的三个不同个体，$p1 \neq p2 \neq p3$，且三个

个体不是最优个体和次优个体；Y_i^{g+1} 表示变异时产生的中间个体；F_1、F_2、F_3、F_4 为变异尺度因子，且 F_1 为 $(0,0.5)$ 区间的随机数，F_2、F_3、F_4 为 $(0,0.25)$ 区间的随机数。

2.4.2　算法流程

　　地图匹配算法大多被用为辅助定位算法，即仅仅将其他定位方法所得定位结果匹配到电子地图上即可完成匹配。而本章为将电子地图信息应用到定位过程中，将定位问题转化为多目标优化问题，并采用 GWDE-MM 算法对高速列车进行信息融合定位。因此，在定位之前需要根据电子地图信息生成轨道约束方程，并对各定位系统采集到的定位数据进行前期处理，然后再进入匹配定位流程。算法定位流程见图 2.10。其中图 2.10(a) 为 GWDE-MM 算法整体流程图，

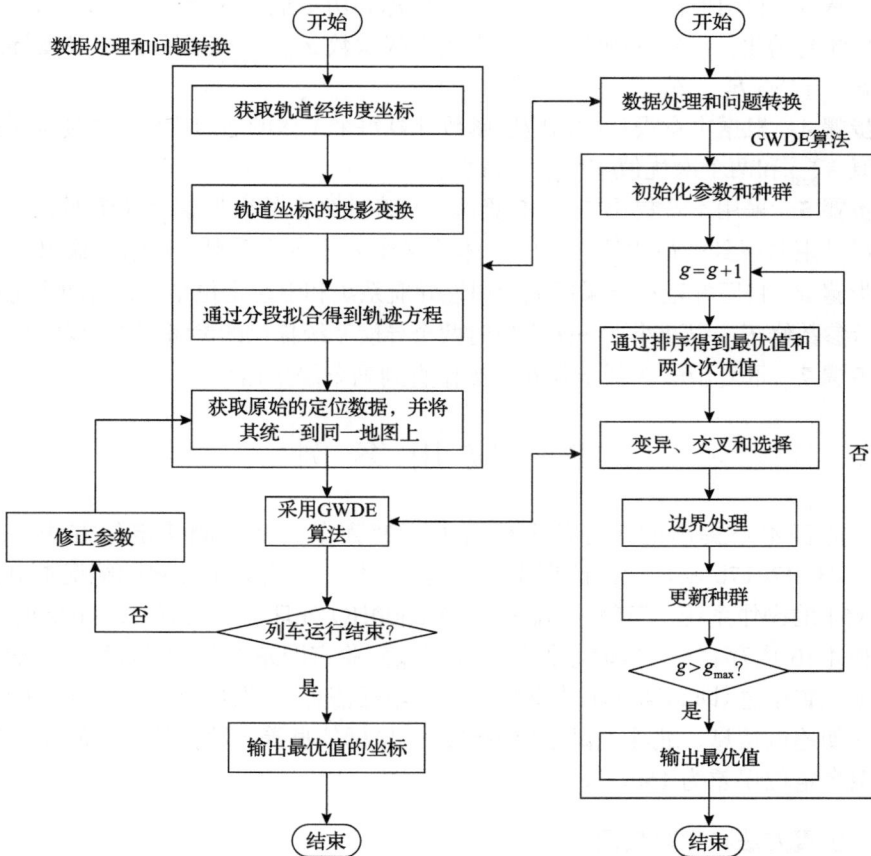

(a) GWDE-MM算法整体流程图　　　　　(b) GWDE算法流程图

图 2.10　GWDE-MM 算法定位流程图

图 2.10(b)为融合灰狼优化算法思想的微分进化算法(differential evolution algorithm based on grey wolf optimization algorithm，简称 GWDE 算法)的流程图，所框选部分为图 2.10(a)中的 GWDE 部分展开的流程图，图 2.10(b)中"数据处理和问题转换"对应图 2.10(a)中的"数据处理和问题转换"框选部分。

GWDE-MM 算法步骤如下。

步骤 1　根据高精度卫星导航系统定位所得的高速列车铁路轨道坐标数据得到轨道方程。首先进行筛选，剔除无效数据，然后对筛选后的数据进行插值后作为电子地图数据，最后对其拟合建立合适的轨道方程。

步骤 2　根据卫星导航定位系统和惯性导航定位系统得到的测量数据计算各自的定位结果，筛选剔除无效数据后，对卫星导航系统得到的定位结果进行坐标投影变换，将两个导航系统的参考定位结果与电子地图信息统一到同一坐标系中。

步骤 3　利用惯性导航系统参考定位坐标和历史最大误差，根据式(2.46)进行种群个体初始化，设置种群规模 N、最大迭代次数 g_{max}、交叉因子 C_r 和变异尺度因子 F_1、F_2、F_3、F_4。

步骤 4　根据本章设计的适应度函数计算每个个体的适应度值，通过排序找出最优值 X_{best}^g 和两个次优值 $X_{better1}^g$、$X_{better2}^g$。

步骤 5　采用本章提出 GWDE 算法进行高速列车的数据融合地图匹配定位，将迭代结束时得到的最优值对应的个体数据作为最终的匹配定位结果输出。

步骤 6　将匹配定位结果反馈给惯性导航系统和卫星定位系统，对两个定位系统进行参数修正，以减小下一次定位时两个导航系统提供的参考定位结果的误差。

步骤 7　重复步骤 2 到步骤 6 的操作直到列车停止运行。

2.5　应 用 案 例

为验证本章提出的多源信息融合的高速列车高精度测速定位方法，基于 MATLAB R2017b 软件设计仿真实验。模拟环境是具有以下配置的笔记本电脑：基于 x64 的操作系统、英特尔®酷睿™ i5-6300HQ 处理器，具有 2.30GHz 的 CPU 主频和 4GB 内存容量。实验数据从北斗开放实验室网站下载。实验数据包括车辆的实际位置信息(即高速列车轨道的经纬度坐标信息)、惯性导航系统测量的速度信息和加速度信息、北斗卫星定位的经纬度坐标信息等。数据的采样间隔为 2s，最大卫星定位误差为 15m。

2.5.1　仿真方法和实验数据

为进行实验验证，本节从所有的定位数据中选取 3min 的定位数据进行数据仿真。在这些数据中，WGS-84 坐标系(world geodetic system—1984 coordinate system)的 *X*、*Y* 和 *Z* 方向上的车辆位置变化分别为 11624m、12126m、7007m。

　　图 2.11 所示实验数据的流动过程可以分成三部分：高速列车轨道的经纬度坐标信息经坐标投影转换得到高速列车轨道平面坐标，进而得到高速列车轨道约束方程；惯性导航系统测量的速度信息和加速度信息由运动学计算公式得到高速列车行驶距离和方位信息，进而得到惯性导航系统的平面坐标；北斗卫星定位的经纬度坐标信息经坐标投影变换得到北斗卫星定位平面位置坐标。三部分数据经由 GWDE-MM 算法进行带约束的多目标优化求解后，输出最优定位结果，并利用定位结果对惯性导航系统和北斗卫星定位系统进行参数修正。

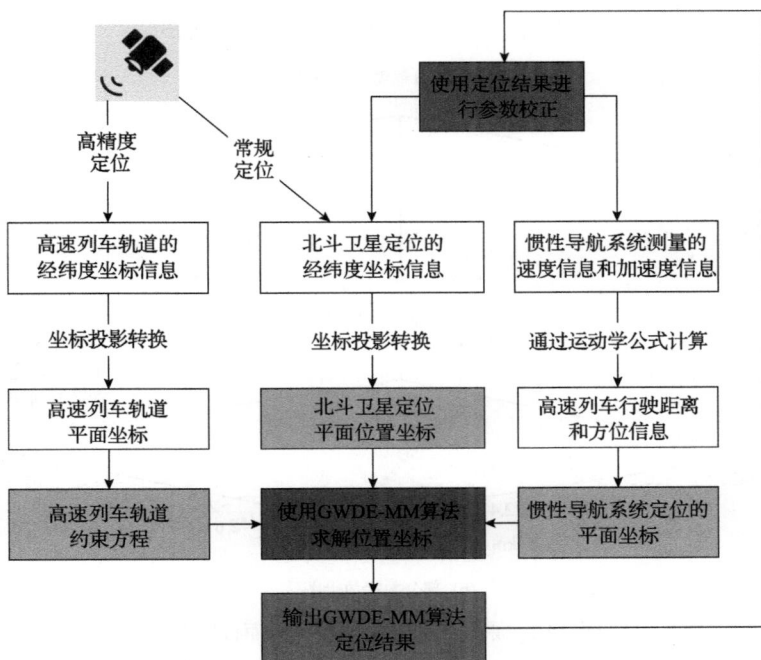

图 2.11　仿真实验数据框架图

　　鉴于惯性导航定位和卫星导航定位得到的数据并未在同一坐标系，且惯性导航定位和卫星导航定位得到的数据可能存在无效数据，所以需要先对初始数据进行预处理，数据处理后得到 WGS-84 坐标系下的部分数据三维分布，如图 2.12 所示。

　　由图 2.12 可知，惯性导航系统和卫星导航系统的初始定位结果误差较大，并不能满足列车定位服务的精度要求，其中卫星导航系统的定位结果还存在一定的波动性。因此，需要对初始定位信息进一步处理，通过融合定位的方法得到更精准的定位。

(a) 所有数据三维分布

(b) 部分数据放大图

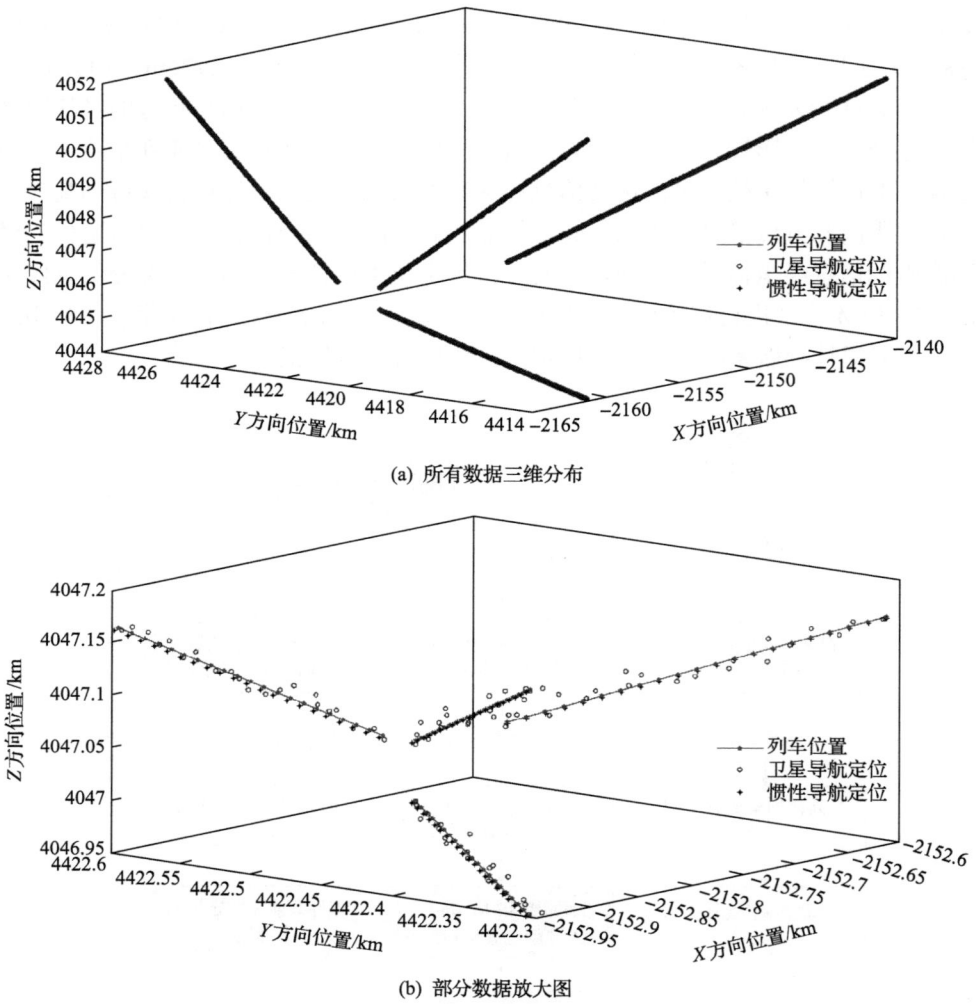

图 2.12　原始数据三维分布和平面投影图

2.5.2　仿真结果和分析

1. 原始误差分析

图 2.13 为原始数据的误差曲线，包括惯性导航定位的误差曲线和卫星导航定位的误差曲线。由图 2.13(a)可以看出，单纯的惯性导航系统存在误差累积的弊端，不能进行长时间的连续定位；由图 2.13(b)可知卫星导航定位结果存在一定的波动，这是因为在卫星导航定位过程中，卫星存在摄动，且连续定位时，定位选取的卫星也在变化。

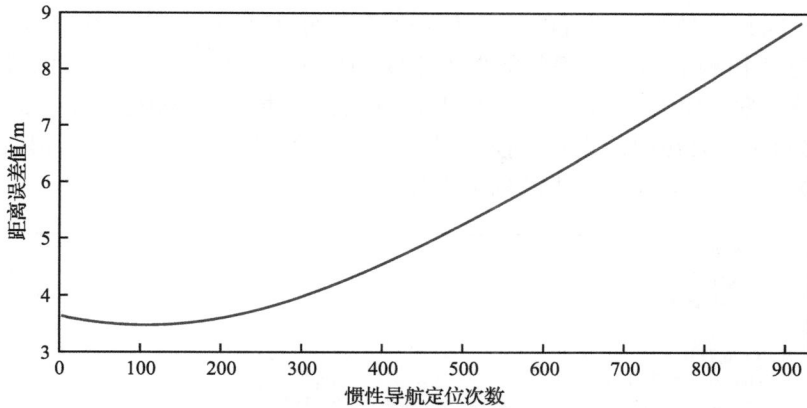

(a) 惯性导航定位误差曲线

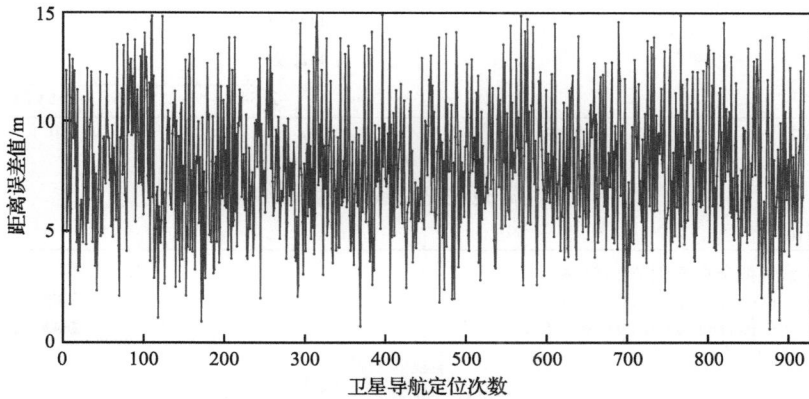

(b) 卫星导航定位误差曲线

图 2.13　原始数据误差曲线

考虑到上述单独定位存在的问题，再加上卫星导航定位在经过城市区域和隧道过程中，卫星信号传输可能会受到干扰，导致定位失效，故本章决定采取多源信息融合定位的方法求解高速列车定位问题。

2. 地图数据的拟合处理

在本章提出的基于 GWDE-MM 算法的定位解算过程中，将电子地图信息作为轨道约束加入到车辆的信息融合定位过程中，而根据电子地图坐标得到的轨道方程是否能够合理地描述轨道特征是定位结果是否准确的重要因素之一。因此，对于轨道约束方程的拟合过程，本章通过以下对比来说明选用二次方程进行拟合的理由。

以 X-Y 平面的拟合结果为例，直线部分见图 2.14(a)，由图可知线性拟合所得到的曲线并不能合理地描述所选数据的轨道曲线方程。而对于二次拟合和三次拟合来说，对地图数据的拟合结果较为贴合所需的轨道约束方程。图 2.14(b) 为三种拟合方式得到的曲线方程与数据点之间的残差条形图，从图中可以看出，线性拟合所得残差模为 0.10106，二次拟合所得的残差模为 0.00010581，三次拟合的残差模为 0.000012612，因此，对所选曲线段数据本章选用二次拟合所得轨道曲线方程作为 GWDE-MM 算法中的约束方程。

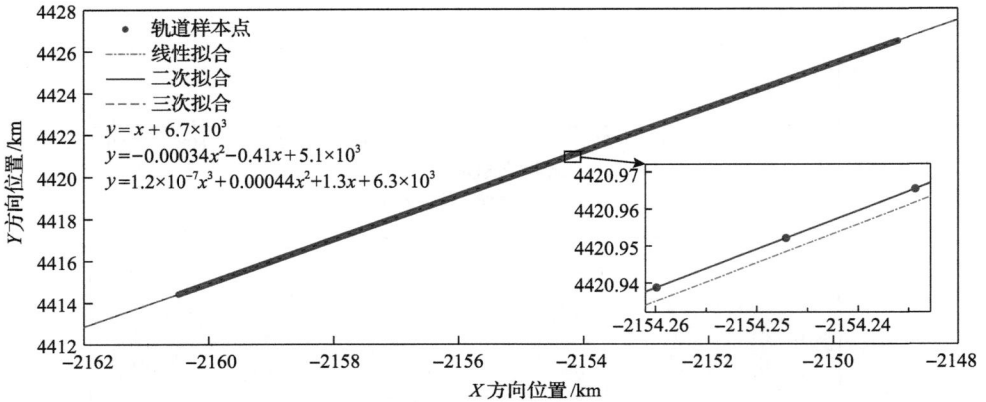

(a) 地图数据直线部分拟合曲线对比

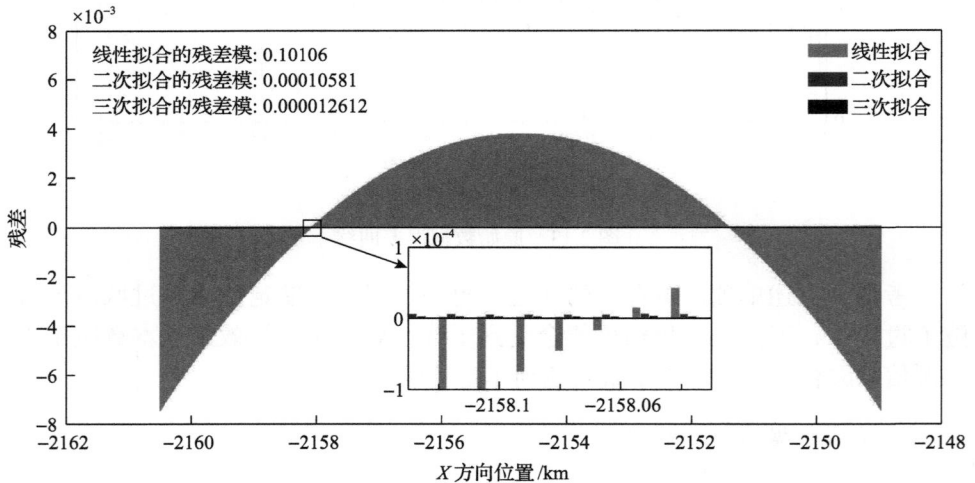

(b) 数据直线部分拟合残差对比

图 2.14　地图数据直线部分拟合结果对比图

X-Y 平面的曲线部分拟合结果见图 2.15(a)，对比分析二次拟合、三次拟合和四次拟合的结果可以看出，采用三次曲线对该路段进行拟合显然更能较好地贴合道路曲线特征。图 2.15(b) 从残差的角度分析三种拟合方法的优劣，三种拟合方法的残差模分别为 0.0049097、0.0021963 和 0.0026006，由此可见三次拟合的残差模最小。综上可知，对该曲线段来说三次拟合的结果更贴近实际路线特征，故本章采用三次拟合结果作为该段路线的约束方程。

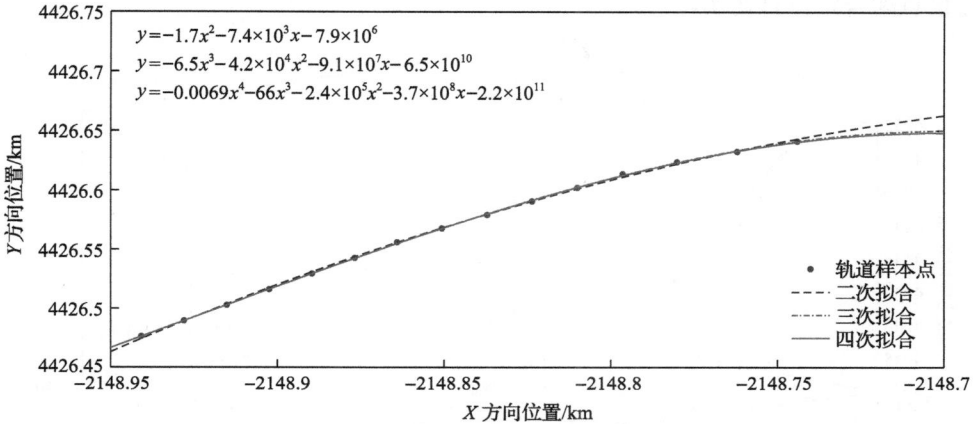

(a) 地图数据曲线部分拟合曲线对比

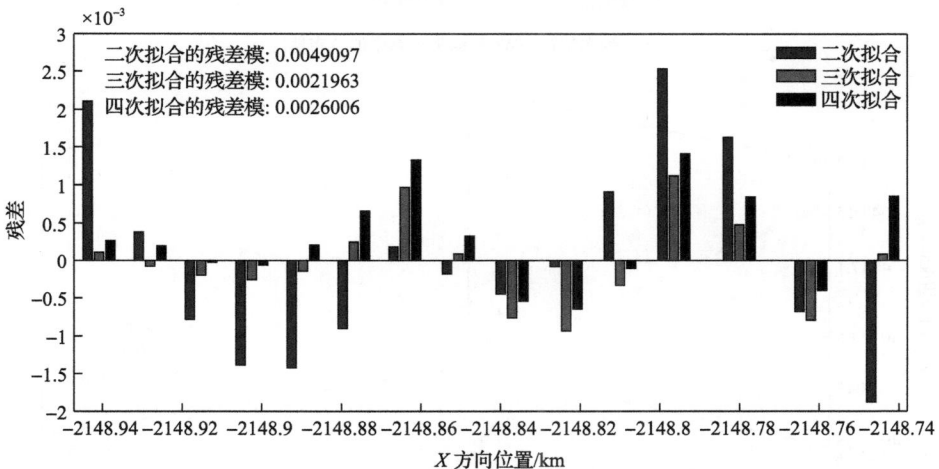

(b) 数据曲线部分拟合残差对比

图 2.15　地图数据曲线部分拟合结果对比图

3. GWDE-MM 算法定位结果分析

图 2.16 为列车位置在 WGS-84 坐标系中的分布情况与 GWDE-MM 算法的部分定位结果。通过观察列车位置和 GWDE-MM 算法的定位情况可知：GWDE-MM 算法的定位结果基本都在车辆位置构成的电子地图轨道之上，且在 WGS-84 坐标系三个坐标轴方向与列车真实位置基本重合。对比图 2.16 与图 2.12 发现，经 GWDE-MM 算法进行信息联合定位所得到的定位结果，比初始数据的定位结果更接近

实际位置，GWDE-MM 算法的定位结果已基本不用再进行地图匹配，这说明本章提出的将定位问题转化为带约束的多目标优化问题并采用 GWDE-MM 算法进行信息融合定位是切实可行的。

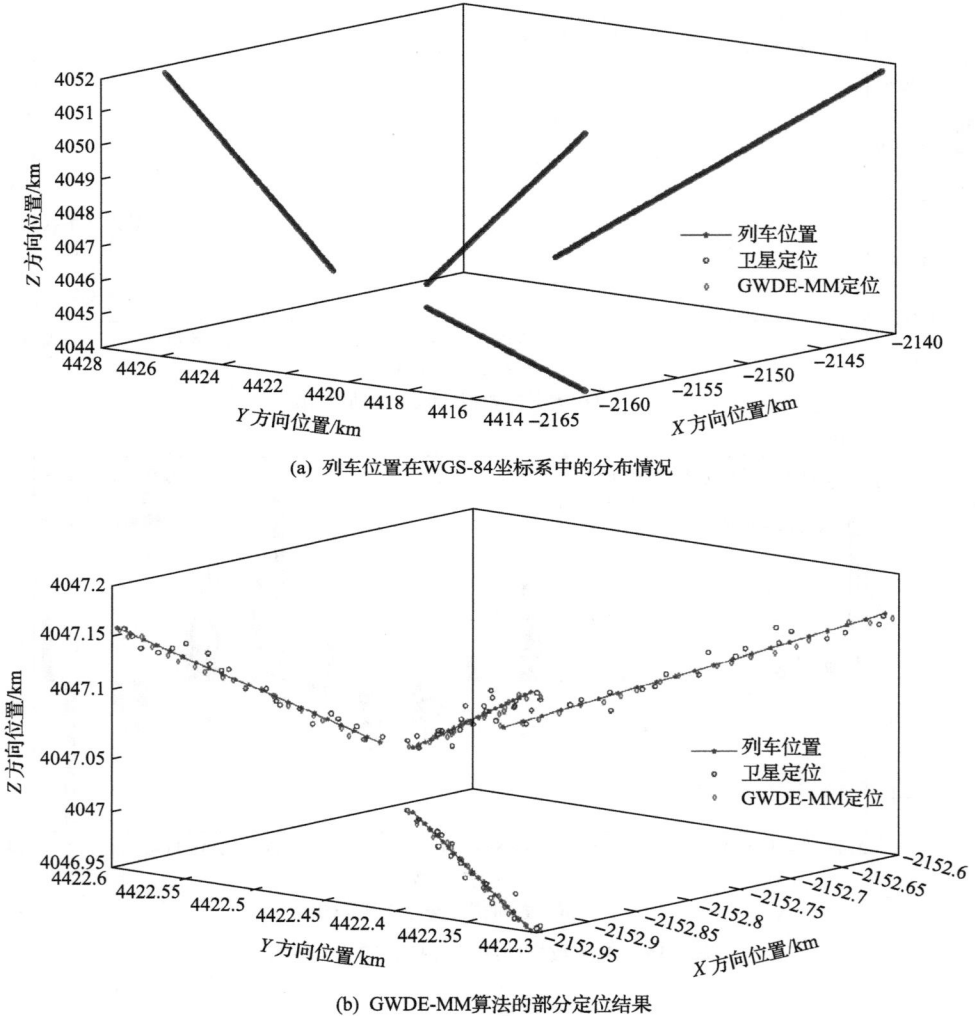

(a) 列车位置在WGS-84坐标系中的分布情况

(b) GWDE-MM算法的部分定位结果

图 2.16 列车位置在 WGS-84 坐标系中的分布情况与 GWDE-MM 算法的部分定位结果

实验通过将 GWDE-MM 算法与 DE-MM 算法的定位误差和算法求解时间进行对比，说明 GWDE-MM 算法的优越性：两种算法同样对本章所提出的带约束的多目标优化定位问题进行求解，实验从 910 次定位中分别取 20 次两种算法所用定位时间进行分析，并对 910 次定位进行定位误差分析，结果如表 2.1、表 2.2和图 2.17 所示。

表 2.1　算法定位所需时间对比　　　　　（单位：s）

求解算法	平均求解时间	最长求解时间	最短求解时间
GWDE-MM	0.107531105	0.128569	0.091722
DE-MM	0.1305787	0.393426	0.098023

表 2.2　算法定位误差对比　　　　　（单位：m）

求解算法	平均定位误差	最大定位误差	最小定位误差	标准差
GWDE-MM	3.649	8.635	0.1882	0.6249
DE-MM	3.836	9.783	0.1138	1.525
卫星定位	7.859	14.98	0.6249	3.041

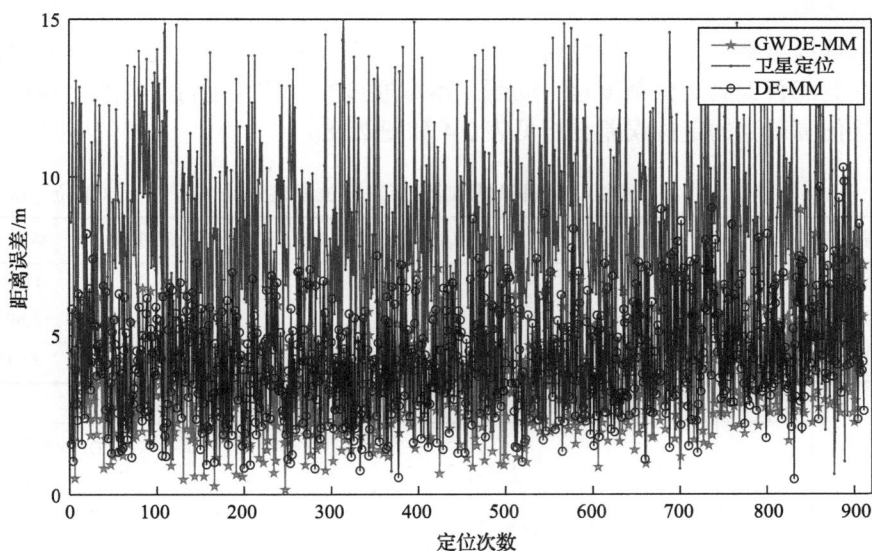

图 2.17　微分进化算法改进前后定位误差对比图

在算法的求解时间方面，针对本章所提由高速列车融合定位转化得到的带约束的多目标优化问题，表 2.1 从平均求解时间、最长求解时间和最短求解时间三个方面对两种算法的求解速度进行分析对比，并以同样方式对算法改进前后的定位误差进行对比。对比结果表明：本章对微分进化算法进行的改进，在一定程度上加快了算法的求解速度，可以避免算法陷入局部最优，提高了算法的性能和列车定位的实时性。

结合表 2.2 和图 2.17 可以发现，在定位误差方面，对 DE-MM 算法改进后所得 GWDE-MM 算法的定位误差波动幅度也相应减小，改进后的算法除最小定位误差稍显劣势之外，其最大定位误差和平均定位误差均优于改进前算法。

表 2.3 给出了两种算法在不同误差范围内的定位结果数量。

表 2.3　定位结果数量对比

求解算法	误差在 0~1m	误差在 1~2m	误差在 2~4m	误差在 4~6m	误差≥6m	总计次数
DE-MM	7	95	384	319	105	910
GWDE-MM	15	114	464	274	43	910

表 2.3 基于定位误差值的分布情况，对比分析了算法改进前后的定位效果。分析结果表明：算法改进前，4m 内定位误差结果有 486 次，占定位总数的 53.4%；改进后，定位误差在 4m 以内的结果有 593 次，占定位总数的 65.2%。改进后 4m 内的定位数量增加了 107 次，即增加 11.8 个百分点。显然，改进后算法具有更好的定位效果。

本章提出将电子地图信息转化为轨道约束方程融入定位过程之中，针对这种思想究竟能否提高定位精度这一问题，本章通过实验仿真进行了探究与说明，两种方法仿真得到的定位误差分析见表 2.4 和图 2.18。

表 2.4　两种地图匹配算法定位误差对比　　　　　（单位：m）

求解算法	平均定位误差	最大定位误差	最小定位误差	标准差
GWDE-MM	3.649	8.635	0.1882	0.6249
GWDE	4.306	10.31	0.301	1.694
卫星定位	7.859	14.98	0.6249	3.041

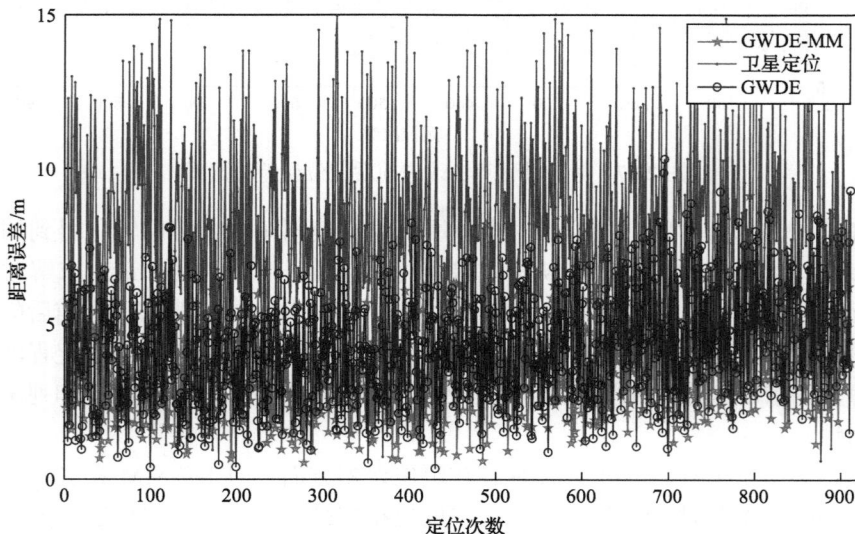

图 2.18　GWDE-MM 算法和 GWDE 算法定位误差对比图

图 2.18 中的"卫星定位"折线为原始卫星定位误差数据,"GWDE"为先采用 GWDE 算法得到定位结果、再经由点到线的地图匹配算法进行匹配得到的定位误差数据,"GWDE-MM"为将电子地图数据转化为轨道约束方程,通过 GWDE-MM 算法将地图匹配融入数据融合定位过程中,并进行定位求解得到的定位误差数据。

由表 2.4 和图 2.18 得知,在 910 个定位结果对比中,无论从最小定位误差来看还是从最大定位误差和平均定位误差来看,GWDE-MM 算法的定位结果均优于先定位后匹配的方法。从总体上看,将电子地图作为定位约束条件加入到定位过程中所得定位结果更加靠近列车的真实位置,且定位误差的波动更小。

为了进一步验证 GWDE-MM 算法的优越性,本节设计卡尔曼滤波算法与 GWDE-MM 算法在同一环境下列车定位误差的对比实验。实验中使用的卡尔曼滤波算法参考了现有方法中列车定位信息融合算法的设计,实验结果如表 2.5 和图 2.19 所示。

表 2.5　GWDE-MM 算法与卡尔曼滤波算法定位误差对比　　（单位：m）

求解算法	平均定位误差	最大定位误差	最小定位误差	标准差
卡尔曼滤波	6.617	11.54	1.99	1.521
GWDE-MM	3.649	8.635	0.1882	0.6249

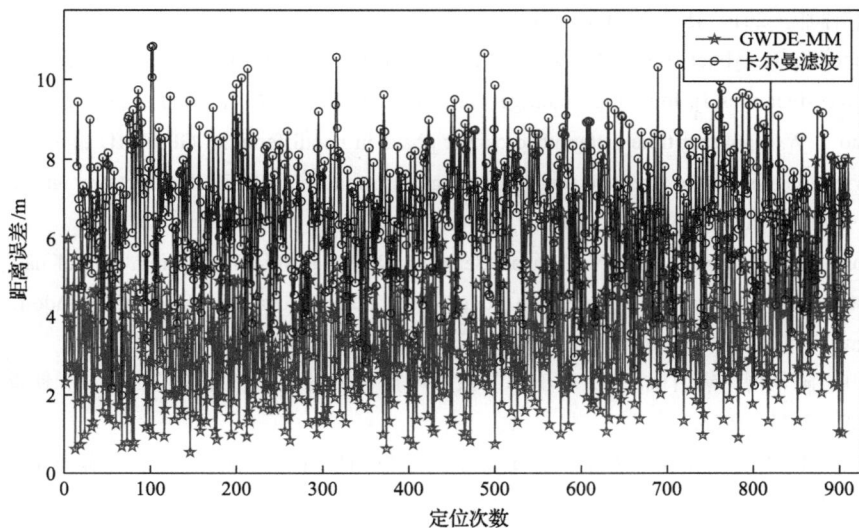

图 2.19　GWDE-MM 算法和卡尔曼滤波算法定位误差对比图

从图 2.19 可以看出,GWDE-MM 算法的定位结果明显优于卡尔曼滤波算法。

表 2.5 中的数据比较也清楚地证明了 GWDE-MM 算法在最大定位误差、最小定位误差和平均定位误差方面都更胜一筹。综上所述，GWDE-MM 算法在解决本章提出的高速列车多目标定位问题方面比卡尔曼滤波算法更具优势，对高速列车定位效果更好。

2.6 本 章 小 结

本章提出的根据已有的卫星定位信息、惯性导航定位信息、各传感器测速信息和电子地图数据对高速列车进行位置估计的方法，利用多源信息进行融合来实现高速列车的高精度测速定位。通过对仿真结果进行分析以及和其他算法进行对比可知，本章提出的多源信息融合的方法更加适合用于高速列车精准定位。

参 考 文 献

[1] 袁磊, 甘庆鹏, 刘雨, 等. 高速铁路列控系统列车位置在线估计算法研究[J]. 铁道学报, 2017, 39(9): 95-99.

[2] Simanek J, Reinstein M, Kubelka V. Evaluation of the EKF-based estimation architectures for data fusion in mobile robots[J]. IEEE/ASME Transactions on Mechatronics, 2015, 20(2): 985-990.

[3] 刘江, 蔡伯根, 王剑. 基于卫星导航系统的列车定位技术现状与发展[J]. 中南大学学报(自然科学版), 2014, 45(11): 4033-4042.

[4] Saadeddin K, Abdel-Hafez M F, Jarrah M A. Estimating vehicle state by GPS/IMU fusion with vehicle dynamics[J]. Journal of Intelligent & Robotic Systems, 2014, 74(1): 147-172.

[5] Zhao Y W. Applying time-differenced carrier phase in nondifferential GPS/IMU tightly coupled navigation systems to improve the positioning performance[J]. IEEE Transactions on Vehicular Technology, 2017, 66(2): 992-1003.

[6] Xiong Y F, Zhang Y, Guo X T, et al. Seamless global positioning system/inertial navigation system navigation method based on square-root cubature Kalman filter and random forest regression[J]. Review of Scientific Instruments, 2019, 90(1): 015101.

[7] 刘江, 陈华展, 蔡伯根, 等. 基于非参数贝叶斯模型的列车卫星定位方法[J]. 铁道学报, 2020, 42(1): 59-68.

[8] 刘丹, 王剑, 姜维, 等. 列车组合定位系统定位精度评估方法研究[J]. 铁道学报, 2019, 41(11): 79-87.

[9] 王杰. 客运专线铁路大号码道岔应答器组设置方案探析[J]. 铁道标准设计, 2019, 63(1): 144-146.

[10] Jiang W, Chen S R, Cai B G, et al. A multi-sensor positioning method-based train localization

system for low density line[J]. IEEE Transactions on Vehicular Technology, 2018, 67(11): 10425-10437.

[11] 高天. 列车控制系统定位技术的研究[D]. 北京: 北京交通大学, 2014.

[12] 张明伟, 姚恩涛, 曹吉康, 等. 列车齿轮速度传感器性能及故障诊断检测技术[J]. 机械制造与自动化, 2016, 45(4): 192-195.

[13] 蔡煊, 王长林, 林颖. 基于多传感器的列车空转及滑行检测与校正方法研究[J]. 城市轨道交通研究, 2015, 18(1): 22-27.

[14] 吴秀萍, 葛红娟, 倪建丽, 等. 多普勒雷达安装偏差及测速精度的估计与补偿[J]. 计算机仿真, 2013, 30(4): 89-92, 242.

[15] 宋丽梅, 郭玉梅. 基于 LTE-R 的列车无线定位技术研究[J]. 甘肃科技, 2020, 36(8): 13-15.

[16] 李殿茜, 王翌, 刘垒, 等. 一种地图匹配算法的设计与实现[J]. 导航定位与授时, 2017, 4(2): 31-34.

[17] 王开锋, 张琦, 李辉, 等. 适用于高速铁路地震预警系统的列车无线指纹定位方法[J]. 中国铁道科学, 2018, 39(4): 131-138.

[18] Karimi H A, Conahan T, Roongpiboonsopit D. A methodology for predicting performances of map-matching algorithms[C]. Proceedings of the 6th International Conference on Web and Wireless Geographical Information Systems, Hong Kong, 2006: 202-213.

[19] 马松. 空间机动平台 SINS/GPS 组合导航系统研究[D]. 哈尔滨: 哈尔滨工业大学, 2010.

[20] 丁宁, 费树岷, 陈夕松. 基于 Φ-OTDR 的列车行驶轨迹检测方法[J]. 工业控制计算机, 2017, 30(5): 18-20.

[21] 黎威, 张健. 基于小波包的相位敏感 OTDR 分布式光纤振动信号降噪方法的研究[J]. 光电子·激光, 2017, 28(1): 32-37.

[22] 谷远利, 陆文琦, 邵壮壮. 基于多目标遗传算法的浮动车地图匹配方法[J]. 北京工业大学学报, 2019, 45(6): 585-592.

[23] 朱建勇, 常文佳, 徐芳萍, 等. 基于改进差分进化的稀土萃取能效分离系数优化[J]. 控制与决策, 2023, 38(6): 1524-1532.

[24] Yang H, Dong S Q, Xie C H. High-speed train positioning based on a combination of Beidou navigation, inertial navigation and an electronic map[J]. Science China: Information Sciences, 2023, 66(7): 172207.

第3章 融合北斗的高速列车姿态感知技术

3.1 引　　言

随着信息化发展和对高精度控制需求的日益增加，高速列车的姿态测量(尤其是列车经过坡道和弯道时的姿态测量，如图 3.1 和图 3.2 所示)成为导航和智能控制领域研究的热点之一[1]。获取姿态信息不仅可以了解载体自身的姿态，还可以预测载体的未来轨迹[2]，因此世界各国特别重视高速列车管控和姿态检测技术的研发[3]。

图 3.1　高速列车坡道姿态　　　　　　图 3.2　高速列车弯道姿态

传统的姿态测量系统主要是指惯性导航系统，该系统能同时输出位置、速度、姿态等导航信息，是最为成熟、应用最为广泛的一种导航方式。但该方法的局限性在于误差随时间不断累积[4]，成本较高，维护困难。

随着 GNSS 的运用与发展，导航定位系统受到广泛的关注。GNSS 是一个全球性、高精度的多功能导航授时和定位的系统，其定位导航数据对于国防安全[1]、经济社会发展至关重要，已是各国争夺的空间信息科技战略制高点。与传统惯性导航系统不同，GNSS 不需要大量的设备投入，应用低成本接收器就能进行高精度的方位角和姿态测量，且不存在误差随着时间推移累积的问题。GNSS 展现了卫星导航定位、姿态测量的巨大应用前景[5]，本章将研究讨论多源信息融合的高速列车姿态感知技术[6,7]。

3.2　高速列车姿态感知技术

列车姿态是列车运行控制所需的重要参数，姿态信息的准确获取对高速列车的运行安全起着至关重要的作用。在获取了高速列车的位置信息后根据一定的算法进行解算，就可以计算出高速列车的姿态信息。但其测量方法和准确性与测量系统的精度密切相关，如果高速列车姿态数据的变化超过一定阈值，应该采取制动以提高运行的安全性。与高速列车定位研究相比，目前有关高速列车姿态检测的文献较少。

基于惯性导航系统的高速列车定位与姿态检测技术，存在精度不高、累积误差大、自学习能力缺乏、绝对定位与姿态检测能力弱的问题。采用卫星定位，虽然能增加绝对定位和姿态检测能力，但是容易受环境影响，定位与姿态检测的可靠性难以保障。因此，在信息化融合发展的背景下，必须要结合先进的人工智能算法，深入挖掘实测定位与姿态检测数据的潜力，研究多源信息融合的姿态检测技术，才能实现精度、可靠性和成本的最佳均衡。

目前，载体姿态测量方法繁多，主要包括倾角传感器、水平仪、惯性系统、卫星姿态测量等。在介绍具体的载体姿态测量方法之前，本章首先介绍姿态角和捷联矩阵等相关知识。姿态角是从即时修正的捷联矩阵中提取的，捷联矩阵的即时修正是通过采集陀螺仪信息得到捷联矩阵。捷联矩阵的即时修正方法有很多，其中最常用的有方向余弦法、欧拉角法和四元数法。

1. 方向余弦法

载体坐标系围绕平台坐标系固定点的旋转关系可以用方向余弦矩阵表示，其变化规律可通过方向余弦矩阵的微分方程描述。设载体坐标系绕平台坐标系转动速率为 $\bar{\omega} = \left(\omega_x, \omega_y, \omega_z\right)^{\mathrm{T}}$，则方向余弦形式的捷联矩阵 T 的微分方程为

$$\begin{bmatrix} T'_{11} & T'_{12} & T'_{13} \\ T'_{21} & T'_{22} & T'_{23} \\ T'_{31} & T'_{32} & T'_{33} \end{bmatrix} = \begin{bmatrix} T_{11} & T_{12} & T_{13} \\ T_{21} & T_{22} & T_{23} \\ T_{31} & T_{32} & T_{33} \end{bmatrix} \begin{bmatrix} 0 & -\omega_z & \omega_y \\ \omega_z & 0 & -\omega_x \\ -\omega_y & \omega_x & 0 \end{bmatrix} \tag{3.1}$$

通过求解式(3.1)可得到捷联矩阵 T。

2. 欧拉角法

根据欧拉定理，刚体绕固定点从参考系到载体坐标系的旋转，可通过刚体绕固定点的三次旋转来合成。在三次旋转中，每次的旋转轴是被旋转坐标系的坐标轴，每次的旋转角度就是欧拉角。平台坐标系依次转过 α、β 和 γ 可得到载体坐标系。载体坐标系相对平台坐标系转动角速度向量 $\bar{\omega} = \left(\omega_x, \omega_y, \omega_z\right)^{\mathrm{T}}$，则

$$\bar{\omega} = \alpha' + \beta' + \gamma' \tag{3.2}$$

将 $\bar{\omega}$ 写成载体坐标系的投影形式为

$$
\begin{bmatrix} \omega_x \\ \omega_y \\ \omega_z \end{bmatrix} = \begin{bmatrix} -\sin\gamma\cos\beta & \cos\gamma & 0 \\ \sin\beta & 0 & 1 \\ \cos\beta\cos\gamma & \sin\gamma & 0 \end{bmatrix} \begin{bmatrix} \alpha' \\ \beta' \\ \gamma' \end{bmatrix} \tag{3.3}
$$

得到欧拉角微分方程为

$$
\begin{bmatrix} \alpha' \\ \beta' \\ \gamma' \end{bmatrix} = \frac{1}{\cos\beta} \begin{bmatrix} -\sin\gamma & 0 & \cos\gamma \\ \cos\beta\cos\gamma & 0 & \sin\gamma\cos\beta \\ \sin\beta\sin\gamma & \cos\beta & -\sin\beta\cos\gamma \end{bmatrix} \begin{bmatrix} \omega_x \\ \omega_y \\ \omega_z \end{bmatrix} \tag{3.4}
$$

解式 (3.4) 得到 α、β、γ 值,将其代入得到捷联矩阵 T:

$$
T = \begin{bmatrix} \cos\beta\cos\alpha - \sin\gamma\sin\beta\sin\alpha & -\cos\beta\sin\alpha & \sin\gamma\cos\alpha + \cos\gamma\sin\beta\sin\alpha \\ \cos\beta\sin\alpha + \sin\gamma\sin\beta\cos\alpha & \cos\beta\cos\alpha & \sin\gamma\sin\alpha + \cos\gamma\cos\beta\cos\alpha \\ -\sin\gamma\cos\beta & \sin\beta & \cos\gamma\cos\beta \end{bmatrix} \tag{3.5}
$$

3. 四元数法

载体坐标系相对于平台坐标系的旋转可以用旋转四元数 Q 表示:

$$
Q = q_0 + q_1 i + q_2 j + q_3 k \tag{3.6}
$$

式中,i、j、k 为载体坐标系的基。

从而得到四元数微分方程为

$$
\begin{bmatrix} q_0' \\ q_1' \\ q_2' \\ q_3' \end{bmatrix} = \frac{1}{2} \begin{bmatrix} 0 & -\omega_x & -\omega_y & -\omega_z \\ \omega_x & 0 & \omega_z & -\omega_y \\ \omega_y & -\omega_z & 0 & \omega_x \\ \omega_z & \omega_y & -\omega_x & 0 \end{bmatrix} \begin{bmatrix} q_0 \\ q_1 \\ q_2 \\ q_3 \end{bmatrix} \tag{3.7}
$$

求出的四元数 q_0、q_1、q_2、q_3 的值如下:

$$
q_0 = \cos(\alpha/2)\cos(\beta/2)\cos(\gamma/2) - \sin(\alpha/2)\sin(\beta/2)\sin(\gamma/2)
$$

$$
q_1 = \cos(\alpha/2)\sin(\beta/2)\cos(\gamma/2) - \sin(\alpha/2)\cos(\beta/2)\sin(\gamma/2)
$$

$$
q_2 = \cos(\alpha/2)\cos(\beta/2)\sin(\gamma/2) + \sin(\alpha/2)\sin(\beta/2)\cos(\gamma/2)
$$

$$q_3 = \sin(\alpha/2)\cos(\beta/2)\cos(\gamma/2) + \cos(\alpha/2)\sin(\beta/2)\sin(\gamma/2)$$

将其代入式(3.5)得到捷联矩阵 T：

$$T = \begin{bmatrix} q_0^2 + q_1^2 - q_2^2 - q_3^2 & 2(q_1q_2 - q_0q_3) & 2(q_1q_3 + q_0q_2) \\ 2(q_1q_2 + q_0q_3) & q_0^2 - q_1^2 + q_2^2 - q_3^2 & 2(q_2q_3 - q_0q_1) \\ 2(q_1q_3 - q_0q_2) & 2(q_1q_3 + q_0q_1) & q_0^2 - q_1^2 - q_2^2 + q_3^2 \end{bmatrix} \quad (3.8)$$

3.2.1　倾角传感器

如图 3.3 所示，使用一个内置三轴加速度计(三个单轴加速度计)测量重力加速度在三个轴向上的分量，通过这些分量可以计算出载体的姿态角信息，载体 X_b、Y_b 和 Z_b 轴方向的加速度计输出为

$$\begin{cases} X_b = g\cos\alpha\cos\beta\cos\gamma \\ Y_b = -g\sin\alpha\cos\beta\sin\gamma - g\sin\beta\cos\gamma \\ Z_b = -g\cos\alpha\cos\beta \end{cases} \quad (3.9)$$

式中，α、β、γ 分别为载体绕过 X_b、Y_b 和 Z_b 轴的姿态角。经解算可得到 α、β 和 γ。

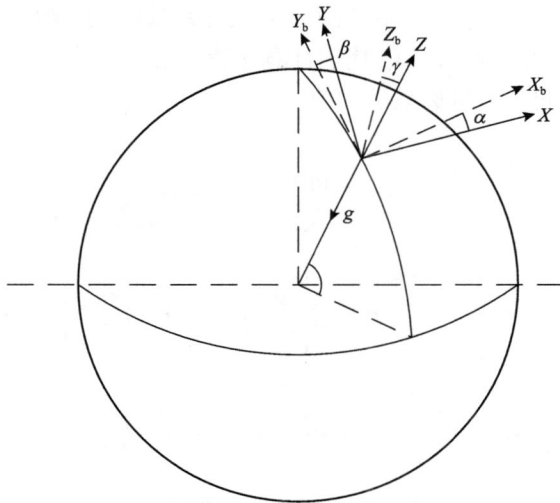

图 3.3　倾角传感器的敏感重力分量示意图

使用倾角传感器进行姿态测量具有成本低、结构简单等优点，但其动态性能较差。

3.2.2　微型方位水平仪

利用微机电系统(micro-electro-mechanical system，MEMS)技术[8]，可设计由微机电传感器组成的微型方位水平仪。该微型方位水平仪由三轴微加速度计和三轴微磁强计组成，利用地理坐标系和载体坐标系中的地磁场和重力场求解方向余弦得到姿态角。微型方位水平仪具有体积小、重量轻、功耗低、启动快的优点，但其精确性和稳定性较差。

3.2.3　惯性导航系统

惯性导航是 20 世纪初发展起来的一种导航方式[9]，其根据牛顿惯性原理，利用惯性元件(加速度计、陀螺仪)来测量载体本身的加速度，然后计算速度和位置。惯性导航系统中的平台可为加速度计提供参考测量值，并将惯性传感元件与载体角运动隔离开来。根据平台的不同可以将惯性导航系统分为平台式和捷联式：平台式主要是选用由平台框架和伺服系统搭建的机械平台；而捷联式是基于"数学平台"，将惯性元件直接"捆绑"在载体上，平台的作用由计算机和软件代替。采用捷联式惯性导航系统进行高速列车姿态测量，具有实时性强、可靠性高、结构简单、精度高、成本低等特点，可为高速列车安全、平稳运行提供数据支撑，其工作原理见图 3.4。图中，ω_{ib}^{b}、f^{b} 分别为经误差补偿后的陀螺仪及加速度计的测量值(载体坐标系中)，ω_{in}^{b} 代表由空间参考坐标系(即导航坐标系)转换到载体坐标系后的姿态角速度测量值，ω_{bn}^{b} 代表计算所得姿态角速度，f^{n} 为载体坐标系中加速度值转换到空间参考坐标系后的值。

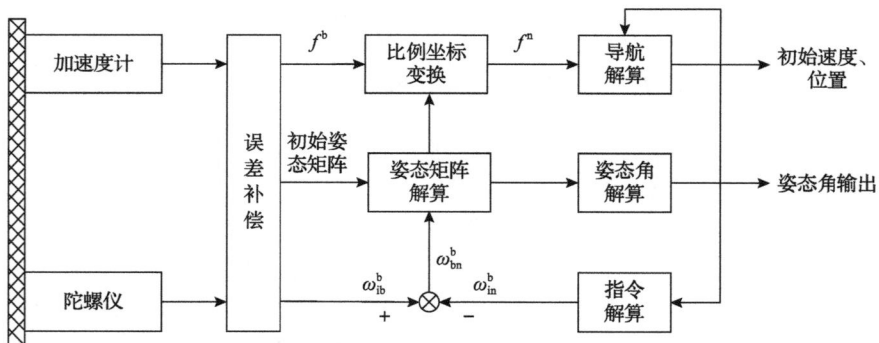

图 3.4　捷联惯性导航系统工作原理示意图

3.2.4　GNSS 姿态测量原理

载体相对于空间中某个参考系的方向或指向称为姿态。完整地描述一个载体的姿态至少需要两个坐标系，一个是载体坐标系，另一个是空间参考坐标系。载体坐标系相对于空间参考坐标系的方位称为载体的姿态，因此姿态也可理解为两个坐标系的变换关系，它们之间的转换矩阵称为姿态矩阵。

GNSS 在运动载体的不同位置安装一定数量的 GNSS 天线，选择其中一个天线作为主天线，其余天线作为从天线，主天线与从天线组成若干条基线。基线在载体坐标系中和空间参考坐标系中的位置矢量之间的变换关系反映了载体的姿态。其中，基线在载体坐标系的位置矢量一般固定不变，可事先由 GNSS 静态实验或其他方法测出；而其在空间参考坐标系中的位置矢量则通过解算 GNSS 卫星获得的观测量获取。

基于 GNSS，卫星姿态测量的基本原理如下：通过 2～4 个卫星天线组成的天线阵列的合理配置[10]，利用不同天线、不同卫星、不同历元间的观测量信息（码伪距观测量、载波相位观测量、多普勒观测量），采用差分的方式求解基线在空间参考坐标系下的矢量描述，进而实现载体姿态测量。采用先进而实用的北斗系统进行载体姿态测量，具有实时性强、精度稳定、成本低、易于固化等诸多优点，具有广泛的应用潜力[11]。

3.2.5　北斗卫星基本观测量

整个系统主要由空间星座、地面控制和用户设备三部分组成[12]，如图 3.5 所示。

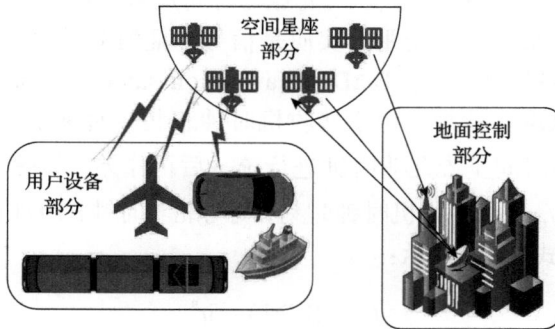

图 3.5　北斗系统构成示意图

（1）空间星座部分由 5 颗地球同步轨道卫星、3 颗倾斜地球同步轨道卫星和 27 颗中地球轨道卫星组成。全球覆盖的北斗系统空间段将采用静止轨道与非静止轨道卫星相结合的方式，5 颗地球同步轨道卫星均有无线电卫星导航、无线电卫星测定和短报文通信三种有效载荷。非静止轨道卫星包含 27 颗中地球轨道卫星和 3 颗倾斜地球同步轨道卫星，有效载荷均用作无源定位的无线电卫星导航。

（2）地面控制部分由主控站、时间同步注入站、监测站组成。主控站的主要作用是收集每个监测站的观测数据，经过处理后生成导航电文、差分完好性信息和广域差分信息，完成任务规划和调度，实现系统的管理与控制[13]；时间同步注入站在主控站调度下向对应的卫星存储器注入导航信息，实现轨道参数等导航信息的校正，以保证卫星定位精度的稳定性；监测站用于连续跟踪监测导航卫星，接收卫星信号并经过初步处理后传送到主控站，为卫星轨道的确定和时间同步提供观测数据。

(3) 用户设备部分由各类北斗及兼容其他 GNSS 的用户终端组成，主要包括天线和接收机。天线用于捕获并跟踪由卫星传来的微弱电磁波信号，并尽可能地去除噪声，转换成接收机所需的电频信号。接收机通过嵌入的微处理器解调出卫星轨道参数等数据，计算天线到卫星的伪距离及其变化率。将这些数据按一定的方式进行解算，即可获得用户的三维位置坐标、速度及时间信息。

用户端的接收机接收到卫星传播的电磁波信号后，常用的解算方法可以分为码伪距观测量求解和载波相位观测量求解两种。

1. 码伪距观测量求解

码伪距观测量指卫星与接收机天线之间距离的测量值，由于电磁波信号的播发机理存在误差，该距离与真实的几何距离存在误差，所以称之为伪距。通常采用北斗卫星发射的测距码信号(粗码(coares/acquisition code，C/A 码)或精码(precise code，P 码))进行测量，通过光速与时间延迟的乘积实现[14]。

由于光速是常量，所以伪距的实质是信号传播时间的测量，通过接收机码和接收到的北斗卫星导航系统(BeiDou navigation satellite system，BDS)码信号达到最大相关值获取。此外，由于接收机时钟和北斗时钟基于不同的基准，因此需将其与精确的时间基准北斗时钟进行统一后再作差。如图 3.6 所示，以 t^s 表示卫星时钟时刻，t_u 表示接收机时钟时刻，则与北斗时钟 $t(\text{BDT})$ 统一后的 t^s 和 t_u 表示如式(3.10)和式(3.11)所示：

$$t^s = t(\text{BDT}) + \delta t^s \tag{3.10}$$

$$t_u = t(\text{BDT}) + \delta t_u \tag{3.11}$$

式中，δt^s 为卫星时钟相对理想北斗时钟的钟差；δt_u 为接收机时钟对理想北斗时钟的钟差。

假设北斗卫星 s 到用户的接收机天线的信号传播时间为 τ，则求信号从卫星传播到用户观测站的时间差 Δt 时，所需的与北斗时钟统一后的卫星信号发射时间为 $t^s(t-\tau)$，如式(3.12)所示：

$$t^s(t-\tau) = t - \tau + \delta t^s(t-\tau) \tag{3.12}$$

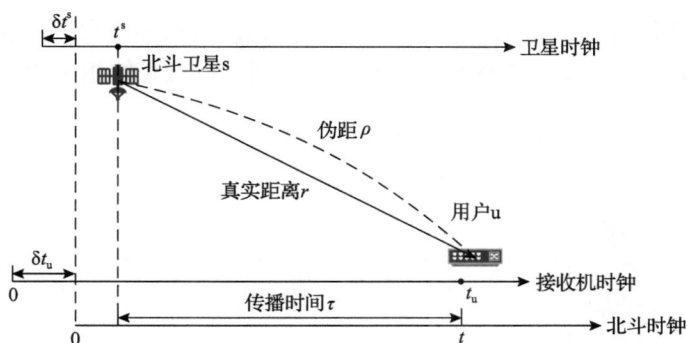

图 3.6　码伪距观测量示意图

信号从卫星传播到用户观测站的时间差 Δt 为

$$\Delta t = \delta t_{\mathrm{u}} - \delta t^{\mathrm{s}}(t - \tau) + \tau \tag{3.13}$$

需要指出的是，由于两种钟差的误差和信号传输介质的影响，信号的传输路径与几何路径有微小的差别，故而测量的距离也与卫星和天线之间的几何路径有微小的差别。如果传输介质为真空且不考虑误差影响，则伪距 $\rho_{\mathrm{u}}^{\mathrm{s}}$ 的表达式为

$$\rho_{\mathrm{u}}^{\mathrm{s}}\left(t_{\mathrm{u}}, t^{\mathrm{s}}\right) = c\left[\delta t_{\mathrm{u}} - \delta t^{\mathrm{s}}(t - \tau)\right] + c\tau \tag{3.14}$$

实际上卫星信号传播时会受到大气层折射影响，为方便理解，将信号传播时间看成信号以光速传播的理想时间 τ 和因大气折射效应引发的电离层延时 $\delta_{\mathrm{ion}}(t)$ 及对流层延时 $\delta_{\mathrm{tro}}(t)$ 的叠加，理想时间 τ 可由式 (3.15) 确定：

$$\tau = r(t - \tau, t) / c + \delta_{\mathrm{ion}}(t) + \delta_{\mathrm{tro}}(t) \tag{3.15}$$

式中，$r(t - \tau, t)$ 表示接收机在北斗时钟的 t 时刻和卫星在接收机时钟的 $t - \tau$ 时刻的位置间的几何直线距离。

当考虑其他剩余噪声并用 $\varepsilon_{\rho}(t)$ 表示时，伪距模型可以完整地表示为

$$\rho_{\mathrm{u}}^{\mathrm{s}}(t_{\mathrm{u}}, t^{\mathrm{s}}) = r(t - \tau, t) + c\left[\delta t_{\mathrm{u}} - \delta t^{\mathrm{s}}(t - \tau)\right] + c\delta_{\mathrm{ion}}(t) + c\delta_{\mathrm{tro}}(t) + \varepsilon_{\rho}(t) \tag{3.16}$$

2. 载波相位观测量求解

载波相位测量是指把载波当成测距信号来使用（如电磁波测距中的调制信号），载波相位观测量是关于卫星位置、速度的函数，因此通过相位测量可以实现定位。通过接收机产生的载波相位跟踪接收信号的变化来实现测量值，其中信号的变化指接收到的卫星信号相对于接收机产生的载波信号相位的测量值 ϕ_{all}，测量原理是距离 $d = \lambda \cdot \Delta\phi_{\mathrm{all}}$。

如图 3.7 所示，卫星在 t 时刻发播一个相位为 φ^s 的载波信号，经过距离 ρ 后传播到接收机 u 处的信号相位为 φ_u，则由卫星 s 到接收机 u 的相位变化为

$$\phi = \varphi_u - \varphi^s \tag{3.17}$$

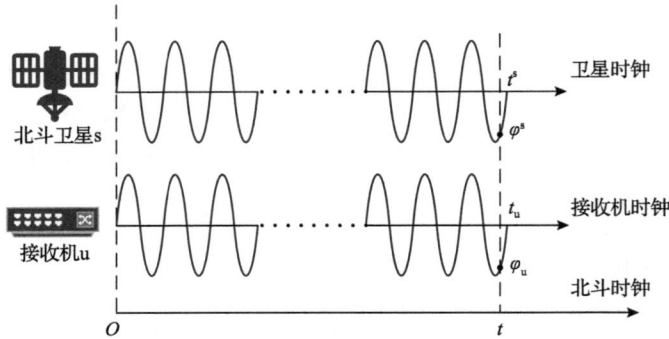

图 3.7　载波相位测量示意图

该相位变化是接收机将接收到的高频载波信号与本地载波信号混频，得到差频后的中频信号 ϕ，载波相位信号包括了整周数和不足一周的小数部分，以周为单位，如果能够测定 $\varphi_u - \varphi^s$，则卫星 s 至接收机 u 之间的距离为

$$\rho = \lambda\left(\varphi_u - \varphi^s\right) = \lambda\left(N_0 + \Delta\varphi\right) \tag{3.18}$$

式中，N_0 表示载波相位 $\varphi_u - \varphi^s$ 在 t 时刻的整周部分；$\Delta\varphi$ 表示不足一周的部分；λ 表示载波波长。

仿照伪码测距，考虑误差影响和测量噪声因素的完整载波相位观测方程如下：

$$\phi = \lambda^{-1}\left[r + c\left(\delta t_u - \delta t^s\right)\right] + \delta_{ion}(t) + \delta_{tro}(t) + N + \varepsilon_\rho \tag{3.19}$$

式中，载波相位 ϕ 可由接收机读取，载波波长 λ 已知，当整周模糊度 N 固定时，就可以求得卫星和接收机之间的几何距离 r。

3.2.6 · 动车组车体姿态检测原理

动车组车体姿态检测，是指动车组车体坐标系相对于当地地理坐标系的 3 个欧拉角，即横滚角、航向角和俯仰角的检测。通过在车体表面安装 3 个天线，利用天线接收机的载波相位测量值差分来求解基线矢量。姿态参数通常由横滚角、航向角、俯仰角来定义[15]。

横滚角 r 为载体相对于地理坐标系 X 轴的旋转角度，右倾为正，左倾为负，定义域为 $-180° \sim 180°$。

　　俯仰角 p 为载体相对于地理坐标系 Y 轴的旋转角度，向上为正，向下为负，定义域为 –90°～90°。

　　航向角 y_a 为载体相对于地理坐标系 Z 轴的旋转角度，定义域为 0°～360°。

　　载体姿态角示意图见图 3.8。

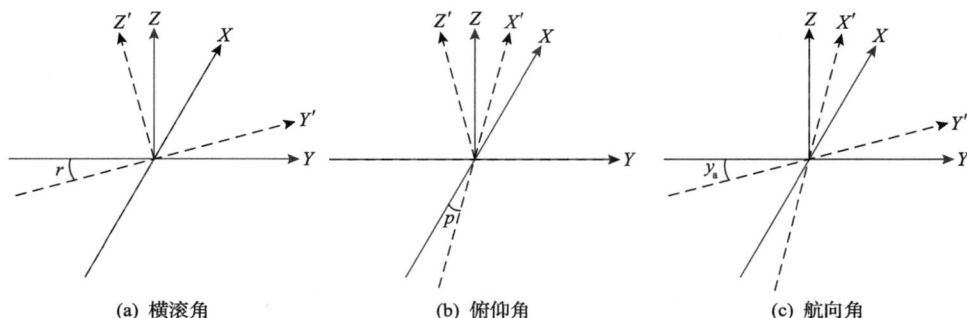

图 3.8　载体姿态角示意图

(a) 横滚角　　　　　　　　(b) 俯仰角　　　　　　　　(c) 航向角

　　在载体姿态测量中，天线的安装空间往往有限，基线长度较短，同步观测的卫星空间位置和能见度相似，测量中的误差具有一定的相关性，求差法可以有效地利用这种相关性，通过基本观测要素的线性组合进行差分观测，将其共同的误差影响消除或减弱。常用的差分形式包括单差、双差和三差。在不同接收机、不同卫星和不同观测历元的观测量之间求一次差，称为单差；基于单差观测量在接收机、卫星和历元的任意两个观测要素间再次求差，称为双差；在双差观测量的基础上结合接收机、卫星和观测历元三者再次求差，称为三差。三差形式的观测量噪声较大，且数据的序贯处理非常复杂，不适合高精度姿态角求解，下面只介绍单差和双差两种形式。

1. 单差观测方程

　　单差观测线性组合是对不同天线的同类卫星数据进行组合的方法，假定已对潮汐效应和相对论效应进行修正，则载波相位原始观测量可重新标记如下：

$$\lambda \phi_{u}^{s} = \rho_{u}^{s} - \left(\delta t_{u} - \delta t^{s}\right)c + \lambda N_{u}^{s} - \delta_{ion} + \delta_{tro} + \varepsilon_{\rho} \qquad (3.20)$$

式中，λ 为对应的载波波长；$\phi_{u}^{s} = \varphi_{u} - \varphi^{s}$ 为卫星 s 与接收机 u 之间的相位差；ρ_{u}^{s} 为伪距观测值；N_{u}^{s} 为卫星 s 与接收机 u 之间的整周数；下标 u 代表观测站所用接收机；上标 s 代表观测站所观测卫星。

　　如图 3.9 所示，单差是指两观测站所用接收机天线（为简化，后称观测站）u1 和 u2 对同一颗卫星 s 的原始观测量数据差分，如式（3.21）所示：

$$\mathrm{SD}_{\mathrm{u1,u2}}^{s}\left(\lambda\phi_{\mathrm{u}}^{s}\right) = \rho_{\mathrm{u1}}^{s} - \rho_{\mathrm{u2}}^{s} - c\left(\delta t_{\mathrm{u1}} - \delta t_{\mathrm{u2}}\right) + \lambda\left(N_{\mathrm{u2}}^{s} - N_{\mathrm{u1}}^{s}\right) - \mathrm{d}\delta_{\mathrm{ion}} + \mathrm{d}\delta_{\mathrm{tro}} + \mathrm{d}\varepsilon_{p} \quad (3.21)$$

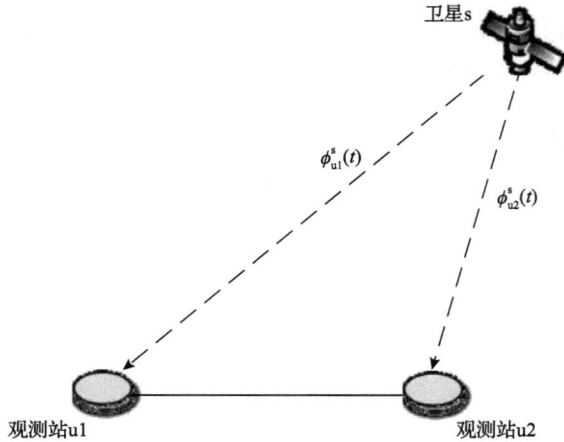

图 3.9 载波相位单差观测示意图

假设对观测站 u1 和 u2 的原始观测矢量为 $O = \left(O_{\mathrm{u1}}^{s1}, O_{\mathrm{u1}}^{s2}, O_{\mathrm{u1}}^{s3}, O_{\mathrm{u2}}^{s1}, O_{\mathrm{u2}}^{s2}, O_{\mathrm{u2}}^{s3}\right)$，对应的协方差为 $\mathrm{cov}(O) = \sigma^2 E$，则单差观测矢量表示为 $\mathrm{SD}(O) = \left(O_{\mathrm{u1,u2}}^{s1}, O_{\mathrm{u1,u2}}^{s2}, O_{\mathrm{u1,u2}}^{s3}\right)^{\mathrm{T}} = \left(O_{\mathrm{u2}}^{s1} - O_{\mathrm{u1}}^{s1}, O_{\mathrm{u2}}^{s2} - O_{\mathrm{u1}}^{s2}, O_{\mathrm{u2}}^{s3} - O_{\mathrm{u1}}^{s3}\right)^{\mathrm{T}}$，可由线性变换表示为 $\mathrm{SD}(O) = CO$，其中 C 的表达式如式 (3.22) 所示：

$$C = \begin{bmatrix} -1 & 0 & 0 & 1 & 0 & 0 \\ 0 & -1 & 0 & 0 & 1 & 0 \\ 0 & 0 & -1 & 0 & 0 & 1 \end{bmatrix} = \begin{bmatrix} -E & E \end{bmatrix} \quad (3.22)$$

两个观测站同时观测相同的卫星 s1、s2、s3，E 为单位矩阵，其维数与同时观测的卫星数相同，则单差的协方差矩阵为

$$\mathrm{cov}[\mathrm{SD}(O)] = COC^{\mathrm{T}} = \sigma^2 CC^{\mathrm{T}} = 2\sigma^2 E \quad (3.23)$$

单差最重要的性质是完全消除了模型中的卫星钟差影响，但单差观测量噪声的均方差却增大到原始观测噪声的 2 倍。同时，虽然卫星星历误差没有出现在单差观测方程式推导中，但是这一误差成分在经过单差之后实际上也被基本消除。

2. 双差观测方程

如图 3.10 所示，如果将单差观测应用到 u1、u2 两个观测站和 s1、s2 两颗同步卫星，则可得双差观测方程为

$$DD_{u2,u1}^{s2,s1}(\lambda_j\phi) = \rho_{u1,u2}^{s1,s2} + \lambda_j N_{u1,u2}^{s1,s2} - dd\delta_{ion} + dd\delta_{tro} + dd_\rho \tag{3.24}$$

式中，$\rho_{u1,u2}^{s1,s2} = \rho_{u1,u2}^{s2} - \rho_{u1,u2}^{s1}$；$N_{u1,u2}^{s1,s2} = N_{u1,u2}^{s2} - N_{u2,u1}^{s1}$；$dd\delta_{ion}$ 和 $dd\delta_{tro}$ 分别为两颗卫星相对于两个观测站的电离层和对流层效应的差分；dd_ρ 为双差测量值噪声。

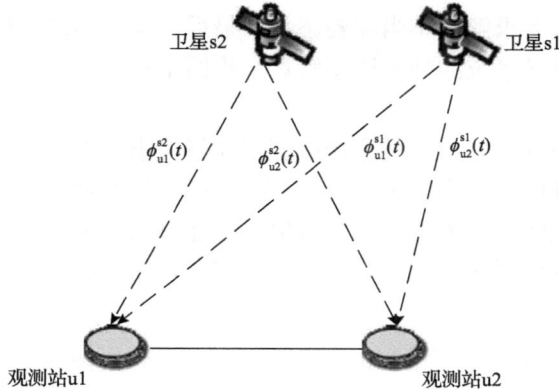

图 3.10　载波相位双差观测示意图

通过双差进一步消除了原始观测方程中接收机钟差影响，特别是对于距离较短的观测站，由于载波相位电磁波的传播路径基本相同，电离层时延和对流层时延对短基线天线的影响相似。在短基线的应用工条件下，这些差异因相互抵消可以被忽略[16]，但双差测量值噪声 dd_ρ 的均方差将会进一步放大，约为 0.05 个载波的波长[17]，即 1mm 左右。

3.3　基于多源信息融合的高速列车姿态测量

常用的高速列车天线安装方式有三天线配置、四天线配置[18]。高速列车三天线配置见图 3.11，天线间的距离可以根据实际需求调整，该方法配置简单，在载体姿态测量方案中最为常见。

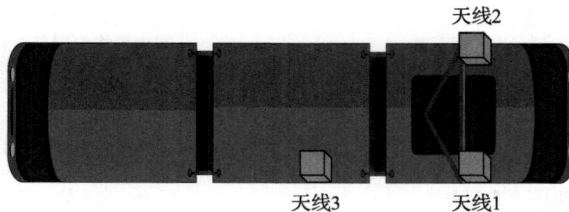

图 3.11　高速列车三天线配置示意图

基于图 3.11，本章提出一种结合惯性导航系统的高速列车三天线的姿态测量策略，具体见图 3.12。

(1) 图 3.12(a) 为传统的四元数解算方法：首先，采用直角三角形分布的三天线配置方法，利用三个天线的初始坐标和当前坐标求出对应的旋转角和旋转轴；其次，利用旋转轴方向的单位向量和旋转角构造四元数向量；然后，根据四元数向量构造旋转矩阵并求解列车当前姿态角；最后，采用不同天线进行冗余校正的同时，进行惯性导航系统的列车姿态解算，将两个检测系统的姿态检测结果对比融合，得到最终测量结果。

(2) 图 3.12(b) 为本章设计的采用智能优化算法求解姿态角的多源信息融合姿态检测流程图，具体的转化思想与第 2 章提到的方法类似：首先，根据地图信息及历史运行信息预测列车姿态角的参考值，并通过对参考姿态角加上扰动的方法进行群智能算法的种群初始化；其次，根据姿态角构建旋转矩阵并求出旋转后的

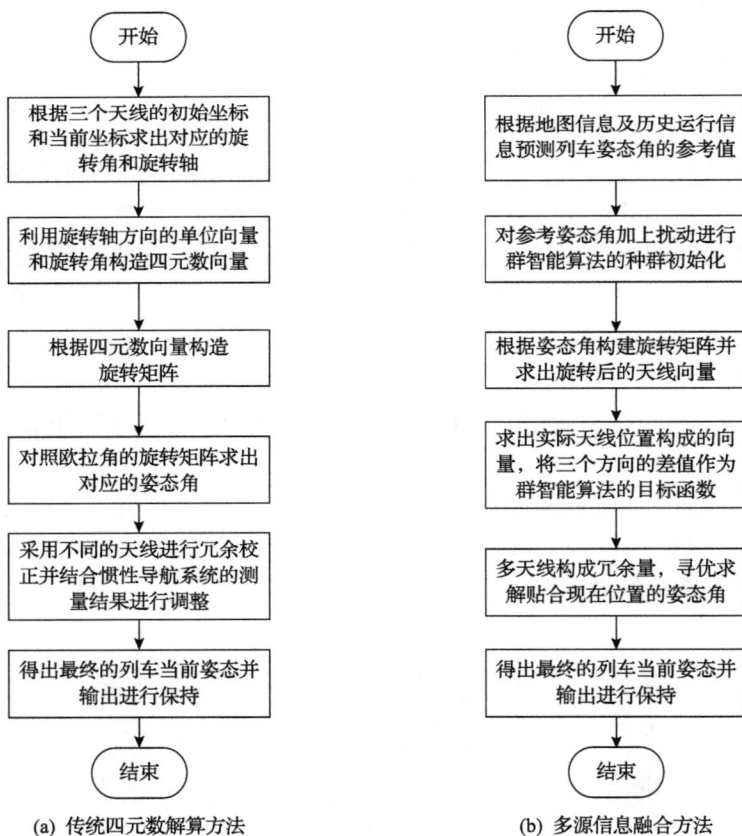

| (a) 传统四元数解算方法 | (b) 多源信息融合方法 |

图 3.12 高速列车三天线的姿态测量策略流程图

天线向量；然后，求出实际天线位置构成的向量，将三个方向的差值作为群智能算法的目标函数；最后，多天线构成冗余量，寻优求解贴合现在位置的姿态角，得到最终测量结果。

与传统求解姿态角方法不同的地方在于：图 3.12(b) 中方法可以直接将不同的姿态角作为算法寻优的初始个体，并将旋转前后的矢量和姿态角之间的关系作为目标函数。该方法避免了繁杂的计算过程，并且可以更直观地判断姿态角的优劣。此外，由于不需要繁杂的四元数计算，也就避免了在求解过程中可能出现的难以开方和奇异值的问题。

本章采用四元数求解姿态角的过程如下：令天线 1 和天线 2 的初始坐标为 $(0,0,0)$ 和 (x,y,z)，则有向量 $M=(x,y,z)$，假设获得的天线 1 和天线 2 现在的坐标分别为 (x_1,y_1,z_1) 和 (x_2,y_2,z_2)，将天线 1 作为参考天线，即通过平移使天线 1 的坐标重新为 $(0,0,0)$，此时天线 2 坐标为 (X_{12},Y_{12},Z_{12})，则有向量 $N=(X_{12},Y_{12},Z_{12})$，由此可得

$$
\begin{cases}
\theta = \arccos \dfrac{M \cdot N}{|M||N|} \\
u = (u_1,u_2,u_3)
\end{cases}
\tag{3.25}
$$

式中，θ 为向量 M、N 的夹角；u 为两者构成平面的单位法向量。

令 $q_0 = \cos\dfrac{\theta}{2}$，$q_1 = u_1\sin\dfrac{\theta}{2}$，$q_2 = u_2\sin\dfrac{\theta}{2}$，$q_3 = u_3\sin\dfrac{\theta}{2}$，可构建四元数：

$$
\begin{aligned}
Q &= q_0 + q_1 i_0 + q_2 j_0 + q_3 k_0 \\
&= \cos\dfrac{\theta}{2} + (u_1 i_0 + u_2 j_0 + u_3 k_0)\sin\dfrac{\theta}{2} \\
&= \cos\dfrac{\theta}{2} + u^{R}\sin\dfrac{\theta}{2}
\end{aligned}
\tag{3.26}
$$

由此可得旋转矩阵：

$$
C_b^{R} = \begin{bmatrix}
1-2\left(q_2^2+q_3^2\right) & 2\left(q_1 q_2 - q_0 q_3\right) & 2\left(q_1 q_3 + q_0 q_2\right) \\
2\left(q_1 q_2 + q_0 q_3\right) & 1-2\left(q_1^2+q_3^2\right) & 2\left(q_2 q_3 - q_0 q_1\right) \\
2\left(q_1 q_3 - q_0 q_2\right) & 2\left(q_2 q_3 + q_0 q_1\right) & 1-2\left(q_1^2+q_2^2\right)
\end{bmatrix}
\tag{3.27}
$$

由于 $\|Q\| = q_0^2 + q_1^2 + q_2^2 + q_3^2 = \cos^2\dfrac{\theta}{2} + \left(u_1^2+u_2^2+u_3^2\right)\sin^2\dfrac{\theta}{2} = 1$，可得出以下结论：

(1) 描述刚体旋转的四元数是规范四元数。

(2) 对应的旋转矩阵可以转化为

$$C_b^R = \begin{bmatrix} q_0^2 + q_1^2 - q_2^2 - q_3^2 & 2(q_1q_2 - q_0q_3) & 2(q_1q_3 + q_0q_2) \\ 2(q_1q_2 + q_0q_3) & q_0^2 - q_1^2 + q_2^2 - q_3^2 & 2(q_2q_3 - q_0q_1) \\ 2(q_1q_3 - q_0q_2) & 2(q_2q_3 + q_0q_1) & q_0^2 - q_1^2 - q_2^2 + q_3^2 \end{bmatrix} \tag{3.28}$$

$$= C_z^R C_y^R C_x^R$$

假设向量 N 是由向量 M 先后绕 x 轴旋转 $\theta_x(\mathrm{rad})$，绕 y 轴旋转 $\theta_y(\mathrm{rad})$，绕 z 轴旋转 $\theta_z(\mathrm{rad})$ 得到的，则：

$$C_x^R = \begin{bmatrix} 1 & 0 & 0 \\ 0 & \cos\theta_x & -\sin\theta_x \\ 0 & \sin\theta_x & \cos\theta_x \end{bmatrix}, \quad C_y^R = \begin{bmatrix} \cos\theta_y & 0 & \sin\theta_y \\ 0 & 1 & 0 \\ -\sin\theta_y & 0 & \cos\theta_y \end{bmatrix}, \quad C_z^R = \begin{bmatrix} \cos\theta_z & -\sin\theta_z & 0 \\ \sin\theta_z & \cos\theta_z & 0 \\ 0 & 0 & 1 \end{bmatrix}$$

$$\tag{3.29}$$

$$C_b^R = C_z^R C_y^R C_x^R$$

$$= \begin{bmatrix} \cos\theta_y\cos\theta_z & \sin\theta_x\sin\theta_y\cos\theta_z - \cos\theta_x\sin\theta_z & \cos\theta_x\sin\theta_y\cos\theta_z + \sin\theta_x\sin\theta_z \\ \cos\theta_y\sin\theta_z & \sin\theta_x\sin\theta_y\sin\theta_z + \cos\theta_x\cos\theta_z & \cos\theta_x\sin\theta_y\sin\theta_z - \sin\theta_x\cos\theta_z \\ -\sin\theta_y & \sin\theta_x\cos\theta_y & \cos\theta_x\cos\theta_y \end{bmatrix}$$

$$\tag{3.30}$$

综上所述，应有

$$C_b^R = \begin{bmatrix} \cos\theta_y\cos\theta_z & \sin\theta_x\sin\theta_y\cos\theta_z - \cos\theta_x\sin\theta_z & \cos\theta_x\sin\theta_y\cos\theta_z + \sin\theta_x\sin\theta_z \\ \cos\theta_y\sin\theta_z & \sin\theta_x\sin\theta_y\sin\theta_z + \cos\theta_x\cos\theta_z & \cos\theta_x\sin\theta_y\sin\theta_z - \sin\theta_x\cos\theta_z \\ -\sin\theta_y & \sin\theta_x\cos\theta_y & \cos\theta_x\cos\theta_y \end{bmatrix}$$

$$= \begin{bmatrix} q_0^2 + q_1^2 - q_2^2 - q_3^2 & 2(q_1q_2 - q_0q_3) & 2(q_1q_3 + q_0q_2) \\ 2(q_1q_2 + q_0q_3) & q_0^2 - q_1^2 + q_2^2 - q_3^2 & 2(q_2q_3 - q_0q_1) \\ 2(q_1q_3 - q_0q_2) & 2(q_2q_3 + q_0q_1) & q_0^2 - q_1^2 - q_2^2 + q_3^2 \end{bmatrix}$$

$$= \begin{bmatrix} c_{11} & c_{12} & c_{13} \\ c_{21} & c_{22} & c_{23} \\ c_{31} & c_{32} & c_{33} \end{bmatrix}$$

$$\tag{3.31}$$

由此可求得向量绕三个坐标轴的旋转量：

$$\theta_x = \arctan \frac{c_{32}}{c_{33}} = \arctan \frac{2(q_2 q_3 + q_0 q_1)}{q_0^2 - q_1^2 - q_2^2 + q_3^2}$$

$$\theta_y = \arcsin(-c_{31}) = \arcsin(2(q_2 q_0 - q_1 q_3)) \tag{3.32}$$

$$\theta_z = \arctan \frac{c_{21}}{c_{11}} = \arctan \frac{2(q_1 q_2 + q_0 q_3)}{q_0^2 + q_1^2 - q_2^2 - q_3^2}$$

至此已求得高速列车对应的姿态角,再结合天线 1 与天线 3 的坐标进行运算验证,即可初步确定列车的姿态。结合惯性导航系统求得的姿态角进行一定调整,最后输出列车的姿态测量值。

3.4　应用案例

为验证所提出的多源信息融合的高速列车姿态测量方法,本节设计一个基于 MATLAB R2017b 软件的仿真实验。模拟环境是具有以下配置的笔记本电脑:基于 x64 的操作系统、英特尔®酷睿™ i5-6300HQ 处理器,具有 2.30GHz 的 CPU 主频和 4GB 内存容量。由于列车姿态定位信息数据难以获取,故本节采用飞行器姿态数据对本章方法进行验证。实验数据从北斗开放实验室网站下载,实验数据包括飞行器的实际航向角、俯仰角和横滚角变化信息,以及周期数等。假设卫星定位数据是真实的,且数据的采样间隔为 20ms。

飞行器的运动轨迹见图 3.13,航向角、俯仰角和横滚角的变化曲线如图 3.14 所示。

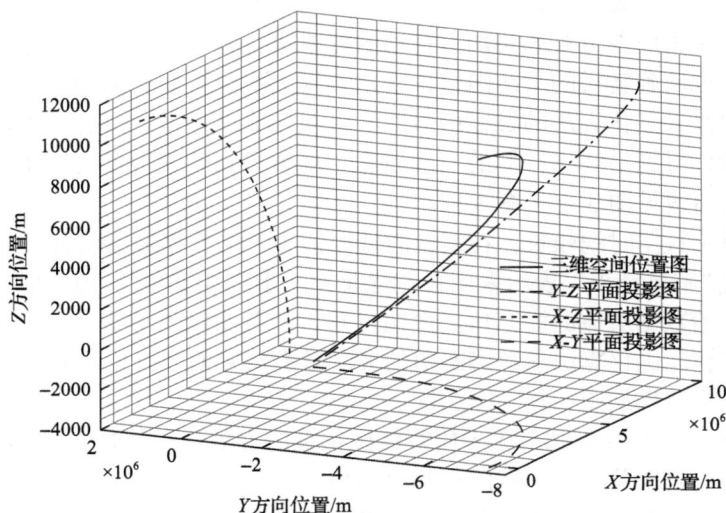

图 3.13　飞行器的运动轨迹示意图

(a) 航向角变化曲线图

(b) 俯仰角变化曲线图

(c) 横滚角变化曲线图

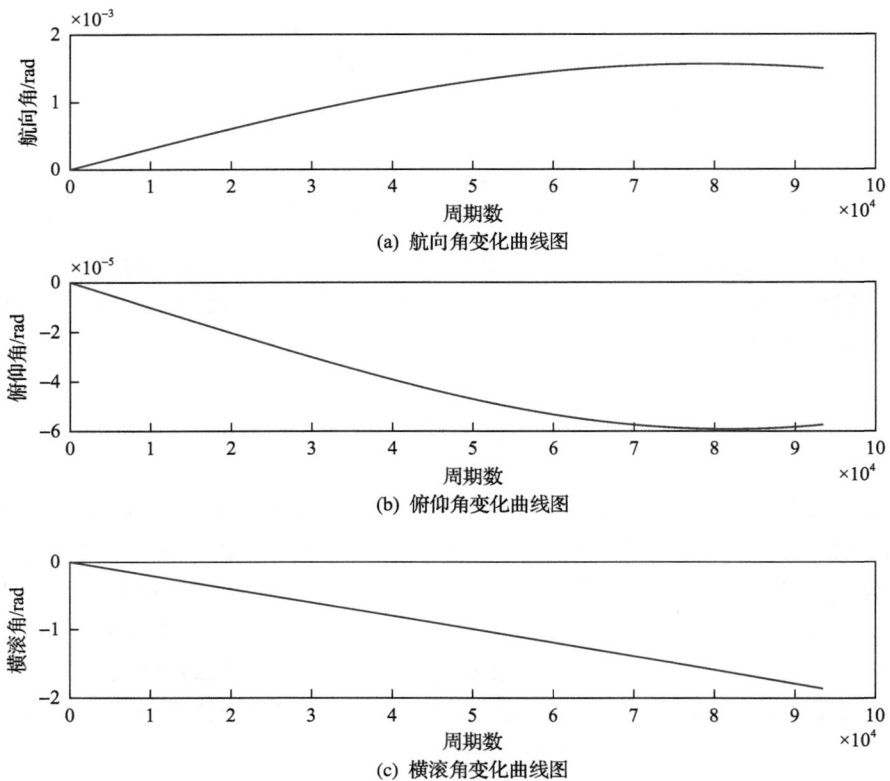

图 3.14　原始姿态角变化曲线图

　　根据飞行器位置信息，预测飞行器下一周期的姿态角从而得到参考姿态角。差分进化算法采用参考姿态角加上扰动的方式进行种群初始化，根据姿态角构建旋转矩阵并求出旋转后的天线向量，求出实际天线位置构成的向量。将三个方向的差值作为差分进化算法的目标函数，三天线构成冗余量，寻优求解贴合实际位置的姿态角，得到最终飞行器的当前姿态。求解得到的飞行器姿态角和飞行器的原始姿态角曲线见图 3.15～图 3.17。

　　由于原始数据时间较长，在实验时选取前 1/3 的数据进行验证。在图 3.15～图 3.17 中，"解算结果"表示采用智能优化算法求解姿态角的计算结果，"原始弧度"表示原始数据对应的姿态角。由图可知，两条曲线几乎重合，这表明本章所提出的采用智能优化算法求解姿态角的方法具有较好的姿态检测效果。

　　误差分析结果见图 3.18～图 3.20。

　　图 3.18～图 3.20 分别对应采用智能优化算法求解姿态角时的航向角、俯仰角和横滚角的求解误差。其中航向角和俯仰角的求解误差在 10^{-8} 数量级，横滚角的求解误差在 10^{-9} 数量级，而对应的姿态角的数量级分别为 10^{-4}、10^{-5} 和 10^{-1}。综

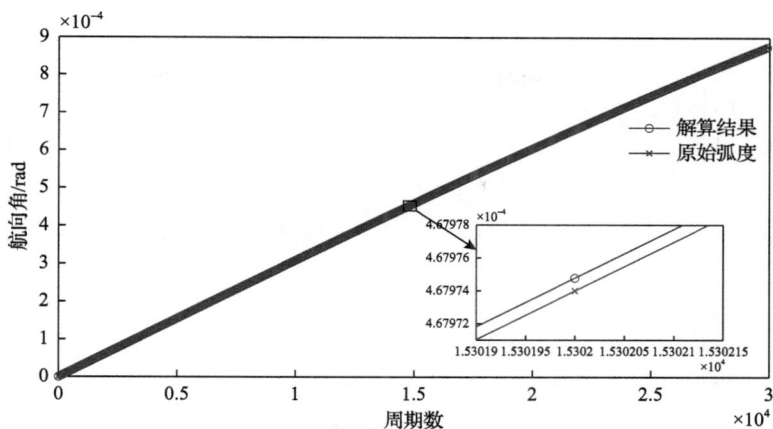

图 3.15　航向角解算结果图

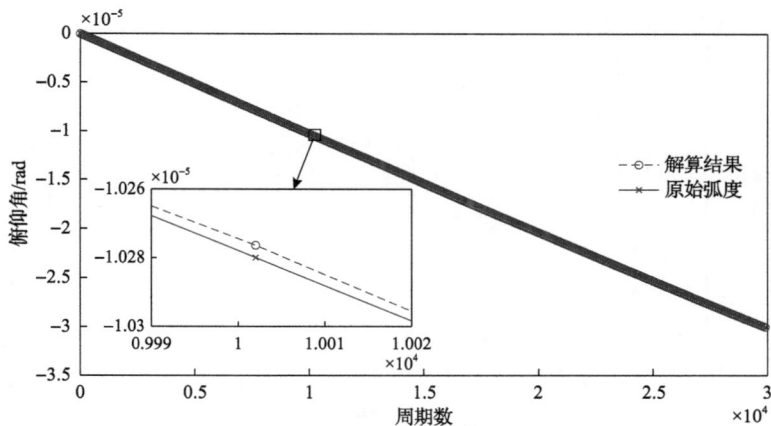

图 3.16　俯仰角解算结果图

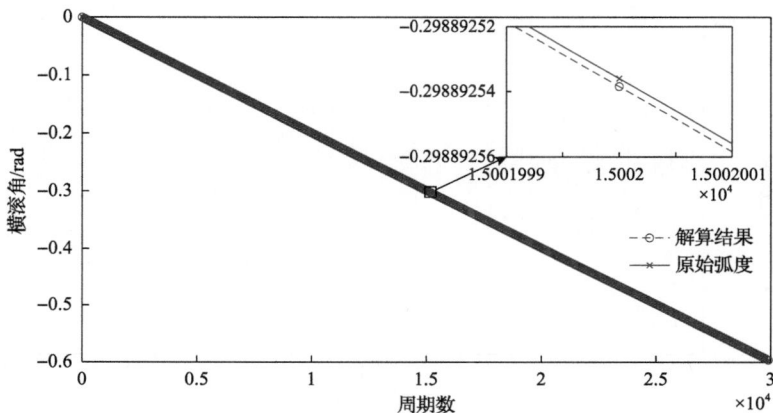

图 3.17　横滚角解算结果图

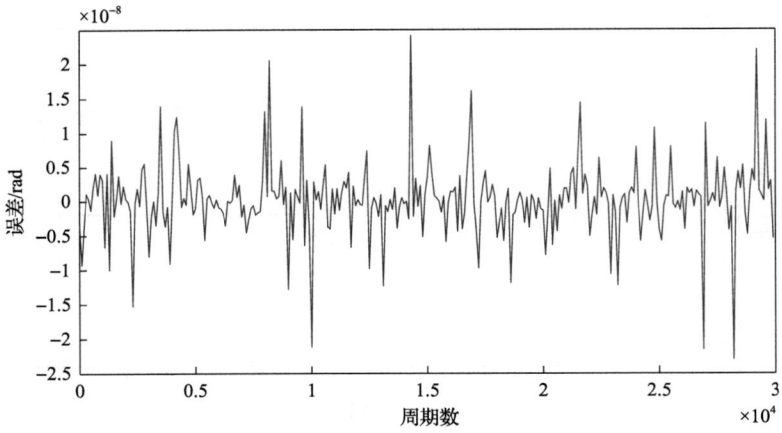

图 3.18　航向角误差分析结果

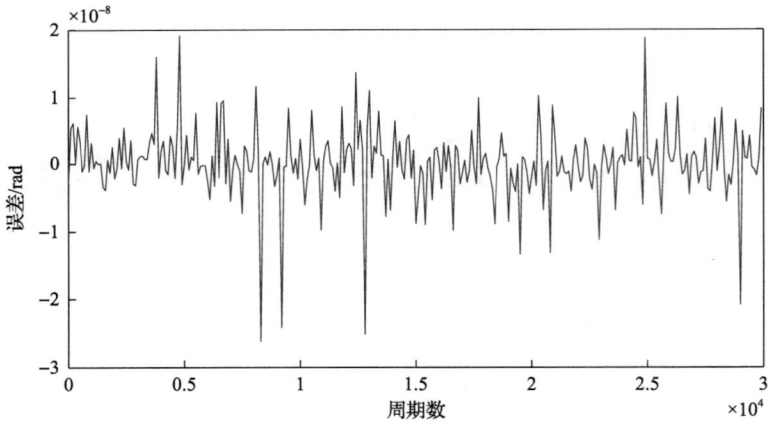

图 3.19　俯仰角误差分析结果

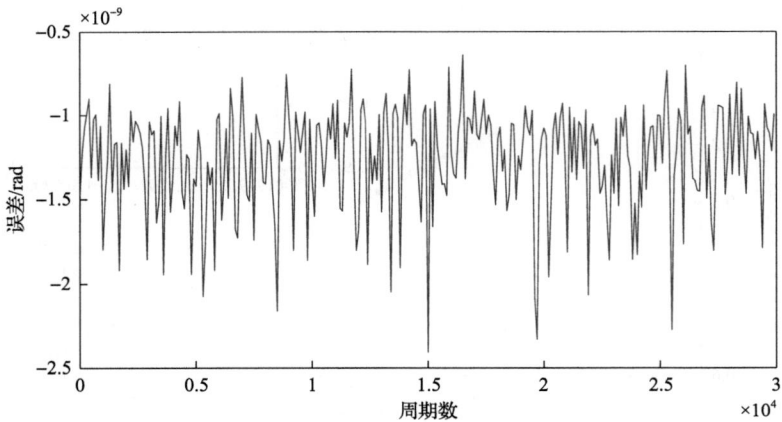

图 3.20　横滚角误差分析结果

上所述，本章所提方法的误差率仅为千分之一左右，证明了智能优化算法在求解姿态角方面有一定的研究价值。

单天线的四元数姿态角解算结果见图 3.21，解算误差见图 3.22。

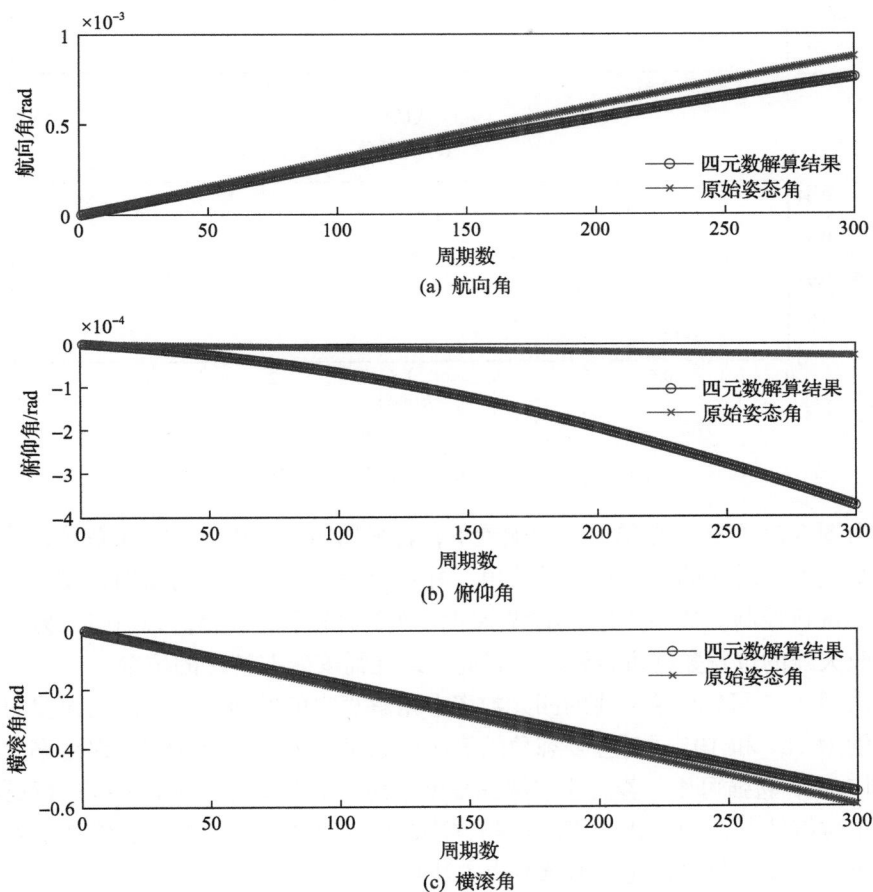

(a) 航向角

(b) 俯仰角

(c) 横滚角

图 3.21　单天线的四元数姿态角解算结果

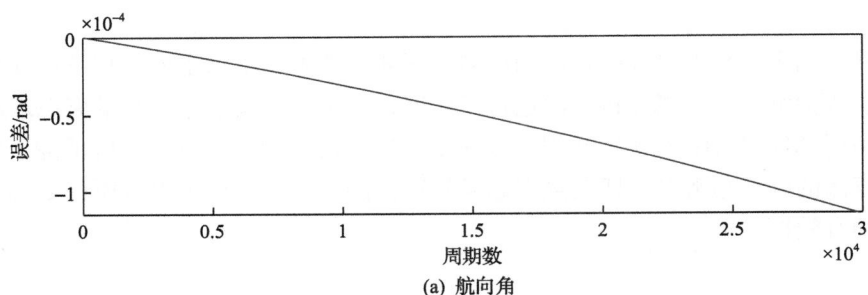

(a) 航向角

(b) 俯仰角

(c) 横滚角

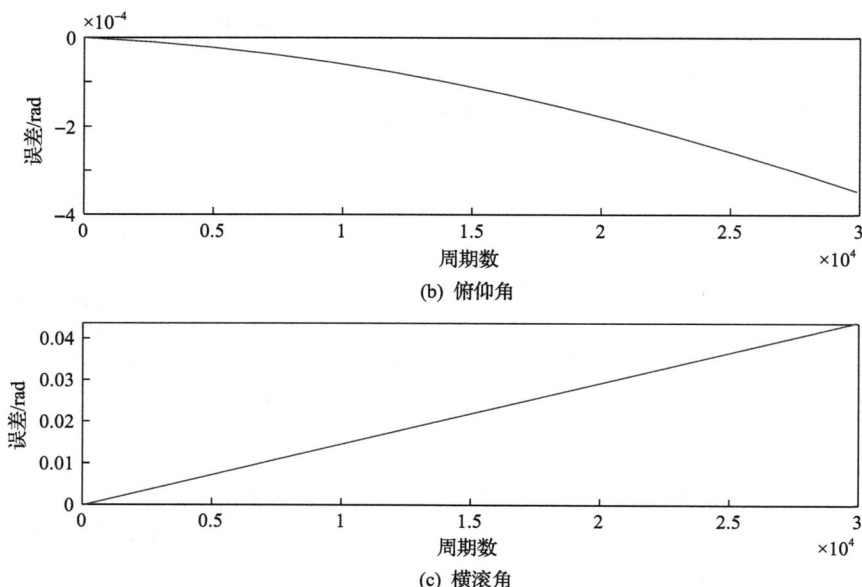

图 3.22　单天线的四元数姿态角解算误差

　　由图 3.21 可知，在单天线的配置下，若采用四元数进行姿态角解算，只能解算出高速列车对应的航向角和横滚角，并且求解误差会随时间累加，显然不利于对列车进行控制。如果要进一步减小四元数姿态解算的误差，必须引入另外的卫星接收天线的位置数据进行解算，且此天线还需安装在特殊的位置。

　　由图 3.22 可知，单天线的四元数姿态角解算出的航向角和横滚角误差的数量级分别为 10^{-4} 和 10^{-2}，对应姿态角的值所处数量级为 10^{-4} 和 10^{-1}，误差率大约为 1% 和 10%，勉强可用。若需要求解三维姿态角，则需要引入新的天线进行更高精度的定位解算[19]。但三天线姿态检测方法会增加算力需求，同时也增加了求解难度和求解时间。与之相比，本章所提方法更简单有效。

3.5　本 章 小 结

　　针对基于北斗卫星导航系统的载体姿态测量技术，本章主要从理论论证和飞行器姿态检测实验仿真分析方面进行了研究，提出了多源信息融合的姿态求解策略；利用 MATLAB 对实际数据的载体姿态进行仿真测试，对比分析了基于差分进化算法的姿态角解算和四元数姿态求解算法的优劣，验证了本章所提姿态检测方法的有效性。

参 考 文 献

[1] 李耀军, 李喜民, 潘泉, 等. 一种基于卫星单天线的弹体伪姿态测量新方法[J]. 火控雷达技术, 2019, 48(3): 7-12, 31.

[2] 姜维, 李佳蕾, 王剑, 等. 基于单天线载波相位差分的列车姿态解算方法研究[J]. 铁道学报, 2022, 44(10): 54-61.

[3] 陈思, 仲启媛, 谭立龙, 等. 车载定位定向技术概述[J]. 飞航导弹, 2017, (10): 26-30.

[4] 卫研研. 运动物体位置姿态测量系统的研究[D]. 北京: 北京交通大学, 2009.

[5] 郭婧. 基于 GPS 的姿态测量技术研究[D]. 哈尔滨: 哈尔滨工程大学, 2009.

[6] Yang H, Dong S Q, Xie C H. High-speed train positioning based on a combination of Beidou navigation, inertial navigation and an electronic map[J]. Science China Information Sciences, 2023, 66(7): 172207.

[7] Yang H, Wang C Y, Zhang K P, et al. End-edge-cloud collaborative learning-aided prediction for high-speed train operation using LSTM[J]. Transportation Research Part C: Emerging Technologies, 2024, 160: 104527.

[8] 杭超, 李刚. 高速列车运行姿态测量系统的设计[J]. 上海电气技术, 2020, 13(2): 57-60, 66.

[9] 井世丽, 宦亮, 郝俊岭. 采用捷联惯导技术测量高速列车姿态[J]. 舰船科学技术, 2012, 34(增 1): 99-101.

[10] Hofmann-Wellenhof B, Lichtenegger H, Wasle E. GNSS-global Navigation Satellite Systems: GPS, GLONASS, Galileo, and More[M]. New York: Springer Vienna, 2007.

[11] Hide C, Pinchin J, Park D. Development of a low cost multiple GPS antenna attitude system[C]. Proceedings of the 20th International Technical Meeting of the Satellite Division of The Institute of Navigation (ION GNSS 2007), Texas, 2007: 88-95.

[12] 中国卫星导航系统管理办公室. 北斗卫星导航系统空间信号接口控制文件 2.0 版[EB/OL]. https://www.cnsa.gov.cn/n6758823/n6758839/c6796160/content.html.[2023-11-17].

[13] 姚铮, 陆明泉. 新一代卫星导航系统信号设计原理与实现技术[M]. 北京: 电子工业出版社, 2016.

[14] 逯亮清. 基于载波相位干涉测量的双星定向技术研究[D]. 长沙: 国防科技大学, 2005.

[15] 谢钢. GPS 原理与接收机设计[M]. 北京: 电子工业出版社, 2009.

[16] Parikh N, Soloviev A, Graas F V. Implementation of the least mean square approach for a low-cost short baseline attitude determination[C]. Proceedings of the 20th International Technical Meeting of the Satellite Division of The Institute of Navigation, Texas, 2007: 818-826.

[17] Enge P K. The global positioning system: Signals, measurements and performance[J]. International Journal of Wireless Information Networks, 1994, 1: 83-105.

[18] 吴美平. 卫星定向技术[M]. 2 版. 北京: 国防工业出版社, 2013.

[19] 谢韬, 杜亚江, 齐金平, 等. 基于北斗卫星的动车组车体姿态检测方法与实现[J]. 铁道科学与工程学报, 2018, 15(8): 1920-1927.

第4章 考虑运行数据和机理特性的高速列车运行多目标优化技术

4.1 引　言

高速列车在运行环境复杂多变的铁路网络中，需提供同时满足安全、准点、停车精度、节能、乘坐舒适性要求的客运服务。高密度运行的高速列车相互之间的影响密切，这对其行车安全提出了更高的要求。但高速列车的运行过程复杂、环境多变，基于给定站间 V-S 曲线的人工操纵策略，难以满足其运行过程的安全、准点、停车精度、节能、乘坐舒适性等多目标要求。高速列车运行环境的变化具有突发性、随机性，如线路设备故障、自然灾害导致其限速突变，危及行车安全，这是目前高速列车运行优化及控制的重点及难点[1,2]。高速列车运行优化控制就是从众多的操纵方法中寻求一种满意的操纵策略，使高速列车运行过程满足准点、节能、停车精度、乘坐舒适性指标要求以及行车安全约束，其在本质上是一个多目标优化问题(multi-objective optimization problem，MOP)[3]。此外，高速列车自动驾驶是列车运行控制系统的发展趋势，这就要求优化控制的方法持续有效[4,5]。因此，高速列车运行优化控制的结果必须满足多目标要求，且实时有效。

通过上述分析，本章基于高速列车运行过程的动力学分析和第2、3章感知的列车运行数据，建立其运行过程的多目标在线优化控制模型，采用融合了ATP限速作为偏好信息的多目标粒子群优化(multiple objective particle swarm optimization，MOPSO)算法求解模型，对高速列车的操纵序列进行在线优化得到其Pareto最优解集，依据高速列车当前运行状态筛选出最优操纵序列[6]。基于CRH380AL型高速列车的实际运行数据的实验结果说明本章优化结果实时有效。

4.2 问题描述

4.2.1 高速列车运行阻力

1. 基本阻力

基本阻力是高速列车运行过程中持续存在的阻力。产生基本阻力的因素最主要的是各接触面之间的机械摩擦力，如机械零部件接触表面之间、车体与空气接触面上、钢轨与车轮之间的摩擦和冲击。而且，这些基本阻力与运行速度之间是一种强非线性关系。因此，在实际运用中难以用一些常用的理论公式进行解算，通常按照经验公式进行计算。

单位基本阻力的经验公式可表示为[7]

$$w_0 = a + bv + cv^2 \qquad (4.1)$$

式中，$a \geqslant 0$、$b > 0$、$c > 0$ 是一些与车辆类型相关的基本阻力参数；v 是运行速度。

2. 附加阻力

通常，附加阻力 w_j 由线路条件决定，其主要包含坡道附加阻力 w_θ、曲线附加阻力 w_r 和隧道附加阻力 w_s，可表示为

$$w_j = w_\theta + w_r + w_s \qquad (4.2)$$

1）坡道附加阻力

列车在坡道沿轨道平面方向上的重力分力就是坡道附加阻力。列车所受的单位坡道附加阻力在数值上等同于列车所运行的坡道坡度千分数 θ，如式(4.3)所示：

$$w_\theta = \theta \qquad (4.3)$$

2）曲线附加阻力

高速列车在曲线轨道上运行时，轮轨侧面受力而导致轮轨表面摩擦产生的力，定义为曲线附加阻力。研究发现，曲线附加阻力与曲线半径之间是一种反函数的关系，其函数表达式如下：

$$w_r = \alpha / r \qquad (4.4)$$

式中，α 是通过实验方法确定的一个常数，通常取值为 450～800，依据《列车牵引计算规程》，本章中 α 取 600；r 是曲线的半径(单位 m)。

3）隧道附加阻力

列车在隧道里高速运行时会驱动隧道中的空气，导致列车产生列车尾部负压与列车头部正压，并在两者之间产生压力差。此外，列车表面与空气之间、空气与隧道表面之间的摩擦作用，也会形成列车的运行阻力。这两个力共同作用下形成的合力定义为隧道附加阻力。其计算表达式如下：

$$w_s = \sum_i w_{si} \qquad (4.5)$$

式中，w_{si} 为地段内第 i 个隧道的单位隧道附加阻力。

4）加算附加阻力

在实验中通常将线路条件产生的单位坡道附加阻力之和用一个数值大小相等的坡道附加阻力进行代替，称为加算坡道，数值大小使用坡道千分数 $\bar{\theta}$ 进行表示，从而可得加算附加阻力计算式如下：

$$w_j = \bar{\theta} + w_r + w_s \tag{4.6}$$

4.2.2 高速列车运行过程受力分析

高速列车运行过程受力分析如图 4.1 所示。

图 4.1 高速列车运行过程受力分析

基于图 4.1 的受力分析，建立其运行过程的动力学分析模型如式 (4.7) 所示[8]：

$$\begin{cases} C = u - w \\ w = w_0 + w_j \\ w_0 = a + bv + cv^2 \\ w_j = w_\theta + w_r + w_s \end{cases} \tag{4.7}$$

式中，C 是运行合力；u 是控制力，$u > 0$ 代表牵引力 F，$u < 0$ 代表制动力 B；w 是由基本阻力 w_0 和附加阻力 w_j 构成的运行阻力；w_j 主要由 w_θ、w_r 以及 w_s 构成；a、b、c 含义与式 (4.1) 相同[9]。

基于式 (4.7) 所示模型，得到高速列车质点运动方程如式 (4.8) 所示[10]：

$$\begin{cases} \dfrac{dt}{dl} = \dfrac{1}{v} \\ v\left(\dfrac{dv}{dl}\right) = u(c,v) - w(l,v) \end{cases} \tag{4.8}$$

式中，$l \in [0, L_0]$ 是高速列车在线路上的位置，L_0 是站间距离；$t \in [0, T]$ 是实际运行时间，T 是给定运行时间；$v \in [0, V(l))$ 是高速列车当前运行速度，$V(l)$ 是当前位置 l 的 ATP 限速，在高速列车运行过程中，ATP 限速是随着高速列车所处位置的变化而变化的，是高速列车当前位置 l 的函数；$u(c, v)$ 是控制力函数，由高速列车当前操纵状态 c 和运行速度 v 决定，其中，$c \in \{1, 0, -1\}$ 是高速列车当前操作状态，1 表示高速列车当前处于牵引状态，0 表示处于惰行状态，−1 表示处于制动状态；$w(l, v)$ 是高速列车运行阻力函数，由 w_0 和 w_j 组成。

4.3　高速列车运行多目标在线优化控制模型

高速列车运行优化是一个典型的多目标优化问题，需要同时满足多目标运行要求。因此，本章主要研究高速列车运行多目标在线优化控制模型的建立。

4.3.1　高速列车运行操纵评价指标

依据高速列车运行优化控制问题的多目标本质，以及 4.1.1 节中高速列车动力学模型及其运行方程，建立高速列车运行优化控制的安全、准点、节能、停车精度、乘坐舒适性等评价指标。

1. 安全指标

高速列车在运行过程中的安全主要体现在不超速运行[11]。本章以限速 $V(l)$ 与高速列车运行速度 v 差值的倒数作为安全指标。然而，在高速列车实际运行过程中，$V(l)$ 随其运行条件的变化而实时变化或发生突变。因此，以足够短的时间间隔 dt 为采样频率，实时读取高速动车的 ATP 限速，在线建立安全裕量评价模型如式 (4.9) 所示：

$$f_v = \frac{1}{V(l) - v} \tag{4.9}$$

式中，$V(l)$ 是高速列车当前位置 l 所对应的 ATP 限速；f_v 随高速列车 ATP 限速实时变化，在线评价当前操纵策略的安全性，f_v 越小则表示其危险性越小。

2. 准点指标

高速列车运行过程中需要严格按照高速铁路运行图上给定的运行时间 T_0 提供运输服务。本章以高速列车实际站间运行时间 T 与运行图给定的站间运行时间 T_0 的差值为准点运行的评价指标，如下所示：

$$T = N\mathrm{d}t, \quad N = 1, 2, \cdots, k \tag{4.10}$$

$$f_{\mathrm{t}} = T - T_0 \tag{4.11}$$

式中，$\mathrm{d}t$ 为采样时间；k 为 $L/\mathrm{d}x$ 的整数，$\mathrm{d}x$ 为高速列车在时间 $\mathrm{d}t$ 内运行距离，L 为高速列车在站间的实际运行距离；f_{t} 反映高速列车运行准点指标。

3. 节能指标

牵引能耗的计算是高速列车运行优化的基础之一，将牵引能耗作为节能运行的评价指标。高速列车的牵引能耗与高速列车的牵引特性、线路条件、操纵策略等因素有关，在高速列车牵引特性、线路条件既定的情况下，通过优化操纵策略可以实现节能效果。高速列车运行是一个典型的非线性过程，难以直接计算牵引能耗，因此以单位时间 $\mathrm{d}t$ 为采样周期，将整个非线性运行区间线性分为 N 段足够短的小区间，在各段线性区间上的牵引能耗见式 (4.12)，在整个区间的牵引能耗见式 (4.13)[12,13]：

$$E_i = F(v)\Delta S(v, \mathrm{d}t) \tag{4.12}$$

$$f_{\mathrm{e}} = \int_0^T E_i \mathrm{d}t \tag{4.13}$$

式中，$F(v)$ 为列车的牵引力；E_i 为列车在单位区间内的牵引能耗；ΔS 为单位采样周期 $\mathrm{d}t$ 内高速列车运行距离；T 为实际站间运行时间；f_{e} 为牵引总能耗。

4. 停车精度指标

停车精度为高速列车实际运行距离与运行图中给定的站间实际里程之间的差值，如下所示：

$$X = \sum_{i=1}^{n} x_i, \quad N = 1, 2, \cdots, k, \quad X < L_0 \tag{4.14}$$

$$f_{\mathrm{d}} = X - L_0 \tag{4.15}$$

式中，X 为高速列车实际运行距离；L_0 为给定的站间实际里程；f_{d} 为高速列车的停车精度，停车精度通常要求控制在 0.0008km 内[14]。

5. 乘坐舒适性指标

以高速列车运行的加速度变化率(即纵向冲击力)作为乘坐舒适性指标的评价指标，如式 (4.16) 所示：

$$f_c = \left| \frac{dv}{dt} \right|, \quad f_c \in [0, A_{max}] \tag{4.16}$$

式中，dv/dt 为速度变化率，代表乘客身体所受的冲击力；A_{max} 为乘客所能承受的最大冲击力，通常设定 $A_{max} = 1 \text{m/s}^2$ 为乘坐舒适性的临界值；f_c 反映乘客乘坐舒适性。

4.3.2　高速列车在线优化模型

对于高速列车的多目标优化问题，各目标之间互相冲突和制约。例如，延长惰行距离可以降低牵引能耗以实现节能目标，但同时会增加运行时间，影响准点目标的实现。因此，高速列车运行的多目标优化问题不存在绝对最优解，而是存在一组均衡各目标前提下偏好某些指标的 Pareto 最优解[15]。

依据 4.3.1 节中高速列车运行操纵策略评价指标，建立高速列车运行多目标在线优化控制模型如下[16]：

$$\min G\left(f_v(cs_i), f_t(cs_i), f_d(cs_i), f_e(cs_i), f_c(cs_i)\right) \tag{4.17}$$

$$\text{s.t.} \begin{cases} v < V(l), l < L_0 \\ \dfrac{dt}{dl} = \dfrac{1}{v} \\ v\left(\dfrac{dv}{dl}\right) = u(c,v) - w(l,v) \\ v(0) = v(L_0) = 0 \end{cases} \tag{4.18}$$

式中，$G(\cdot)$ 为优化目标函数；$cs_i \in (cs_1, cs_2, \cdots, cs_n) = S$ 为 n 维决策变量，S 为搜索空间；$f_v(\cdot)$、$f_t(\cdot)$、$f_d(\cdot)$、$f_e(\cdot)$、$f_c(\cdot)$ 为模型的五个目标变量；式 (4.18) 为模型约束条件。

该模型中，$V(l)$ 和 f_v 随高速列车运行条件的变化而实时变化，实现高速列车运行操纵策略的实时、在线优化。

4.4　高速列车操纵策略在线优化

关于多目标优化问题的研究是当前智能优化领域的热点，许多人工智能搜索优化算法，如遗传算法、人工免疫算法、粒子群优化算法等被引入到多目标优化领域[17]。高速列车极其复杂的运行环境决定了其在线优化是一个复杂的多目标优化问题，且要求优化结果实时有效，因此本章采用的优化算法必须具有很高的优化效率。MOPSO 算法以其参数设置简便、搜索效率高、易于实现的优点，在解决本章所述问题上具有很大优势。

4.4.1　高速列车 MOPSO 算法

MOPSO 算法是一种并行启发式随机搜索优化算法。在 MOPSO 搜索最优解的过程中，微粒保存个体经历过的最佳位置 pBest 以及群体经历过的最佳位置 gBest，通过个体和种群间的信息交换，更新粒子速度与位置，引导粒子向全局最佳位置移动，其搜索原理如式(4.19)所示[18]：

$$\begin{cases} v_i(t+1) = wv_i(t) + c_1 r_1 \left[\text{xbest}_i(t) - x_i(t) \right] + c_2 r_2 \left[\text{gbest}(t) - x_i(t) \right] \\ w = w_{\max} - (w_{\max} - w_{\min})t \; / \; T_{\max} \\ x_i(t+1) = x_i(t) + v_i(t+1) \end{cases} \tag{4.19}$$

式中，$v_i(t)$ 是在迭代时刻 t 粒子 i 的速度；$x_i(t)$ 是粒子的位置；$\text{xbest}_i(t)$ 是粒子 i 经历的最佳位置；$\text{gbest}(t)$ 是种群到时刻 t 为止所经历的最佳位置；c_1、c_2 是粒子的加速度常数，通常取[0,2]；r_1、r_2 是均匀分布在[0,1]内的随机数；w 是动态权重。

由式(4.19)所示的多目标问题描述模型可知，高速列车 MOPSO 算法中的粒子包含五个维度，每个粒子即代表一个可行解 x_k。假如任意两个可行解 x_1、x_2 满足式(4.20)，则认为解 x_1 支配解 x_2，记为 $x_1 \prec x_2$；如果不存在 $x_k' : x_k' \succ x_k$，$x_k' \in S$，$x_k \in S$，那么 x_k 就是所求的 Pareto 最优解，所有 x_k 构成多目标优化问题的非劣解集[19]。

$$\begin{cases} \forall i \in \{1, 2, \cdots, m\}, f_i(x_1) \leqslant f_i(x_2) \\ \exists j \in \{1, 2, \cdots, m\}, f_j(x_1) < f_j(x_2) \end{cases} \tag{4.20}$$

式中，m 为粒子维度；f_i、f_j 为粒子的多目标函数值。

综上可得，高速列车 MOPSO 算法流程如图 4.2 所示。

4.4.2　操纵策略优化过程

基于上文建立的多目标在线优化模型和图 4.2 所示 MOPSO 算法，本节将实时读取列车 ATP 限速，开展多目标在线优化控制实验。

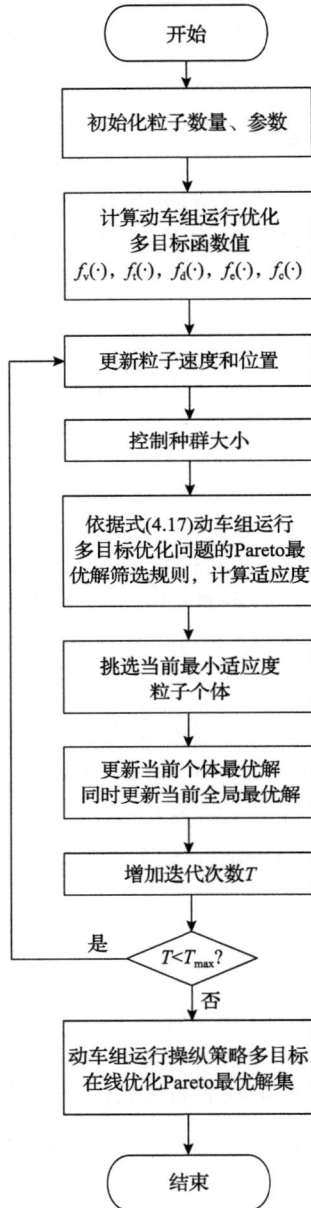

图 4.2 高速列车 MOPSO 算法流程

1. 初始操纵策略的生成

高速列车的运行状态与线路特性、牵引供电条件密切相关。线路特性主要包含线路纵断面、隧道、曲线；电气化铁道牵引区段采用分段换相供电方式，在各供电区之间建立分相区以防止相间短路，CRH3 高速列车在京沪高铁上运行时采用 ATP 过分相技术通过分相区，且列车惰行通过分相区[19]。

因此，高速列车运行优化的初始操纵策略的生成必须充分考虑线路特性，如京沪高铁的泰安西—徐州东区间内，曲阜东—滕州东 537.411~538.161km 处有坡度为 20‰、坡长为 0.75km 的陡坡，该区段必须牵引；在表 4.1 所示的分相区，则必须惰行。

表 4.1　泰安西—徐州东站间分相区

区间名称	起始里程/km	终点里程/km
泰安西—曲阜东	467.3827	467.5737
	494.5385	494.7295
	523.2670	523.4580
曲阜东—滕州东	553.3430	553.5340
	582.4040	582.5957
滕州东—枣庄西	610.3399	610.5315
枣庄西—徐州东	639.3645	639.5560
	667.3130	667.5082
	690.7890	691.2730

基于以上分析，参照《列车牵引计算规程》进行高速列车运行过程的牵引计算，得到初始操纵序列 cs_i 如式 (4.21) 所示：

$$\begin{cases} \mathrm{cs}_i = [c_i, s_i], & i = 1, 2, \cdots, k \\ c_i \in \{1, 0, -1\}, & i = 1, 2, \cdots, k \\ s_i \in [0, L_0], & i = 1, 2, \cdots, k \\ L_0 = \sum_i s_i, & i = 1, 2, \cdots, k \end{cases} \tag{4.21}$$

式中，c_i 为操纵状态；s_i 为某一操纵状态持续的距离；L_0 为站间距离。

2. 操纵策略在线优化

基于图 4.2 所示的 Pareto 解筛选算法和式 (4.21) 所示初始操纵序列，实时读取 ATP 限速作为 MOPSO 算法的偏好信息，实现操纵策略多目标在线优化。具体步骤如下。

步骤 1 基于高速列车所处的线路、分相等客观运行条件，参考《列车牵引计算规程》、基于优秀高铁驾驶员的操纵经验计算得到 N 种初始操纵策略，即 MOPSO 算法的初始种群，N 为种群规模。

步骤 2 实时读取 ATP 限速，建立高速列车运行多目标在线优化模型，在线优化操纵策略。

步骤 3 依据高速列车当前运行状态，采用式 (4.22) 所示加权和方法，从步骤 2 的 Pareto 非劣解集中筛选得到当前状态下的唯一最优解。

$$f = \omega_1 f_v + \omega_2 f_t + \omega_3 f_d + \omega_4 f_e + \omega_5 f_c, \quad \omega_1 + \omega_2 + \omega_3 + \omega_4 + \omega_5 = 1 \qquad (4.22)$$

式中，$\omega_1 \sim \omega_5$ 为各评价指标所占权重。例如，当前列车处于晚点状态时，则各目标权重之间的关如下：

$$\omega_1 > \omega_2 > \omega_3, \quad \omega_3 > \omega_4, \quad \omega_3 > \omega_5 \qquad (4.23)$$

即从非劣解集中选出偏好安全、准点、停车精度的操纵策略为最优解。

4.5 应 用 案 例

本节以京沪高铁线路上运营的 CRH380AL 型高速列车为实验对象，基于泰安西—徐州东区间的实际运行数据，验证本章的高速列车运行多目标在线优化策略的实时性和有效性。实验对象的基本参数见表 4.2，其受力特性如图 4.3 所示。基于 MATLAB 2012b 仿真软件，以及硬件参数为英特尔®酷睿™ i5-6300HQ 处理器，具有 2.30GHz 的 CPU 主频和 4GB 内存容量的笔记本电脑，进行本章的仿真验证实验。

表 4.2　CRH380AL 型高速列车的基本特性参数

参数名称	参数特性
质量	890t
最大运行速度	350km/h
紧急制动减速度	$a_b = 0.519\text{m/s}^2 (v_0 \geqslant 250\text{km/h})$
制动距离	$s_b \leqslant 3.8\text{km}(v_0 \leqslant 300\text{km/h})$

表 4.2 中，a_b 为制动初速度大于等于 250km/h 时的减速度，s_b 为列车初速度小于等于 300km/h 时的制动距离。

图 4.3 中，泰安西—徐州东站间距离为 227.78km，停车精度阈值为 0.0008km，运行图中给定站间运行时间为 3088s，可接受晚点范围为 120s[19]。

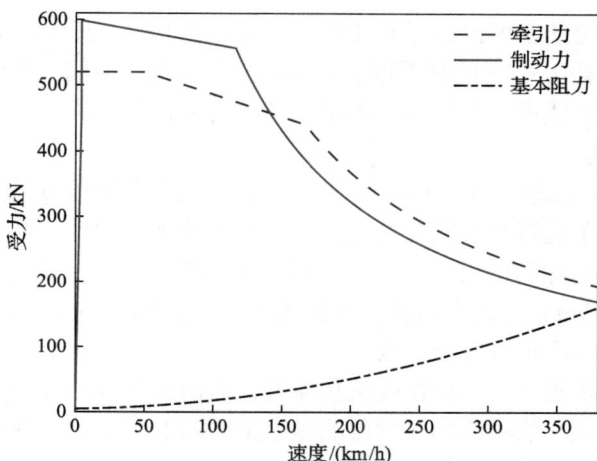

图 4.3　牵引/制动特性曲线

4.5.1　高速列车运行操纵策略离线优化设定

为了验证本章高速列车运行多目标在线优化策略的多目标优化均衡效果，将多目标在线优化模型中的安全裕量 f_v 设定为安全阈值 $f_v > 0$，进行多目标离线优化，将优化结果与实际运行结果进行对比。

1. 实际操纵策略

图 4.4 描述了 CRH380AL 型高速列车某日在京沪高铁泰安西—徐州东区间内运行的 V-S 曲线。

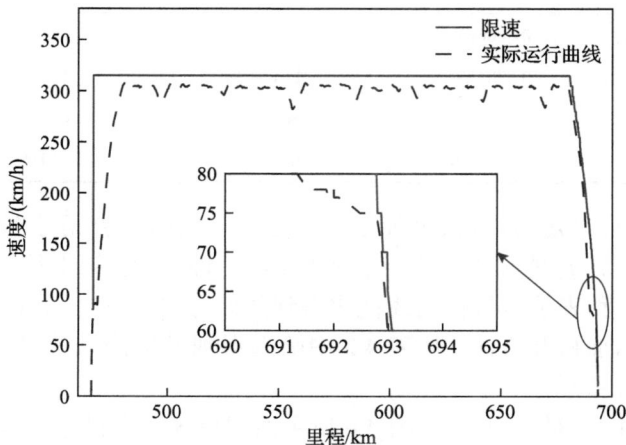

图 4.4　高速列车实际运行 V-S 曲线

该曲线对应的各评价指标函数值见表 4.3 第 1 行，其中，安全裕量 f_v、准点率 f_t、牵引能耗 f_e 指标值都不理想，存在较大的优化空间。因为实际操纵策略是高速列车驾驶员凭借自身经验，再结合基本的列控信息决策生成的，存在一些不足与安全隐患。

图 4.4 中，高速列车实际运行的 V-S 曲线在部分区段波动频繁，这些因素在加剧了高速列车运行牵引能耗的同时，也影响乘坐舒适性。此外，高速列车在部分区段存在超速运行的安全隐患，见图 4.4 局部放大图，高速列车在接近车站的阶段以 60～75km/h 的速度贴着限速曲线运行，超速运行的危险性很大，这可能会引发列车脱轨等严重的安全事故。

因此，本章建立多目标在线优化模型，运用改进后的 MOPSO 算法进行多目标在线优化实验，然后将实验所得的操纵策略的 Pareto 非劣解集，与优化前的操纵策略的 Pareto 非劣解集进行对比。

2. 操纵策略多目标离线优化

由于高速铁路提供具有严格安全、准点、停车精度要求的运行服务，同时节能运行是本章需要优化的重要目标之一，因此，在保证安全、均衡各目标的前提下，设定 MOPSO 算法迭代过程中同时偏好 f_t、f_d、f_e 三个目标，多目标离线优化得到的非劣解集如表 4.3 所示，其在目标搜索空间中的分布见图 4.5，每个粒子代表优化得到一种同时偏好 f_t、f_d、f_e 的操纵策略，其评价指标函数值见表 4.3 第 2～4 行。

表 4.3　多目标离线优化得到的非劣解集

i	f_t / s	f_d / km	$f_e / (kW \cdot h)$	f_v	f_c
1	228	0.000663	6966.37	3.26151	0.41632
2	32	0.000179	6611.53	2.11952	0.31514
3	24	0.000319	6621.45	1.41923	0.31521
4	17	0.000239	6633.65	1.91916	0.31537

表 4.3 中，i 是第 i 种操纵策略；f_t 是准点指标；f_d 是停车精度指标；f_e 是牵引能耗指标；f_v 是安全裕量；f_c 是乘坐舒适性指标。第 1 种为实际运行操纵策略，第 2～4 种表示多目标离线优化得到的偏好 f_t、f_d、f_e 的非劣解集。采用式(4.19)所示加权和方法，从表 4.3 中筛选得到最优操纵策略为第 2 种，其 V-S 曲线如图 4.6 所示。

结合表 4.3，对比图 4.4、图 4.6 所示曲线可知，多目标离线优化得到的最优操纵策略相对实际操纵策略更加平滑，合理增加了惰行距离，临站阶段运行安全性更高。

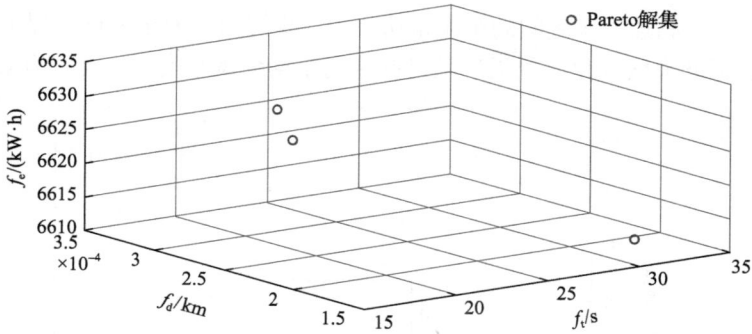

图 4.5　多目标离线优化得到的非劣解的空间分布

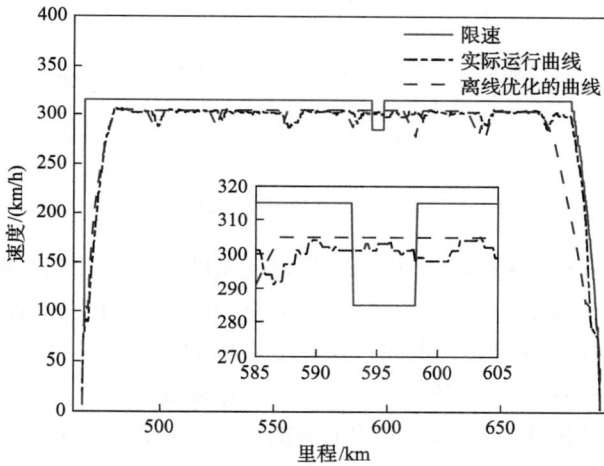

图 4.6　多目标离线优化后的高速列车运行 V-S 曲线

4.5.2　高速列车运行操纵策略在线优化调整

在正常运行情况下，高速列车将在保证安全的前提下大部分时间紧邻限速曲线运行。突发线路故障、自然灾害将导致高速列车限速曲线突变，实际情况一般是限速曲线紧急下降。综上所述，为了验证本章多目标在线优化策略的实时性和有效性，在此设定：高速列车在运行过程中实时检测到前方 593～598km 处有一段从 310km/h 降到 285km/h 的限速突变区间，并将多目标在线优化结果与离线优化结果进行对比。

高速列车运行过程中出现限速突变时，该操纵策略对应的 V-S 曲线见图 4.7。由图 4.7 可知，当在高速列车运行过程中检测到前方发生限速突变时，多目标离线优化策略没有对高速列车操纵策略做出实时调整，这导致高速列车超速运行，显然该优化结果已失效。高速列车运行在复杂多变的外部环境中，其运行状态与外部环境的变化、线上高速列车之间的影响密切相关。我们知道列车运行过程中突发干扰时有发生,因此离线优化结果无法满足高速列车操纵策略实时、持续有效的要求。

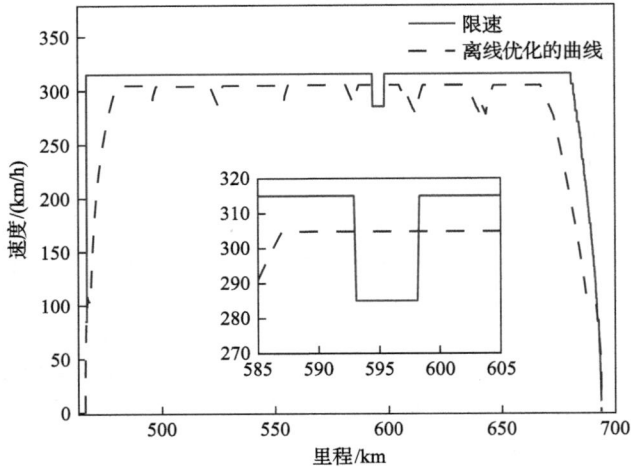

图 4.7　限速突变时多目标离线优化所得 V-S 曲线

　　受到限速突变的影响,多目标在线优化策略将对高速列车的操纵策略从正常牵引状态下调整为制动(紧急)—惰行—牵引,该调整过程对高速列车运行的安全、准点、节能指标影响较大,也在一定程度上影响乘坐舒适性、停车精度目标。高速铁路提供的是具有严格安全、准点、停车精度要求的运行服务,因此,下文在保证安全以及其他所有指标满足约束的前提下,均衡各目标,将根据晚点情况设定 MOPSO 算法的偏好指标。

　　(1)晚点较多,选择偏好安全、准点、停车精度、乘坐舒适性的操纵策略。

　　(2)晚点不多,选择偏好安全、准点、节能、停车精度的操纵策略。

　　(3)不晚点,选择偏好安全、节能、停车精度、乘坐舒适性的操纵策略。

　　针对上述三种情况,其仿真实验结果及分析如下。

　　1. 偏好 f_v、f_t、f_d、f_c

　　当高速列车处于晚点较多的状态时,运用改进后的 MOPSO 算法进行操纵策略在线优化,得到偏好安全、准点、停车精度、乘坐舒适性的非劣解集如表 4.4 所示。

　　表 4.4 中第 1 种操纵策略为上文中多目标离线优化得到最优控制策略,第 2～6 种操纵策略为多目标在线优化得到的偏好 f_v、f_t、f_d、f_c 的 Pareto 解集,其在目标搜索空间中的分布如图 4.8 所示,采用式(4.19)所示加权和方法最优操纵策略为第 3 种,其 V-S 曲线见图 4.9。

表 4.4　偏好安全、准点、停车精度、乘坐舒适性的非劣解集

i	f_v	f_t / s	f_d / km	f_c	f_e / (kW·h)
1	2.1195	32	0.000179	0.31514	6611.53
2	3.4522	29	0.000638	0.31561	6619.28
3	2.3903	11	0.000356	0.31542	6625.43
4	1.4953	45	0.000483	0.31537	6631.72
5	4.7784	47	0.000524	0.31581	6637.74
6	2.5041	38	0.000228	0.31541	6645.79

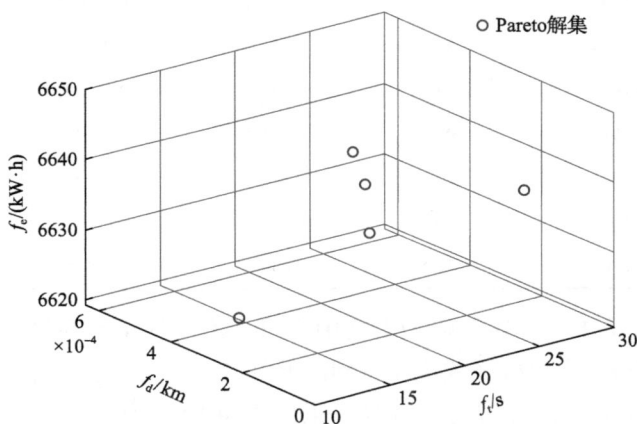

图 4.8　多目标在线优化得到的偏好 f_v、f_t、f_d、f_c Pareto 解集在目标搜索空间中的分布

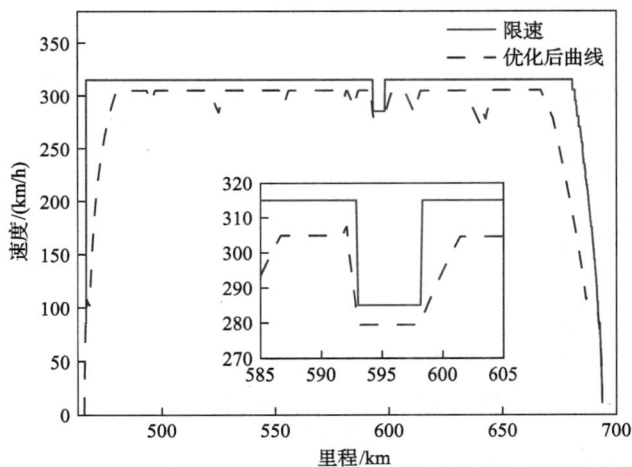

图 4.9　晚点较多时多目标在线优化所得最优 V-S 曲线

2. 偏好 f_v、f_t、f_e、f_d

当高速列车运行处于晚点不多的状态时，运用本章改进后的 MOPSO 算法进行高速列车运行操纵策略在线优化，得到偏好安全、准点、节能、停车精度的高速列车运行操纵策略非劣解集见表 4.5。

表 4.5　偏好安全、准点、节能、停车精度的非劣解集

i	f_v	f_t / s	f_e / (kW·h)	f_d / km	f_c
1	2.1195	32	6611.53	0.000179	0.31514
2	1.2784	37	6637.74	0.000824	0.31742
3	1.4953	35	6631.72	0.000483	0.31562
4	1.5919	95	6611.45	0.000179	0.31586
5	2.4522	29	6614.28	0.000338	0.31635
6	2.5041	118	6642.99	0.000128	0.31646
7	2.5903	21	6620.43	0.000256	0.31565

表 4.5 中，第 1 种操纵策略为上文中多目标离线优化得到最优控制策略，第 2～7 种操纵策略为多目标在线优化得到的偏好 f_v、f_t、f_e、f_d 的 Pareto 解集，其在目标搜索空间中的分布见图 4.10。采用式 (4.19) 所示加权和方法最优操纵策略为第 5 种，其 V-S 曲线见图 4.11。

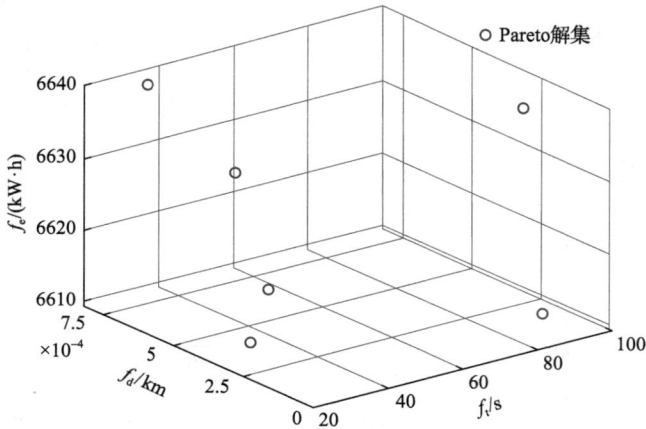

图 4.10　多目标在线优化得到的偏好 f_v、f_t、f_d、f_e Pareto 解集在目标搜索空间中的分布

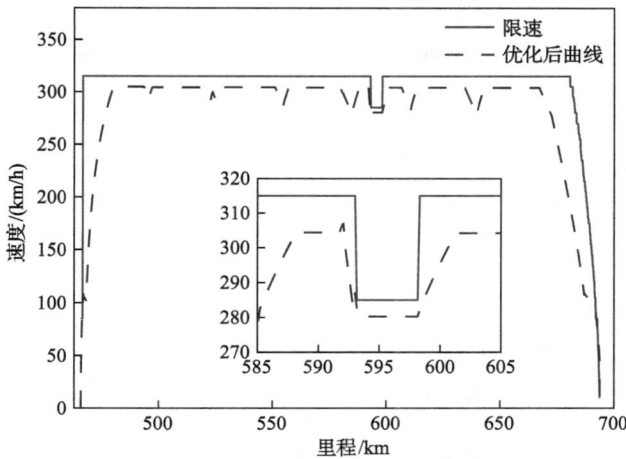

图 4.11　晚点不多时多目标在线优化所得最优 $V\text{-}S$ 曲线

3. 偏好 f_v、f_e、f_d、f_c

当高速列车处于不晚点状态时，运用改进的 MOPSO 算法进行操纵策略在线优化，得到偏好安全、节能、停车精度、乘坐舒适性的非劣解集见表 4.6。

表 4.6　偏好安全、节能、停车精度、乘坐舒适性的非劣解集

i	f_v	$f_e / (\text{kW} \cdot \text{h})$	f_d / km	f_t / s	f_c
1	2.1195	6611.53	0.000179	32	0.31514
2	2.5903	6623.43	0.000256	17	0.31565
3	5.8509	6629.30	0.000116	28	0.31549
4	1.7919	6601.45	0.000159	45	0.31537
5	5.4522	6614.28	0.000838	43	0.31542
6	1.4953	6631.72	0.000483	75	0.31581
7	7.7849	6639.74	0.000624	47	0.31561
8	2.5041	6642.99	0.000128	108	0.31541

表 4.6 中，第 1 种操纵策略为多目标离线优化得到的最优解，第 2～8 种操纵策略为多目标在线优化得到的偏好 f_v、f_e、f_d、f_c 的非劣解，其在目标搜索空间中的分布如图 4.12 所示。采用式 (4.19) 所示加权和方法最优操纵策略为第 4 种，其 $V\text{-}S$ 曲线见图 4.13。

由表 4.4 和图 4.9 分析可知，当在高速列车运行过程中因限速突变处于晚点较多的状态时，对高速列车运行操纵策略进行在线优化，使得高速列车在不超速的前提下保持较高速度运行，如图 4.9 中局部放大图所示。此外，高速列车运行多目标在线优化策略优化得到的操纵策略能使得高速列车在遇到限速突变时，在

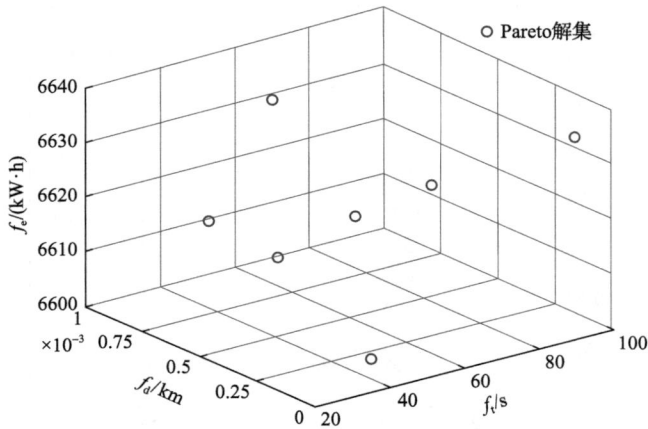

图 4.12　多目标在线优化得到的偏好 f_v、f_e、f_d、f_c Pareto 解集在目标搜索空间中的分布

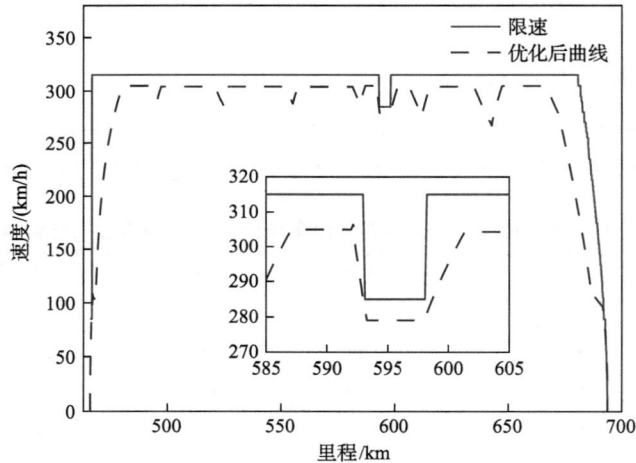

图 4.13　不晚点时多目标在线优化所得最优 V-S 曲线

保证足够安全裕量、均衡牵引能耗和乘坐舒适性的前提下，各个评价指标不劣于没发生限速突变情况下的目标值，如表 4.4 中第 1、2 种操纵策略所示，在线优化结果的准点指标 f_t、f_c 都不劣于多目标离线优化结果，其余三个指标 f_d、f_e、f_v 也与多目标离线优化结果相差无几。

　　由表 4.5 和图 4.11 分析可知，当高速列车运行过程中因限速突变处于晚点不多的状态时，对高速列车运行操纵策略进行在线优化，使得高速列车不超速并以较高的速度运行，同时尽量增加惰行时间，以降低牵引能耗，如图 4.11 中局部放大图所示。此外，高速列车运行多目标在线优化策略优化得到的操纵策略能使得高速列车在遇到限速突变时，在保证足够安全裕量、均衡停车精度、乘坐舒适性指标的前提下，准点指标、牵引能耗指标优于没有发生限速突变情况下的目标值，如表 4.5 中第 1、5 种操纵策略所示，在线优化结果的指标 f_t 和 f_e 基本不劣于多目标离线优化结果，其余指标与多目标离线优化结果相近。

由表 4.6 和图 4.13 分析可知，当高速列车运行过程中因限速突变处于不晚点的状态时，对高速列车运行操纵策略进行在线优化，使得高速列车不超速，同时尽量增加惰行时间，以降低牵引能耗，如图 4.13 中局部放大图所示。此外，高速列车运行多目标在线优化策略优化得到的操纵策略能使得高速列车在遇到限速突变时，在保证足够安全裕量、均衡准点、乘坐舒适性指标的前提下，牵引能耗指标、停车精度指标明显小于没有发生限速突变情况下的目标值，如表 4.6 中第 1、2 种操纵策略所示，在线优化结果的指标 f_d 和 f_e 大部分优于多目标离线优化结果，其余指标与多目标离线优化结果相近。

综上所述，本章所提出的高速列车多目标在线优化控制方法能够在发生限速突变时，使得优化得到的操纵策略的各指标值保持不劣于发生限速突变情况下的指标值。

4.6　本　章　小　结

本章针对基于给定站间 $V\text{-}S$ 曲线的高速列车人工操纵策略难以满足高速列车运行多目标操纵要求的问题，建立高速列车运行操纵多目标在线优化模型，采用改进后的 MOPSO 算法，在线优化得到的 Pareto 解集具有很好的多样性和灵活性，且根据其运行状态得到的最优操纵策略实时有效。由于高速列车运行是一个复杂的非线性过程，给牵引能耗等其他指标的精确计算带来一定困难，本章牵引能耗计算模型的精度有待进一步提高，此外，多目标优化算法的收敛性可以得到进一步提高。

参 考 文 献

[1] Yang H, Fu Y T, Zhang K P, et al. Speed tracking control using an ANFIS model for high-speed electric multiple unit[J]. Control Engineering Practice, 2014, 23: 57-65.

[2] 周敏, 董海荣, 周学影, 等. 临时限速下基于强化学习的高速列车速度曲线优化[J]. 铁道学报, 2023, 45(2): 84-92.

[3] 余进, 何正友, 钱清泉. 基于混合微粒群优化的多目标列车控制研究[J]. 铁道学报, 2010, 32(1): 38-42.

[4] 何之煜, 徐宁. 非参数化迭代学习控制的列车自动驾驶控制算法[J]. 铁道学报, 2020, 42(12): 90-96.

[5] Dong H R, Ning B, Cai B G, et al. Automatic train control system development and simulation for high-speed railways[J]. IEEE Circuits and Systems Magazine, 2010, 10(2): 6-18.

[6] 杨辉, 刘鸿恩, 付雅婷, 等. 一种高速列车追踪运行曲线优化设定方法: CN201611252207.3[P]. 2017-05-31.

[7] 姜东杰. CRH3 型动车组牵引传动系统[J]. 铁道机车车辆, 2008, 28（增刊 1）: 95-99.

[8] Chou M, Xia X, Kayser C, et al. Modelling and model validation of heavy-haul trains equipped with electronically controlled pneumatic brake systems[J]. Control Engineering Practice, 2007, 15（4）: 501-509.

[9] 毛保华, 李夏苗, 刘海东, 等. 列车运行计算与设计[M]. 北京: 人民交通出版社, 2008.

[10] 中华人民共和国铁道部. 列车牵引计算规程[M]. 北京: 中国铁道出版社, 1999.

[11] Qin Y, Wang L, Lian H, et al. Fuzzy optimization model based tolerance approach to timetable rescheduling for high-speed railway in China[C]. IEEE International Conference on Fuzzy Systems, Taipei, 2011: 2552-2558.

[12] 李志勇, 文睿, 危韧勇, 等. 基于径向基神经网络的机车牵引能耗计算模型[J]. 铁道学报, 2011, 33（9）: 27-30.

[13] 王铁城. 高速列车运行能耗测算方法研究[J]. 铁道运输与经济, 2012, 34（11）: 88-92.

[14] 李和平, 严霄蕙, 曹宏发. 动车组旅客舒适度与制动控制[J]. 铁道机车车辆, 2011, 31（5）: 111-114.

[15] 刘衍民, 牛奔. 新型粒子群算法理论与实践[M]. 北京: 科学出版社, 2013.

[16] 王凌, 刘波. 微粒群优化与调度算法[M]. 北京: 清华大学出版社, 2008.

[17] He Z, Liu T H, Liu H. Improved particle swarm optimization algorithms for aerodynamic shape optimization of high-speed train[J]. Advances in Engineering Software, 2022, 173（4）: 103242.

[18] Catalão J P S, Pousinho H M I, Mendes V M F. Hybrid wavelet-PSO-ANFIS approach for short-term electricity prices forecasting[J]. IEEE Transactions on Power Systems, 2011, 26（1）: 137-144.

[19] 张欣欣. 动车组运行控制系统[M]. 北京: 北京交通大学出版社, 2012.

第5章 数据驱动的高速列车单质点-ANFIS建模与运行优化控制技术

5.1 引　　言

第4章介绍了高速列车运行多目标优化技术，获得最优的速度目标曲线。本章将据此建立高速列车准确模型，设计运行优化控制器，控制列车跟踪最优目标曲线实现安全、准点、乘坐舒适、节能运行。但高速列车是一个运行在复杂多变的环境中的非线性、不确定性的动态系统，其运行性能受线路、气候和不确定环境等多项因素的影响。为准确无误地描述这一复杂的非线性动力学过程，需对其运行过程建立精确有效的动力学模型。常用的机理模型由于其模型数量单一，模型参数固定不变，不能满足高速列车的非线性及环境多变的特性。而数据驱动建模能够充分利用数据间隐含的有用信息，通过清楚的数学公式来表达输入与输出变量之间存在的关系，目前已受到众多研究者的青睐。ANFIS 建模是一种集神经网络自学习能力和模糊系统易于表达人类知识优点于一体的数据驱动非线性建模方法，且其由多条模糊规则描述的系统特性符合列车具有多个运行模态的特点。因此，本章采用 ANFIS 建模方法对高速列车的运行过程进行精确描述。

本章针对高速列车运行非线性的特性，结合其牵引/制动力特性曲线和现实运行速度和控制力数据，采用数据驱动 ANFIS 模型描述列车的运行速度与控制力之间的非线性关系，并在所建立的 ANFIS 模型基础上采用广义预测控制方法设计有效的速度控制方法[1,2]。最后对所提方法进行了应用案例分析。

5.2 问 题 描 述

图 5.1 显示了高速列车运行状态。目前，高速列车运行是通过驾驶员在车辆信息系统的人机界面(human machine interface，HMI)和 ATP 的指导下操纵牵引/制动手柄来获得控制力，从而完成高速列车的整个行驶过程。将高速列车看成一个刚性质点，考虑其在运行中受到基本阻力与附加阻力的作用，其行驶中所受的力可表示为

$$\begin{cases} \dfrac{\mathrm{d}v}{\mathrm{d}t} = g\alpha \\[2mm] \alpha = \dfrac{u}{mg} - W \\[2mm] W = w_0 + w_\theta + w_\mathrm{r} + w_\mathrm{s} \end{cases} \tag{5.1}$$

式中，v 为高速列车的行驶速度，来自测速测距单元；g 为重力加速度；α 为作用在列车上的单位合力；u 为控制力；W 为单位阻力，由单位基本阻力 w_0 及单位附加阻力组成。列车运行中的 w_0 与多方面的因素有关，除了空气阻力还有各种冲击和阻力，在现实应用中很难通过物理公式来描述。所以，通常使用实验获得的经验公式来替代所受阻力，这些经验公式通常采用速度的一元二次方程来表达。附加阻力由单位坡道附加阻力 w_θ、单位曲线附加阻力 w_r 和单位隧道附加阻力 w_s 组成，如图 5.1 所示。通常，高速列车所受的单位基本阻力和单位附加阻力可用式 (5.2) 表示：

$$\begin{cases} w_0 = \eta_1 + \eta_2 v + \eta_3 v^2 \\[2mm] w_\theta = 1000\sin\theta_\mathrm{w} \approx 1000\tan\theta_\mathrm{w} = i_\mathrm{w} \\[2mm] w_\mathrm{r} = \dfrac{10.5\alpha_\mathrm{w}}{L_\mathrm{r}} \\[2mm] w_\mathrm{s} = \dfrac{L_\mathrm{s}}{10^7} v^2 \end{cases} \tag{5.2}$$

式中，η_1、η_2、η_3 为基本阻力系数；$\eta_3 v^2$ 为正常情况下的空气阻力；i_w 为坡度千分数；α_w 为弯道的曲线中心角；L_r 为弯道长度；θ_w 为坡度角；L_s 为隧道长度。这些公式和参数都是通过机理分析和实验获得。

将式 (5.2) 代入式 (5.1) 中，可得到高速列车运行的动力学模型：

$$u = m\dfrac{\mathrm{d}v}{\mathrm{d}t} + mg\left(\eta_1 + \eta_2 v + \eta_3 v^2 + i_\mathrm{w} + \dfrac{10.5\alpha_\mathrm{w}}{L_\mathrm{r}} + \dfrac{L_\mathrm{s}}{10^7} v^2 \right) \tag{5.3}$$

式中，$\eta_3 v^2$ 和 $\dfrac{L_\mathrm{s}}{10^7} v^2$ 是速度 v 的非线性函数，当列车运行速度不断提升时，其也将逐渐变大。所以在高速情况下，列车运行的非线性特征将更加突出。对式 (5.3) 进行差分变换，可得知速度 $v(k)$ 与上一时刻速度 $v(k-1)$ 和控制力 $u(k-1)$ 之间存在非线性关系 $v(k)=f\left[v(k-1),u(k-1)\right]$。

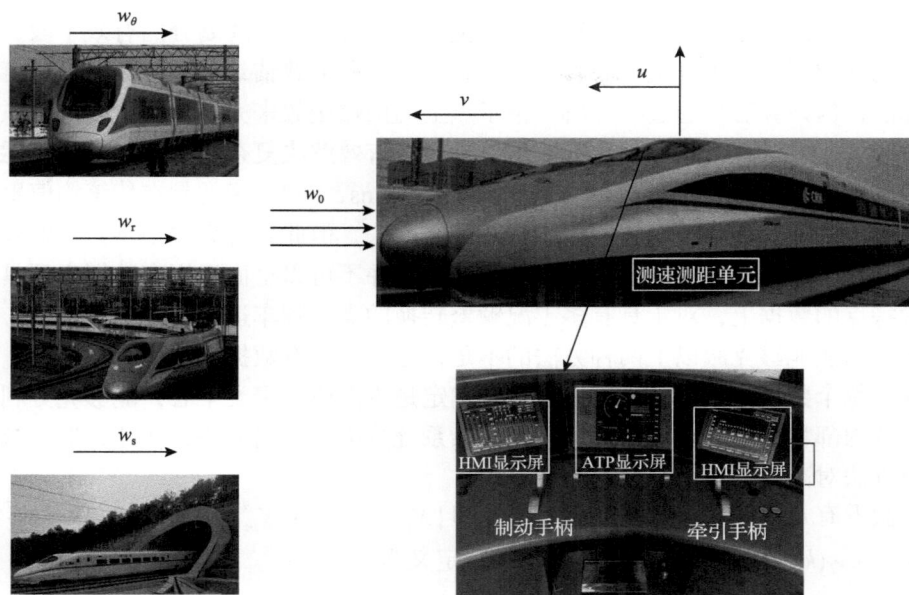

图 5.1　高速列车运行状态

5.3　高速列车 ANFIS 建模

多模型建模方式是一种简单有效的非线性建模方法，目前已应用于各个领域[3-8]。ANFIS 建模是多模型的一种表现形式，其是通过给定的输入输出数据集构建一个模糊推理系统，并采用减法聚类方法将系统分为合适的模糊规则，获得相应隶属度参数即前件参数，并利用最小二乘法计算后件参数。接着对所有规则进行整合，从而获得一个 ANFIS 模型。最后，采用反向传播（back propagation，BP）神经网络梯度下降法对其前/后件参数进行优化学习，使 ANFIS 模型更逼近输入输出量之间的非线性关系[1,9,10]。本章将采用 ANFIS 建模方法对上述分析的高速列车速度 $v(k-1)$ 与控制力 $u(k-1)$ 之间的非线性关系进行精确描述。

5.3.1　ANFIS 模型初始化

如何将高速列车的非线性运行过程按照其运行模态划分为合适的若干子系统，也就是用多少条模糊规则来描述高速列车整个非线性运行过程是首先要解决的问题。

1. 模糊规则划分

首先对高速列车运行数据进行预处理。针对其运行数据，分解成若干个子模型。聚类算法广泛用于数据的组织与分类,是进行数据空间划分的有效手段,本章采用聚类算法对系统进行分解。山峰聚类是一种大致估计聚类中心的简单有效的算法,但该算法是通过计算所有格子点上的山峰函数来完成的。所以,当系统维数增大时,计算量将以指数形式增长,难以有效解决复杂多变的高速列车运行过程模型的分解问题。模糊 C 均值(fuzzy C-means,FCM)聚类是在传统均值聚类方法上改进的,是目前较为常用的一种聚类方法,但此聚类算法是预先选取聚类中心,等同于人为确定了子系统的个数,因此并不可以全面运用在数据之间具有隐含特点的数据上,对于具有多工况频繁转换的高速列车运行来说并不适用。减法聚类算法能够克服以上两种方法的不足,考虑将所有数据点作为聚类中心,通过计算每个数据点附近的数据点密度来确定是否能成为聚类中心,能够充分利用数据的内部特征对系统进行分类,是复杂系统分类的热门方法,在此,选用减法聚类方法对高速列车运行数据进行分解。

假设有 m 个高速列车运行数据点,即 $\{X_1,\cdots,X_i,\cdots,X_m\}$,其中 $X_i = [v_i(k-1),u_i(k-1),v_i(k)]$,数据点 X_i 处的密度指标定义为

$$D_i = \sum_{j=1}^{m} \exp\left[-\frac{\|X_i - X_j\|^2}{(\delta_a/2)^2}\right], \quad i,j=1,2,\cdots,m \tag{5.4}$$

式中, $\delta_a > 0$ 为设定的聚类中心所影响范围的邻域。选出最大的密度指标值 $D_{c_1} = \max D_i$,获得第一个聚类中心:

$$c_1 = X_i|_{\max D_i} \tag{5.5}$$

从而每个数据点 X_i 都需通过式(5.6)修正其密度指标值:

$$D_i = D_i - D_{c_1}\exp\left[-\frac{\|X_i - c_1\|^2}{(\delta_b/2)^2}\right] \tag{5.6}$$

式中, δ_b 是一个大于 δ_a 的正数,这里选取 $\delta_b = 1.5\delta_a$。通过修正,聚类中心 c_1 附近的数据点的密度指标值会明显减小,因此成为下一个聚类中心的可能性很小。

修正了每个数据点的密度指标后,再次执行式(5.5)和式(5.6),选定下一个聚类中心 c_2,再次修正数据点的所有密度指标,重复此过程,直至 $D_{c_l} \leqslant \delta_a$($l=2,3,\cdots,n$),得到最后一个聚类中心 c_n,因此聚类中心个数为 n,且 $n<m$。则高速列车运行数据可以分为 n 个子模型,即 n 条模糊规则。

获得各个类的中心和宽度后,需将每个高速列车运行数据点准确地分到所属的子模型类别中,为此,定义如下隶属度函数:

$$\mu_{ij} = \frac{1}{\sum\limits_{k=1}^{n} \left(\dfrac{\| X_i - c_j \|}{\| X_i - c_k \|} \right)^2}, \quad i=1,2,\cdots,m; j,k=1,2,\cdots,n \tag{5.7}$$

得到各个数据点属于各个子模型类别的隶属度函数后，需判断各个数据点最有可能属于哪一个类，定义指标函数如下：

$$L_i = \arg\max\left\{ \mu_{ij} \right\}, \quad i=1,2,\cdots,m; j=1,2,\cdots,n \tag{5.8}$$

式中，L_i 是第 i 个数据点最有可能隶属的子模型类别。

根据上述数据划分，可确定高速列车运行模糊规则数为 n。其中第 i 条初始规则可表示为

$$
\begin{aligned}
R_i: \quad &\text{if } v(k-1) \text{ is } A_1^i, \quad u(k-1) \text{ is } A_2^i, \quad i=1,2,\cdots,n \\
&\text{then } v_i(k) = \theta_1^i v(k-1) + \theta_2^i u(k-1) + \xi_i
\end{aligned}
\tag{5.9}
$$

式中，$v(k-1)$、$u(k-1)$ 是输入量，$v_i(k)$ 是输出量；A_j^i 是输入量的第 i 个模糊集；$\theta_j^i(i=1,2,\cdots,n; j=1,2)$ 是模糊规则后件参数，n 是规则条数；ξ_i 是常数项。

2. 模糊规则获得

计算输入变量 $v(k-1)$、$u(k-1)$ 满足规则 R_i 的程度可采用以下高斯函数定义：

$$\mu_{A_j^i} = \exp\left[-\frac{\left(x_j - c_{ij} \right)^2}{\sigma_{ij}^2} \right], \quad i=1,2,\cdots,n; j=1,2 \tag{5.10}$$

式中，输入量 $x_1 = v(k-1)$，$x_2 = u(k-1)$；前件参数 c_{ij} 和 σ_{ij}（隶属度函数的中心和宽度）对应于减法聚类中获得的聚类中心和邻域半径。

每条规则的后件参数分别采用最小二乘估计获得，其中第 i 条规则的后件参数可表示为

$$\theta^i = \left(A_r^{\mathrm{T}} \cdot A_r \right)^{-1} A_r^{\mathrm{T}} V \tag{5.11}$$

式中，$\theta^i = \left[\theta_1^i, \ \theta_2^i \right]^{\mathrm{T}}$；$A_r = \left[\varphi^{\mathrm{T}}(1), \cdots, \varphi^{\mathrm{T}}(r) \right]^{\mathrm{T}}$，$r$ 是划分为第 i 条规则的数据点个数，$\varphi^{\mathrm{T}}(k) = [v(k-1), u(k-1)]$，$V = \left[v(1), \cdots, v(r) \right]^{\mathrm{T}}$。其他规则后件参数以相同方法求得。

3. 模糊规则合成

ANFIS 建模的规则合成采用加权平均融合方法，可表示为以下步骤，示意图如图 5.2 所示。

(1) 求解每条模糊规则的适应度，在此选用隶属度连乘方法：

$$o_i = \mu_{A_1^i} \cdot \mu_{A_2^i} \tag{5.12}$$

(2) 对所有模糊规则进行归一化处理：

$$\overline{o}_i = \frac{o_i}{\sum_{i=1}^{n} o_i} \tag{5.13}$$

(3) 求解每条模糊规则的输出：

$$\overline{o}_i \cdot v_i(k) = \overline{o}_i \left(\theta_1^i v(k-1) + \theta_2^i u(k-1) + \xi_i \right) \tag{5.14}$$

(4) 对每条模糊规则进行加权平均融合，获得 ANFIS 模型总输出：

$$v(k) = \sum_{i=1}^{n} \overline{o}_i \cdot v_i(k) = \sum_{i=1}^{n} \overline{o}_i \left(\theta_1^i v(k-1) + \theta_2^i u(k-1) + \xi_i \right) \tag{5.15}$$

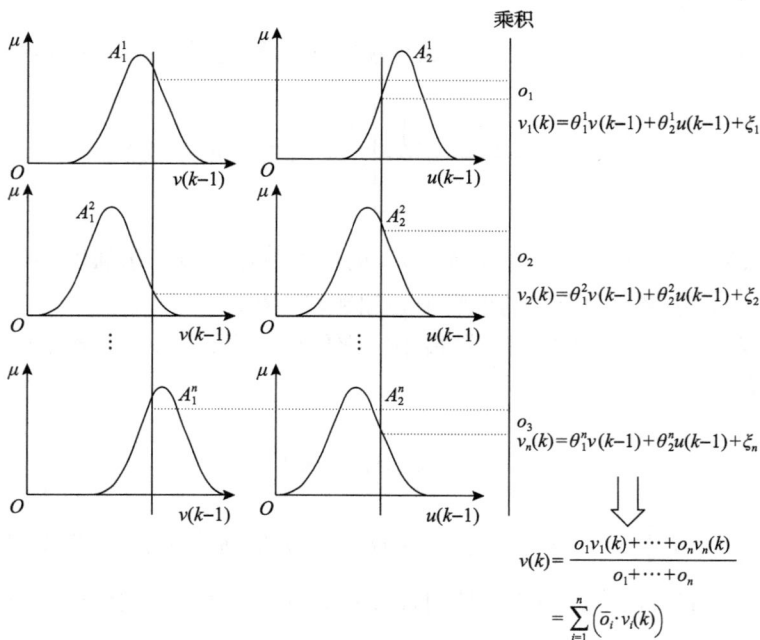

图 5.2　ANFIS 建模规则合成示意图

5.3.2　ANFIS 建模学习优化

参数学习优化是 ANFIS 建模方法异于一般多模型建模的关键所在。ANFIS 建模方法是将神经网络与模糊理论相结合，取长补短，采用神经网络来学习调整模型的前后件参数，使得所建 ANFIS 模型更逼近非线性系统。其参数学习优化是通过结合反向传播方法和梯度下降方法来完成，具体学习步骤可表现如下。

（1）采用误差反向传播算法计算 $\dfrac{\partial E}{\partial c_{ij}}$、$\dfrac{\partial E}{\partial \sigma_{ij}}$：

$$\Delta_i^{(5)} \equiv -\frac{\partial E}{\partial f_i^{(5)}} = -\frac{\partial E}{\partial v_i(k)} = v^*(k) - v(k) \tag{5.16}$$

$$\Delta_i^{(4)} \equiv -\frac{\partial E}{\partial f_i^{(4)}} = \sum_{i=1}^{n} \Delta^{(5)} \cdot v_i(k), \quad i = 1, 2, \cdots, n \tag{5.17}$$

$$\Delta_i^{(3)} \equiv -\frac{\partial E}{\partial f_i^{(3)}} = \Delta_i^{(4)} \sum_{j=1}^{m} o_j \bigg/ \left(\sum_{j=1}^{m} o_i \right)^2 \tag{5.18}$$

$$\Delta_i^{(2)} \equiv -\frac{\partial E}{\partial f_i^{(3)}} = \sum_{p=1}^{n} \left\{ \Delta_p^{(3)} \prod_{j=1}^{2} \mu_{A_j^i} \exp\left[-\frac{\left(x_j - c_{ij}\right)^2}{2\sigma_{ij}^2} \right] \right\}, \quad i = 1, 2, \cdots, n; j = 1, 2 \tag{5.19}$$

式中，$E = \dfrac{1}{2}\left(v(k) - v^*(k)\right)^2$；$f_i^{(q)}(q = 1, 2, \cdots, n)$ 是 ANFIS 神经网络神经元各层节点的输入。从而可得所求一阶梯度为

$$\begin{cases} \dfrac{\partial E}{\partial c_{ij}} = -\Delta_i^{(2)} \dfrac{x_j - c_{ij}}{\sigma_{ij}} = \left(v(k) - v^*(k)\right) \cdot \left(v_i(k) - v(k)\right) \cdot \bar{o}_i(k) \cdot \dfrac{x_j - c_{ij}}{\sigma_{ij}} \\[3mm] \dfrac{\partial E}{\partial \sigma_{ij}} = -\Delta_i^{(2)} \dfrac{\left(x_j - c_{ij}\right)^2}{\sigma_{ij}^3} = \left(v(k) - v^*(k)\right) \cdot \left(v_i(k) - v(k)\right) \cdot \bar{o}_i(k) \cdot \dfrac{\left(x_j - c_{ij}\right)^2}{\sigma_{ij}^3} \\[3mm] \dfrac{\partial E}{\partial \theta_j^i} = \dfrac{\partial E}{\partial v(k)} \cdot \dfrac{\partial v(k)}{\partial v_i(k)} \cdot \dfrac{\partial v_i(k)}{\partial \theta_j^i} = -\left(v(k) - v^*(k)\right) \cdot \bar{o}_i(k) \cdot x_j \end{cases} \tag{5.20}$$

(2)选用 BP 梯度下降法学习优化规则的前后件参数:

$$
\begin{cases}
c_{ij}(k+1) = c_{ij}(k) - \alpha_c \dfrac{\partial E}{\partial c_{ij}} \\[2mm]
\sigma_{ij}(k+1) = \sigma_{ij}(k) - \alpha_\sigma \dfrac{\partial E}{\partial \sigma_{ij}} \\[2mm]
\theta_j^i(k+1) = \theta_j^i(k) - \alpha_\theta \dfrac{\partial E}{\partial \theta_j^i}
\end{cases}
\tag{5.21}
$$

式中, 学习速率 α_c、α_σ 和 α_θ 通过实验获得。高速列车运行过程的 ANFIS 神经网络结构图如图 5.3 所示。

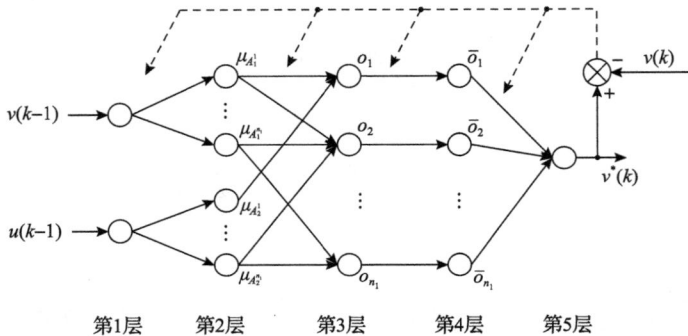

图 5.3　高速列车运行过程 ANFIS 神经网络结构图

5.4　基于高速列车 ANFIS 模型的速度控制

广义预测控制是一种集自适应性和鲁棒性于一体的先进控制方法, 其多步预测、滚动优化能力使得其更适用于环境多变、性能复杂的不确定系统[11]。本章基于所建立的 ANFIS 模型, 选用广义预测控制方法对高速列车的速度进行控制。

5.4.1　速度控制原理

图 5.4 中描述了基于现实高速列车运行速度和控制力数据建立的数据驱动 ANFIS 精确模型, 并传输给广义预测控制器, 计算每一时刻的预测输出速度 v 和目标速度 v_r 之间的误差, 经过具体控制器的内部算法, 获取控制量 u 并输出给列车, 控制列车跟踪给定的站间运行模式曲线运行(运行模式曲线由 ATP 限速曲线和最优期望速度曲线构成。ATP 限速曲线来自所运行线路的铁路局给出的实际 ATP 限速曲线; 最优期望速度曲线是基于安全、准点和节能等运行指标, 结合优

秀驾驶员操纵列车经验，从大量高速列车实际有效运行速度曲线中筛选确定的）。

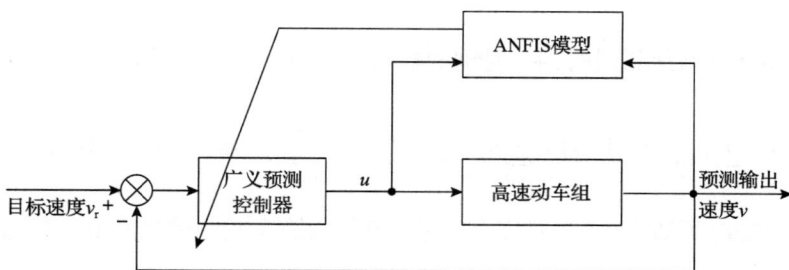

图 5.4　基于高速列车 ANFIS 模型广义预测控制方法的速度控制原理框图

5.4.2　最优控制律

5.3 节建模得到的高速列车运行 ANFIS 模型，即式(5.15)可描述成下面的受控自回归积分滑动平均(controled auto regression and moving average，CARIMA)模型样式：

$$a(z^{-1})v(t) = z^{-d}b(z^{-1})u(t) + c(z^{-1})\xi(t)/\Delta \tag{5.22}$$

式中

$$\begin{cases} a(z^{-1}) = 1 + a_{1,1}z^{-1} + a_{1,2}z^{-2} + \cdots + a_{1,n_a}z^{-n_a} \\ b(z^{-1}) = b_{1,0} + b_{1,1}z^{-1} + b_{1,2}z^{-2} + \cdots + b_{1,n_b}z^{-n_b}, \quad b_{1,0} \neq 0 \\ c(z^{-1}) = 1 \end{cases} \tag{5.23}$$

$$\begin{cases} a_j = -\sum_{i=1}^{n} \overline{o}_i \theta_j^i, \quad j = 1, 2, \cdots, n_a \\ b_j = \sum_{i=1}^{n} \overline{o}_i \theta_{n_a+j}^i, \quad j = 0, 1, \cdots, n_b \end{cases} \tag{5.24}$$

$v(\cdot)$、$u(\cdot)$ 和 $\xi(\cdot)$ 分别为模型输出、模型输入和白噪声；$d=1$ 为时滞系数；n_a、n_b 分别为模型输出、输入的阶次；$\Delta = 1 - z^{-1}$。

为了获得控制律，需最小化以下性能指标函数：

$$J = E\left\{ (V - V_r)^{\mathrm{T}}(V - V_r) + \Delta U^{\mathrm{T}}R\Delta U \right\} \tag{5.25}$$

式中，$V = [v(t+d\,|\,t), v(t+d+1\,|\,t), \cdots, v(t+N\,|\,t)]^{\mathrm{T}}$；$\Delta U = [\Delta u(t), \Delta u(t+1), \cdots,$

$\Delta u(t+N-d)]^{\mathrm{T}}$，$N$ 为预测长度；V_{r} 为预测输出，由目标曲线获得；R 为控制加权矩阵。

定义在 t 时刻预测到的 $t+j$ 时刻的输出为 $v_{\mathrm{m}}(t+j\,|\,t)$，则有

$$v_{\mathrm{m}}(t+j) = \sum_{i=1}^{n_{\mathrm{a}}} a_{j,i} v(t+1-i) + \sum_{i=0}^{n_{\mathrm{b}}} b_{j,i} u(t-d-i) + \sum_{i=0}^{j-1} b_{j-i,0} u(t-d+i\,|\,k) + \xi(t) \quad (5.26)$$

由式 (5.26) 可知，$v_{\mathrm{m}}(t+j)$ 完全由过去已知的输入/输出信息确定，递推式 (5.22) 可获得

$$v(t+j\,|\,t) = \begin{cases} v_{\mathrm{m}}(t+j), & j < d+1 \\ v_{\mathrm{m}}(t+j) + \sum_{i=0}^{j-1} b_{j-i,0} \Delta u(t-d+i), & j \geqslant d+1 \end{cases} \quad (5.27)$$

则有

$$V = V_{\mathrm{m}} + G\Delta U \quad (5.28)$$

式中

$$V_{\mathrm{m}} = \left[v_{\mathrm{m}}(k+d), v_{\mathrm{m}}(k+d+1), \cdots, v_{\mathrm{m}}(k+N) \right]^{\mathrm{T}} \quad (5.29)$$

$$G = \begin{bmatrix} b_{1,0} & 0 & \cdots & 0 \\ b_{2,0} & b_{1,0} & \cdots & 0 \\ \vdots & \vdots & & \vdots \\ b_{N-d+1,0} & b_{N-d,0} & \cdots & b_{1,0} \end{bmatrix}_{(N-d+1)\times(N-d+1)} \quad (5.30)$$

式 (5.30) 中的矩阵元素由以下递推获得

$$b_{j,0} = b_{1,j-1} + \sum_{i=1}^{j_1} a_{1,i} b_{j-i,0}, \quad j=2,3,\cdots,N-d+1 \quad (5.31)$$

式中，当 $j > n_{\mathrm{b}}+1$ 时，$b_{1,j-1} = 0$；$j_1 = \min\{j-1, n_{\mathrm{a}}\}$。

将式 (5.28) 代入性能指标函数即式 (5.25)，极小化性能指标函数，得系统最优控制增量为

$$\Delta U = \left(G^{\mathrm{T}} G + R \right)^{-1} G^{\mathrm{T}} \left(V_{\mathrm{r}} - V_{\mathrm{m}} \right) \quad (5.32)$$

则当前 t 时刻的最优控制律为

$$u(t) = u(t-1) + \Delta u(t) = u(t-1) + [1,0,\cdots,0]\left(G^{\mathrm{T}}G + R\right)^{-1}G^{\mathrm{T}}\left(V_{\mathrm{r}} - V_{\mathrm{m}}\right) \qquad (5.33)$$

5.5　应 用 案 例

为了验证本章所提出的高速列车运行建模方法的可行性，本节选用在国内使用较为广泛的 CRH380AL 型高速列车作为实验验证对象。首先，采集该列车在徐州东到济南西区段（来自京沪高铁）若干天同一车次的全程运行速度、控制力数据，挑选速度范围（0~310km/h）表中所有工况的 3450 组有效数据，并平均选择其中的 2600 组数据用来建模，剩下 850 组数据用来检验 ANFIS 模型的建模精度。

从实质意义上讲，ANFIS 模型是一种多模型的表现形式，其多条模糊规则对应多模型中的多个子模型，ANFIS 模型是一种具有自学习自调整功能的多模型建模方法。因此，将本章的方法与文献[12]中基于传统的线性多模型切换的广义预测控制方法进行实验对比，验证本章方法在高速列车运行建模及速度控制中的有效性和先进性。

5.5.1　模型验证

基于 2600 组建模样本数据，分别采用传统线性多模型切换和 ANFIS 模型对列车运行速度和控制力之间的关系进行建模。

1. 传统线性多模型切换

采用文献[12]中的线性多模型切换方法，首先利用减法聚类方法对运行数据进行划分，并采用遗忘因子梯度最小二乘法进行辨识，从而获得以下 5 个高速列车运行子模型。

模型 1：　$v_1(k) = 0.97v(k-1) + 0.07349u(k-1) + \xi(k)$

模型 2：　$v_2(k) = 1.01v(k-1) + 0.0325u(k-1) + \xi(k)$

模型 3：　$v_3(k) = 0.8567v(k-1) - 0.001u(k-1) + \xi(k)$

模型 4：　$v_4(k) = 1.014v(k-1) - 0.0052u(k-1) + \xi(k)$

模型 5：　$v_5(k) = 1.021v(k-1) - 0.0204u(k-1) + \xi(k)$

为检验所建多模型的可行性，采用 850 组验证数据对所建立的模型进行验证。多模型切换的输出误差如图 5.5 所示，线性多模型切换图如图 5.6 所示。

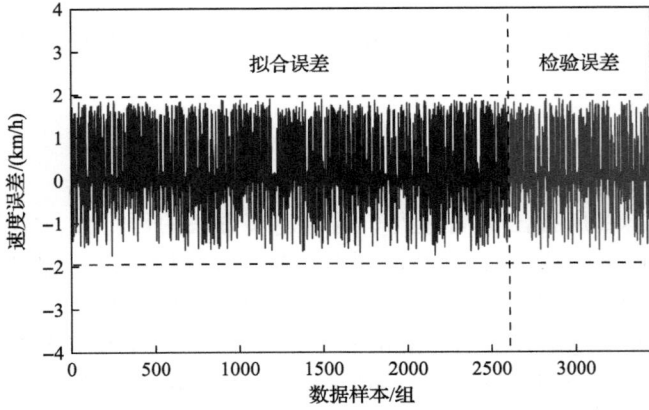

图 5.5　线性多模型切换的输出误差曲线

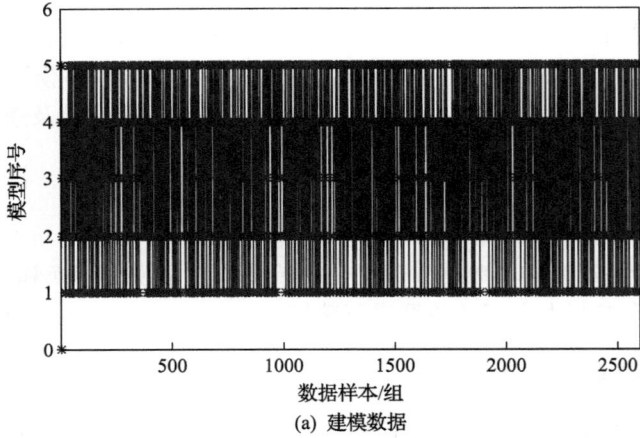

(a) 建模数据

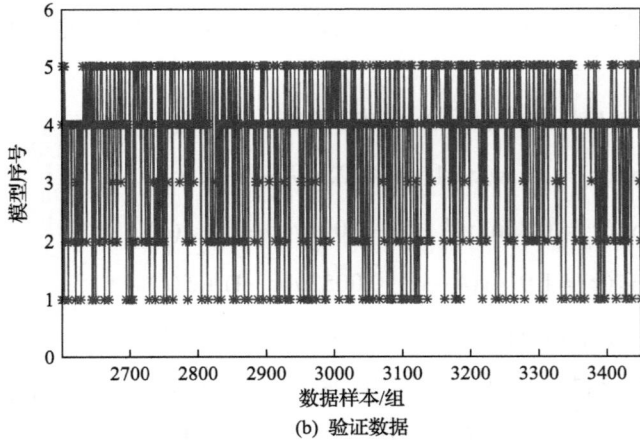

(b) 验证数据

图 5.6　线性多模型切换图

观察图 5.5，线性多模型切换的拟合误差为 $-1.754 \sim 1.8356\mathrm{km/h}$，检验误差为 $-1.7608 \sim 1.8892\mathrm{km/h}$，都在 $\pm 2\mathrm{km/h}$ 范围之内，符合 CTCS-3 级列控系统的定位测速要旨（即 30km/h 以下 ± 2km/h，30km/h 以上不超过速度值的 2%），证明两种建模方法在高速列车运行建模应用中均有效。观察图 5.6(a) 和图 5.6(b)，不管是建模数据还是验证数据，线性多模型都是在 5 个子模型中平稳切换，体现了文献[12]中线性多模型切换建模方法在高速列车运行建模中的有效性。

2. ANFIS 模型

采用 5.3 节的高速列车运行 ANFIS 建模方法对 2600 组建模数据进行建模。同样，首先采用减法聚类将三类数据进行划分，获得 5 条规则，并获得每条规则的前件参数（隶属函数中心 c_{ij} 和宽度 σ_{ij}）。然后，对模糊规则的后件参数采用最小方差估计辨识，得到模糊规则后件参数。接着结合反向传播方法和梯度下降算法对 ANFIS 模型前/后件参数进行优化调整。优化前后的 ANFIS 模糊规则参数如表 5.1 和表 5.2 所示。

表 5.1　ANFIS 模糊规则前件参数

R_i	优化前				优化后			
	c_{i1}	σ_{i1}	c_{i2}	σ_{i2}	c_{i1}	σ_{i1}	c_{i2}	σ_{i2}
R_1	86.56	69.87	493.3	63.67	64.44	69.48	531	29.49
R_2	242	69.87	307.8	63.67	213.8	82.57	348.4	97.29
R_3	171.8	69.87	423.7	63.67	132	70.26	527	27.29
R_4	82.26	68.05	−504.1	110.1	23.02	72.61	−517	105.7
R_5	242.9	68.05	−287.7	110.1	241.5	60.78	−284.5	86.89

表 5.2　ANFIS 模糊规则后件参数

R_i	优化前		优化后	
	θ_1^i	θ_2^i	θ_1^i	θ_2^i
R_1	0.9613	0.0735	0.7007	1.121
R_2	1.021	0.0325	1.002	0.0017
R_3	0.8682	−0.001	−0.4065	−1.652
R_4	1.004	−0.0051	1.002	−0.023
R_5	1.021	−0.0204	1.001	−0.0012

为验证所建 ANFIS 模型的可行性,对所建立的模型同样利用 850 组数据进行验证。其模型输出误差分布图如图 5.7 所示,建模数据和验证数据的均方根误差在模型优化训练过程中的变化曲线如图 5.8 所示。

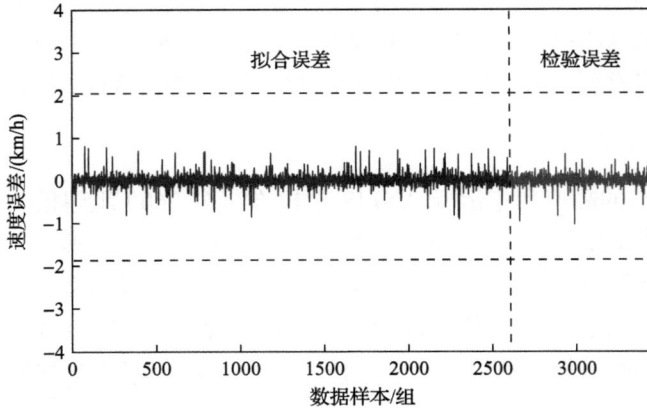

图 5.7 ANFIS 模型输出误差分布图

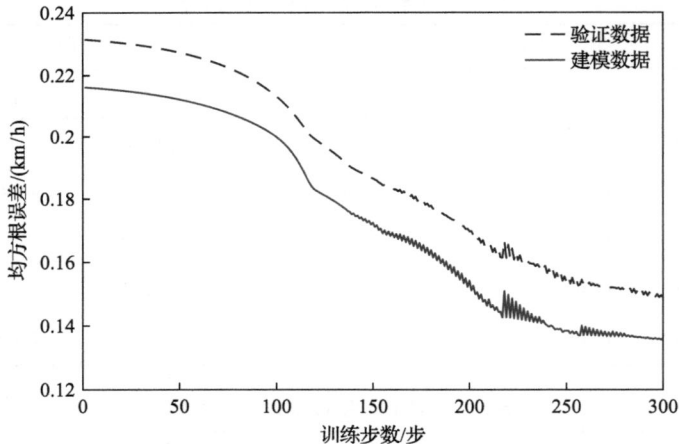

图 5.8 建模数据和验证数据的均方根误差变化曲线

从图 5.7 中可以观察到,建模数据的 ANFIS 模型拟合误差和验证数据的 ANFIS 模型的检验误差分别为 $-0.9148 \sim 0.8113 \text{km/h}$ 和 $-1.067 \sim 0.7251 \text{km/h}$。图 5.8 显示,通过优化训练,验证数据的均方根误差从 0.2314km/h 降到 0.1488km/h,建模数据的均方根误差从 0.2162km/h 降到 0.1356km/h,在训练到 300 步左右的时候均达到最小,所以同时考虑精度和时效,本章确定神经网络梯度下降优化训练步数为 300 步。

3. 仿真结果对比分析

由上述线性多模型切换和 ANFIS 建模仿真结果对比可知，两种方法本质是一致的，都是通过多个子模型/子规则来合成最匹配当前运行的模型，只是 ANFIS 建模通过结合神经网络来训练优化的规则参数，其模型输出误差(图 5.7)比线性多模型切换的模型输出误差(图 5.5)小，进一步逼近了实际运行动态，表明其更适用于高速列车运行过程的建模。

5.5.2　控制验证

基于上面建立的 ANFIS 模型，利用广义预测控制方法，设计列车速度控制器对高速列车在京沪高铁线路的徐州东—济南西区间的运行进行控制，并与文献[12]的基于线性多模型切换的广义预测控制进行对比验证。仿真图如图 5.9～图 5.11 所示，其中，图 5.9 是两种控制方法的速度跟踪曲线；图 5.10 是加速度跟踪曲线；图 5.11 是控制力曲线。图中：SL(speed limit)表示限速；v_r(reference velocity)表示目标速度；a_r(reference acceleration)表示目标加速度；ANFIS 表示基于 ANFIS 模型的广义预测控制方法；LMM(linear multiple model)表示基于线性多模型切换的广义预测控制方法。

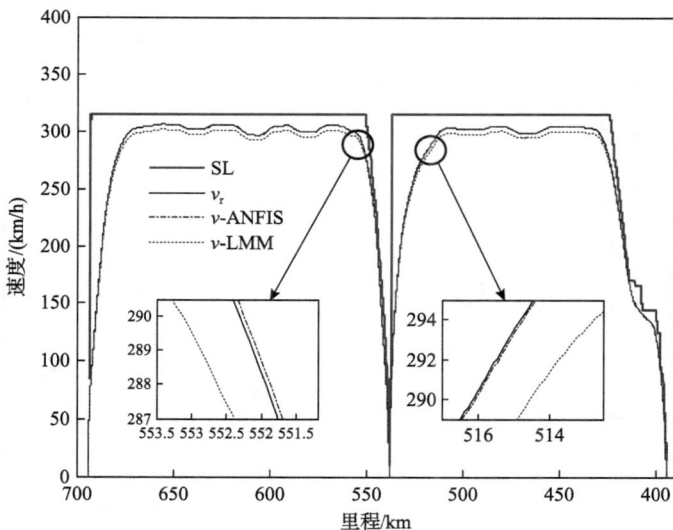

图 5.9　两种控制方法的速度跟踪曲线

从图 5.9 和图 5.10 中可以看出，不管是速度跟踪还是加速度跟踪，在高速列车整个运行过程的不同运行模式下，基于 ANFIS 模型的广义预测控制方法都能很好地逼近目标曲线，其跟踪精度均优于基于线性多模型切换的广义预测控制方法。且后者的加速度跟踪曲线存在明显的跳跃现象，影响了乘客的乘坐舒适性。同样，在图 5.11 的控制力变化曲线中，列车运行模式改变时，基于线性多模型切换的广义预测控制方法存在一些抖动，表明线性多模型切换的平稳性还需提高；而本章方法的控制力能够平滑地变化，体现了本章方法的先进性。

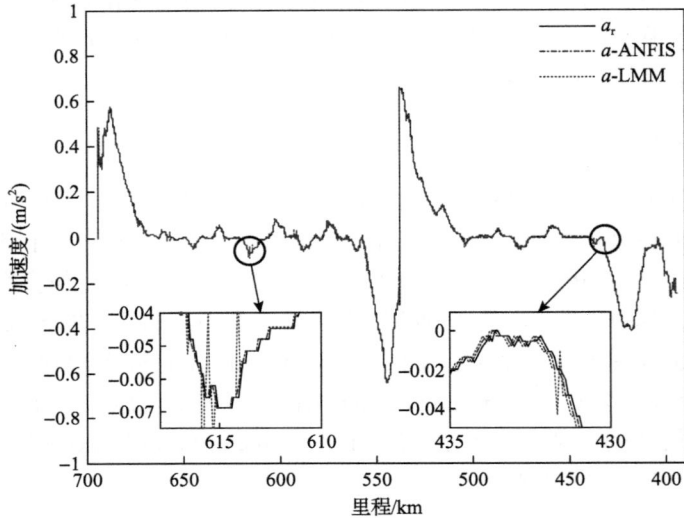

图 5.10　两种控制方法的加速度跟踪曲线

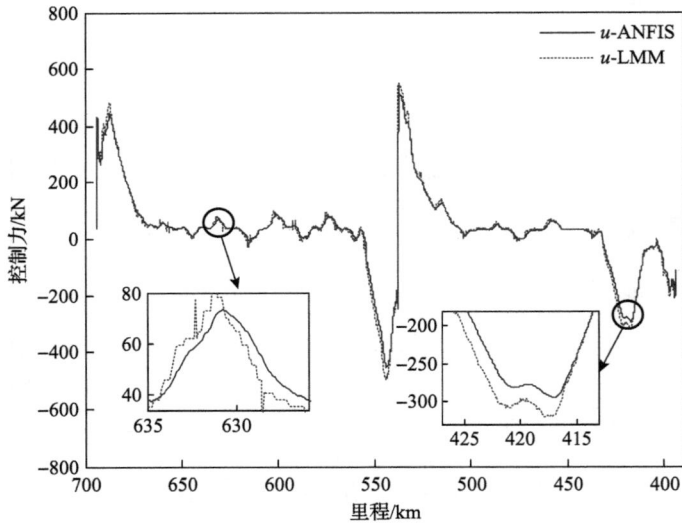

图 5.11　两种控制方法的控制力曲线

5.6　本 章 小 结

　　高速列车是一种运行在多变环境下的非线性动态系统，考虑 ANFIS 既有模糊系统的非线性建模且擅长表达的优点，又有神经网络的自学习能力。本章选用 ANFIS 对高速列车的运行进行精确建模，并基于建立的 ANFIS 模型设计有效的广义预测控制方法保障列车运行性能。通过采集的 CRH380AL 型高速列车的运行数据与线性多模型切换广义预测控制方法的对比实验验证了本章方法的有效性，同时表明 ANFIS 建模有异于普通线性多模型切换，其模型自调整功能使得建模精度更高，更适用于高速列车复杂运行的建模。接下来将以 ANFIS 建模为基础，针对高速列车的多个动力单元的特性，构造相应的多质点模型并设计有效控制器进行列车运行速度控制。

参 考 文 献

[1] Yang H, Fu Y T, Zhang K P, et al. Speed tracking control using an ANFIS model for high-speed electric multiple unit[J]. Control Engineering Practice, 2014, 23(1): 57-65.

[2] 杨辉, 付雅婷, 李中奇, 等. 高速列车 ANFIS 建模与运行速度预测控制方法: ZL201210524520.3[P]. 2016-06-22.

[3] 刘利强, 尹彦博, 齐咏生, 等. 一种多模型融合的风电系统永磁同步发电机数字孪生建模方法[J]. 电机与控制学报, 2023, 27(11): 149-162.

[4] 刘聪, 谢莉, 杨慧中. 基于改进 DPC 的青霉素发酵过程多模型软测量建模[J]. 化工学报, 2021, 72(3): 1606-1615.

[5] Martinez J L, Sotelo E A A, Martinez M O N, et al. Modeling growth on the cannonball jellyfish stomolophus meleagris based on a multi-model inference approach[J]. Hydrobiologia, 2020, 847(6): 1399-1422.

[6] Schiera D S, Barbierato L, Lanzini A, et al. A distributed multimodel platform to cosimulate multienergy systems in smart buildings[J]. IEEE Transactions on Industry Applications, 2021, 57(5): 4428-4440.

[7] Xu K K, Yang H D, Zhu C J, et al. Finite Gaussian mixture model based multimodeling for nonlinear distributed parameter systems[J]. IEEE Transactions on Industrial Informatics, 2020, 16(3): 1754-1763.

[8] Wang H W, Feng P L. Fuzzy modeling of multirate sampled nonlinear systems based on multi-model method[J]. Journal of Systems Engineering and Electronics, 2020, 31(4): 761-769.

[9] Hosseini N, Ghasemi M R, Dizangian B. ANFIS-based optimum design of real power transmission towers with size, shape and panel design variables using BBO algorithm[J]. IEEE

Transactions on Power Delivery, 2022, 37（1）: 29-39.

[10] Mehrasa M, Babaie M, Zafari A, et al. Passivity ANFIS-based control for an intelligent compact multilevel converter[J]. IEEE Transactions on Industrial Informatics, 2021, 17（8）: 5141-5151.

[11] Makarov M, Grossard M, Rodriguezayerbe P, et al. Generalized predictive control of an anthropomorphic robot arm for trajectory tracking[C]. IEEE/ASME International Conference on Advanced Intelligent Mechatronics, Budapest, 2011: 948-953.

[12] 杨辉, 张坤鹏, 王昕, 等. 高速列车多模型广义预测控制方法[J]. 铁道学报, 2011, 33（8）: 80-87.

第6章　数据驱动的高速列车多质点-ANFIS 建模与同步跟踪控制技术

6.1　引　　言

本书已对高速列车运行建模和控制技术进行了较为详尽的研究,这些理论方法能够为高速列车运行过程遇到的未知干扰进行精确补偿,从而为复杂运行环境下的优化控制提供技术保障。然而前述方法是基于列车单质点理论的,由文献[1]可知,高速列车是一个由多个车厢连接而成的运行系统,其运行在坡道、弯道等线路时,前后车厢的受力情况是不一样的。如果仍将高速列车视为一个质点处理,将会使得高速列车运行速度不精确,从而导致高速列车的运行性能受到影响。因此,本章将着重研究讨论高速列车的多质点建模与运行速度的同步跟踪控制。

本章在高速列车由多个动车/拖车连接而成的结构特点的前提下,将每一个车厢视为一个质点,整个列车看成一个质点链,考虑高速列车运行过程中,每个车厢除了受到控制力、运行阻力外,还受到前后车厢的拉力或推力作用。基于高速列车牵引力/制动力特性曲线和真实运行数据,采用 ANFIS 对其运行进行多质点建模,在多质点-ANFIS 模型的基础上,设计高速列车运行速度同步跟踪控制办法,接着详细剖析该控制系统的可行性与稳定性[2,3],并采集短编组 CRH380A 型高速列车的真实运行数据检验本章方法的有效性和优越性。

6.2　问 题 描 述

高速列车运行过程的多质点建模是针对列车由多个车厢连接的特点,把其每一个车厢都看成一个刚性质点,整列动车则视为通过车钩将多个质点连接而成的"质点链"。在高速列车多质点建模之前,应该对其运行过程进行多质点受力分析,本章以 8 车厢的高速列车为例,如图 6.1 所示。

由图 6.1 可以看出,高速列车的所有车厢都受到控制力(牵引力/制动力)的作用,且考虑空气阻力为主的基本阻力、相邻车厢之间的车钩弹簧力对列车的影响,其多质点受力模型可描述为

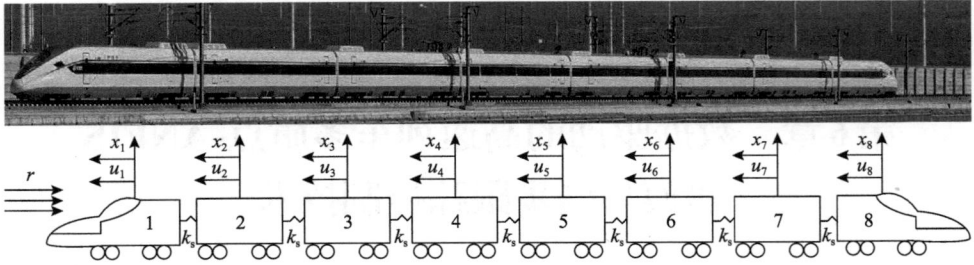

图 6.1　高速列车多质点受力分析

$$\begin{cases} \dfrac{\mathrm{d}v_1}{\mathrm{d}t} = \varepsilon_1\alpha_1 = \varepsilon_1\left[u_1 - k_\mathrm{s}\left(x_1 - x_2\right) - r_1\right] \\ \quad\vdots \\ \dfrac{\mathrm{d}v_j}{\mathrm{d}t} = \varepsilon_j\alpha_j = \varepsilon_j\left[u_j - k_\mathrm{s}\left(x_j - x_{j-1}\right) - k_\mathrm{s}\left(x_j - x_{j+1}\right) - r_j\right] \\ \quad\vdots \\ \dfrac{\mathrm{d}v_n}{\mathrm{d}t} = \varepsilon_n\alpha_n = \varepsilon_n\left[u_n - k_\mathrm{s}\left(x_n - x_{n-1}\right) - r_n\right] \end{cases} \tag{6.1}$$

式中

$$r_j = \underbrace{a_j + b_j v_j}_{r_j^\mathrm{r}} + \underbrace{c_j v_j^2}_{r_j^\mathrm{a}} \tag{6.2}$$

n 是车厢数，本章中 $n=8$；v_j，$x_j(j=2,3,\cdots,n-1)$ 分别是每个车厢的运行速度和运行位移，从高速列车测速测距单元中获取；ε_j 是加速度系数；α_j 是作用在每个车厢上的合力；k_s 是车厢之间车钩的弹簧系数；u_j 是控制力(牵引力/制动力)；r_j 是运行中每个车厢受到的基本阻力；r_j^r、r_j^a 分别是基本阻力中的滚动阻力和空气阻力；a_j、b_j、c_j 是基本阻力系数，其受环境影响而改变。前面章节已经介绍过，当高速列车运行速度不断增大时，系统的非线性特征也不断凸显，在多质点受力分析也是如此。

　　将式(6.2)代入式(6.1)中，并对其进行差分转换，则高速列车 n 个车厢的运行过程可描述为以下非线性关系：

$$\begin{cases} v_1(k+1) = f\left\{v_1(k), u_1(k), x_1(k), x_2(k)\right\} \\ \quad\vdots \\ v_j(k+1) = f\left\{v_j(k), u_j(k), x_{j-1}(k), x_j(k), x_{j+1}(k)\right\} \\ \quad\vdots \\ v_n(k+1) = f\left\{v_n(k), u_n(k), x_{n-1}(k), x_n(k)\right\} \end{cases} \tag{6.3}$$

式中，$j = 2,3,\cdots,n-1$。

6.3 多质点-ANFIS 模型

6.3.1 ANFIS$_j$

考虑高速列车多个车厢连接的特点，首先利用高速列车真实运行速度、位移、控制力数据，结合其牵引力/制动力特性曲线，采用 ANFIS 模型分别对 n 个车厢进行运行建模，然后对 n 个 ANFIS 模型进行整合，从而得到高速列车运行状态空间的多质点-ANFIS 模型，主要建模过程表示如图 6.2 所示。

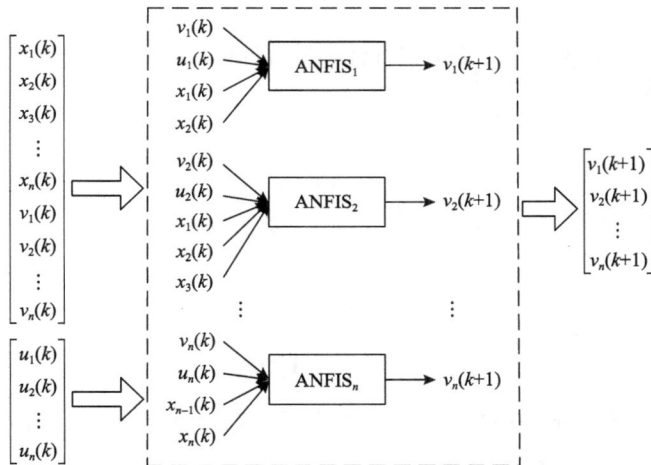

图 6.2 多质点-ANFIS 建模过程

针对第 j 个车厢，利用 ANFIS 建模方法，获得 m 条模糊规则，则第 j 个车厢的 ANFIS 模型（ANFIS$_j$）的第 i 条模糊规则可表示为

$$R_j^i: \quad \text{if} \quad v_j(k) \text{ is } M_{j1}^i, \ u_j(k) \text{ is } M_{j2}^i, \ x_{j-1}(k) \text{ is } M_{j3}^i, \ x_j(k) \text{ is } M_{j4}^i, \ x_{j+1}(k) \text{ is } M_{j5}^i,$$
$$\text{then } v_j^i(k+1) = \lambda_{j1}^i v_j(k) + \lambda_{j2}^i u_j(k) + \lambda_{j3}^i x_{j-1}(k) + \lambda_{j4}^i x_j(k) + \lambda_{j5}^i x_{j+1}(k) + \xi_j^i$$

$$(6.4)$$

式中，$R_j^i (i=1,2,\cdots,m; j=2,3,\cdots,n-1)$ 是 ANFIS$_j$ 模型的第 i 条模糊推理规则；$v_j(k)$、$u_j(k)$、$x_{j-1}(k)$、$x_j(k)$、$x_{j+1}(k)$ 是模型的输入量，可用 $z_l(l=1,2,\cdots,5)$ 表示（对于头车厢和尾车厢，$l=1,2,\cdots,4$）；$v_j^i(k+1)$ 是模型的输出量；$\lambda_{jl}^i(l=1,2,\cdots,5)$ 是 ANFIS$_j$ 模型的后件参数，规则条数为 m；ξ_j^i 是常数项；M_{jl}^i $(l=1,2,\cdots,5)$ 是输

入变量 z_l 的第 i 个模糊集，本章选用高斯函数定义各个输入量对每条规则的隶属度 $\mu_{M_{jl}^i}$：

$$\mu_{M_{jl}^i} = \exp\left[-\frac{\left(z_l - c_{jl}^i\right)^2}{2\left(\sigma_{jl}^i\right)^2}\right] \tag{6.5}$$

式中，c_{jl}^i 和 σ_{jl}^i 代表高斯隶属度函数的中心和宽度，可通过聚类方法获得。参数 $\left\{c_{jl}^i, \sigma_{jl}^i \mid i = 1,2,\cdots,m; \ j = 2,3,\cdots,n-1; \ l = 1,2,\cdots,5\right\}$ 代表了 ANFIS_j 模型的前件参数。

由文献[4]可知，式(6.4)表示的模型可以利用 ANFIS 网络结构获取，则第 j 个车厢的 ANFIS_j 模型总输出为

$$v_j(k+1) = \sum_{i=1}^m \bar{\omega}_j^i \cdot v_j^i(k+1) = \sum_{i=1}^m \bar{\omega}_j^i \left(\lambda_{j1}^i v_j(k) + \lambda_{j2}^i u_j(k) + \lambda_{j3}^i x_{j-1}(k) + \lambda_{j4}^i x_j(k) + \lambda_{j5}^i x_{j+1}(k) + \xi_j^i\right) \tag{6.6}$$

式中

$$\bar{\omega}_j^i = \frac{\omega_j^i}{\displaystyle\sum_{i=1}^m \omega_j^i}, \quad j = 2,3,\cdots,n-1 \tag{6.7}$$

$$\omega_j^i = \prod_{l=1}^5 \mu_{M_{jl}^i} \tag{6.8}$$

结合式(6.5)～式(6.8)，可进一步获得 ANFIS_j 模型的整体结构：

$$
\begin{aligned}
v_j(k+1) &= \left(\sum_{i=1}^m v_j^i(k+1)\prod_{l=1}^5 \mu_{M_{jl}^i}\right) \Bigg/ \left(\sum_{i=1}^m \prod_{l=1}^5 \mu_{M_{jl}^i}\right) \\
&= \left(\sum_{i=1}^m v_j^i(k+1) \cdot \exp\left[-\left(\sum_{l=1}^5 \frac{\left(z_l - c_{jl}^i\right)^2}{2\left(\sigma_{jl}^i\right)^2}\right)\right]\right) \Bigg/ \left(\sum_{i=1}^m \exp\left[-\left(\sum_{l=1}^5 \frac{\left(z_l - c_{jl}^i\right)^2}{2\left(\sigma_{jl}^i\right)^2}\right)\right]\right) \\
&= \frac{\displaystyle\sum_{i=1}^m \exp\left[-\left(\sum_{l=1}^5 \frac{\left(z_l - c_{jl}^i\right)^2}{2\left(\sigma_{jl}^i\right)^2}\right)\right]\left(\lambda_{j1}^i v_j(k) + \lambda_{j2}^i u_j(k) + \lambda_{j3}^i x_{j-1}(k) + \lambda_{j4}^i x_j(k) + \lambda_{j5}^i x_{j+1}(k) + \xi_j^i\right)}{\displaystyle\sum_{i=1}^m \exp\left[-\left(\sum_{l=1}^5 \frac{\left(z_l - c_{jl}^i\right)^2}{2\left(\sigma_{jl}^i\right)^2}\right)\right]}
\end{aligned} \tag{6.9}
$$

为了确定高速列车的 n 个 ANFIS_j 模型，首先需要获得模糊规则数 m 及计算模型的前后件参数 c_{jl}^i、σ_{jl}^i 和 λ_{jl}^i。本章将采用减法聚类和 BP 梯度下降法对模型参数进行初始化和优化学习。

6.3.2　高速列车多质点-ANFIS 模型

对 n 个车厢采用以上建模方法后，式 (6.3) 表示的高速列车非线性关系可表示为以下 n 个 ANFIS_j 模型：

$$
\begin{cases}
v_1(k+1) = \displaystyle\sum_{i=1}^{m} \bar{\omega}_1^i v_1^i(k+1) \\
\qquad\quad = \displaystyle\sum_{i=1}^{m} \bar{\omega}_1^i \left(\lambda_{11}^i v_1(k) + \lambda_{12}^i u_1(k) + \lambda_{13}^i x_1(k) + \lambda_{14}^i x_2(k) + \xi_1^i \right) \\
\qquad\quad \vdots \\
v_j(k+1) = \displaystyle\sum_{i=1}^{m} \bar{\omega}_j^i v_j^i(k+1) \\
\qquad\quad = \displaystyle\sum_{i=1}^{m} \bar{\omega}_j^i \left(\lambda_{j1}^i v_j(k) + \lambda_{j2}^i u_j(k) + \lambda_{j3}^i x_{j-1}(k) + \lambda_{j4}^i x_j(k) + \lambda_{j5}^i x_{j+1}(k) + \xi_j^i \right) \\
\qquad\quad \vdots \\
v_n(k+1) = \displaystyle\sum_{i=1}^{m} \bar{\omega}_n^i v_n^i(k+1) \\
\qquad\quad = \displaystyle\sum_{i=1}^{m} \bar{\omega}_n^i \left(\lambda_{n1}^i v_n(k) + \lambda_{n2}^i u_n(k) + \lambda_{n3}^i x_{n-1}(k) + \lambda_{n4}^i x_n(k) + \xi_n^i \right)
\end{cases}
\tag{6.10}
$$

式中，$i = 1,2,\cdots,m$；$j = 2,3,\cdots,n-1$。

整合以上 n 个车厢的 ANFIS_j 模型，可等效为一个状态空间形式的多质点-ANFIS 模型，具体可表现为式 (6.11)～式 (6.14)，多质点-ANFIS 建模过程可见图 6.2。

$$
\begin{cases}
x(k+1) = \displaystyle\sum_{i=1}^{m} \bar{\omega}^i \left(A^i x(k) + B^i u(k) \right) \\
v(k) = Cx(k)
\end{cases}
\tag{6.11}
$$

式中，$x(k)$ 为状态向量；$u(k)$ 为控制输入向量；$v(k)$ 为输出向量。后件参数 λ_{jl}^i 为矩阵形式，$A^i \in \mathbf{R}^{2n \times 2n}$，$B^i \in \mathbf{R}^{2n \times n}$ 和 $C \in \mathbf{R}^{n \times 2n}$。

以上向量和矩阵记为

$$
x(k) = \left[x_1(k),\cdots,x_n(k),v_1(k),\cdots,v_n(k) \right]^{\mathrm{T}}, \quad u(k) = \left[u_1(k),u_2(k),\cdots,u_n(k) \right]^{\mathrm{T}}
$$

$$
v(k) = \left[v_1(k),v_2(k),\cdots,v_n(k) \right]^{\mathrm{T}}, \quad A^i = \begin{bmatrix} I_{n \times n} & I_{n \times n} \\ A_{21}^i & A_{22}^i \end{bmatrix}
$$

$$B^i = \begin{bmatrix} 0_{n\times n} \\ B^i_{21} \end{bmatrix}, \quad C = \begin{bmatrix} 0_{n\times n} & I_{n\times n} \end{bmatrix}, \quad \bar{\omega}^i = \begin{bmatrix} 0_{n\times n} \\ \bar{\omega}^i_{21} \end{bmatrix}$$

式中

$$A^i_{21} = \begin{bmatrix} \lambda^i_{13} & \lambda^i_{14} & 0 & 0 & 0 & \cdots & 0 \\ \lambda^i_{23} & \lambda^i_{24} & \lambda^i_{25} & 0 & 0 & \cdots & 0 \\ 0 & \lambda^i_{33} & \lambda^i_{34} & \lambda^i_{35} & 0 & \cdots & 0 \\ \vdots & \vdots & \vdots & \vdots & \vdots & & \vdots \\ 0 & 0 & 0 & 0 & 0 & \cdots & 0 \\ 0 & 0 & \cdots & 0 & \lambda^i_{(n-1)3} & \lambda^i_{(n-1)4} & \lambda^i_{(n-1)5} \\ 0 & 0 & \cdots & 0 & 0 & \lambda^i_{n3} & \lambda^i_{n4} \end{bmatrix}_{n\times n} \tag{6.12}$$

$$A^i_{22} = \begin{bmatrix} \lambda^i_{11} & 0 & \cdots & 0 \\ 0 & \lambda^i_{21} & \cdots & 0 \\ \vdots & \vdots & & \vdots \\ 0 & 0 & \cdots & \lambda^i_{n1} \end{bmatrix}_{n\times n}, \quad B^i_{21} = \begin{bmatrix} \lambda^i_{12} & 0 & \cdots & 0 \\ 0 & \lambda^i_{22} & \cdots & 0 \\ \vdots & \vdots & & \vdots \\ 0 & 0 & \cdots & \lambda^i_{n2} \end{bmatrix}_{n\times n} \tag{6.13}$$

$$\bar{\omega}^i_{21} = \begin{bmatrix} \bar{\omega}^i_1 & 0 & \cdots & 0 \\ 0 & \bar{\omega}^i_2 & \cdots & 0 \\ \vdots & \vdots & & \vdots \\ 0 & 0 & \cdots & \bar{\omega}^i_n \end{bmatrix}_{n\times n} \tag{6.14}$$

6.4　高速列车运行速度同步跟踪控制

6.4.1　基于状态空间的模型预测控制

1. 预测控制[5,6]

针对如下离散型状态空间模型：

$$\begin{cases} x(k+1) = Ax(k) + B_u u(k) + B_d d(k) \\ y_c(k) = C_c x(k) \end{cases} \tag{6.15}$$

式中，$x(k) \in \mathbf{R}^{n_x}$ 是状态向量；$u(k) \in \mathbf{R}^{n_u}$ 是控制输入向量；$y_c(k) \in \mathbf{R}^{n_c}$ 是输出向量；$d(k) \in \mathbf{R}^{n_d}$ 是可测的外部干扰向量。

假定系统中的所有状态是可测的，为了避免静态误差，将以上状态空间模型改成以下增量形式：

$$
\begin{cases}
\Delta x(k+1) = A\Delta x(k) + B_u \Delta u(k) + B_d \Delta d(k) \\
y_c(k) = C_c \Delta x(k) + y_c(k-1)
\end{cases}
\tag{6.16}
$$

式中，$\Delta x(k) = x(k) - x(k-1)$；$\Delta u(k) = u(k) - u(k-1)$；$\Delta d(k) = d(k) - d(k-1)$。

把最近获得的输入值作为初始值，并在式 (6.16) 的基础上，来预测将来的动态。令预测时间长度为 p，控制时间长度为 m，在此 $m \leqslant p$。接下来通过公式推出系统的预测方程。为此，系统中应假定以下条件：

(1) 控制时间 m 之外，控制量不变，即 $\Delta u(k+i) = 0, i = m, m+1, \cdots, p-1$。

(2) 可测干扰在 k 时刻之后不变，即 $\Delta d(k+i) = 0, i = 1, 2, \cdots, p-1$。

考虑在 $m < p$ 情况下，在 m 之外的时间仍需要控制输入来预测系统的将来动态，因此通过假定条件 (1)、假定条件 (2) 已知并固定干扰是为了方便接下来的推导。

对于当下状态值 $x(k)$，求得其状态增量 $\Delta x(k) = x(k) - x(k-1)$，把其当成将来预测动态的起始。据此，能够推导将来 $k+1$ 到 $k+3$ 时刻的状态增量为

$$
\begin{cases}
\Delta x(k+1 \mid k) = A\Delta x(k) + B_u \Delta u(k) + B_d \Delta d(k) \\
\Delta x(k+2 \mid k) = A\Delta x(k+1) + B_u \Delta u(k+1) + B_d \Delta d(k+1) \\
\qquad = A^2 \Delta x(k) + AB_u \Delta u(k) + B_u \Delta u(k+1) + AB_d \Delta d(k) \\
\Delta x(k+3 \mid k) = A\Delta x(k+2) + B_u \Delta u(k+2) + B_d \Delta d(k+2) \\
\qquad = A^3 \Delta x(k) + A^2 B_u \Delta u(k) + AB_u \Delta u(k+1) + B_u \Delta u(k+2) + A^2 B_d \Delta d(k)
\end{cases}
\tag{6.17}
$$

式中，$k+1 \mid k$ 表示在当下 k 时刻预测其将来 $k+1$ 时刻的状态输出，在式 (6.17) 基础上，继续预测将来 $k+m$ 到 $k+p$ 时刻的状态增量：

$$
\begin{cases}
\Delta x(k+m \mid k) = A\Delta x(k+m-1) + B_u \Delta u(k+m-1) + B_d \Delta d(k+m-1) \\
\qquad = A^m \Delta x(k) + A^{m-1} B_u \Delta u(k) + A^{m-2} B_u \Delta u(k+1) \\
\qquad\quad + \cdots + B_u \Delta u(k+m-1) + A^{m-1} B_d \Delta d(k) \\
\qquad \vdots \\
\Delta x(k+p \mid k) = A\Delta x(k+p-1) + B_u \Delta u(k+p-1) + B_d \Delta d(k+p-1) \\
\qquad = A^p \Delta x(k) + A^{p-1} B_u \Delta u(k) + A^{p-2} B_u \Delta u(k+1) \\
\qquad\quad + \cdots + A^{p-m} B_u \Delta u(k+m-1) + A^{p-1} B_d \Delta d(k)
\end{cases}
\tag{6.18}
$$

从而，通过式 (6.16) 中的输出方程能够预测将来 $k+1$ 到 $k+p$ 时刻的输出量：

$$y_c(k+1\,|\,k) = C_c\Delta x(k+1\,|\,k) + y_c(k) = C_cA\Delta x(k) + C_cB_u\Delta u(k) + C_cB_d\Delta d(k) + y_c(k)$$

$$y_c(k+2\,|\,k) = C_c\Delta x(k+2\,|\,k) + y_c(k+1\,|\,k)$$

$$= \left(C_cA^2 + C_cA\right)\Delta x(k) + \left(C_cAB_u + C_cB_u\right)\Delta u(k)$$

$$+ C_cB_u\Delta u(k+1) + \left(C_cAB_d + C_cB_d\right)\Delta d(k) + y_c(k)$$

$$\vdots$$

$$y_c(k+m\,|\,k) = C_c\Delta x(k+m\,|\,k) + y_c(k+m-1\,|\,k)$$

$$= \sum_{i=1}^{m} C_cA^i\Delta x(k) + \sum_{i=1}^{m} C_cA^{i-1}B_u\Delta u(k)$$

$$+ \sum_{i=1}^{m} C_cA^{i-1}B_u\Delta u(k+1) + \cdots + C_cB_u\Delta u(k+m-1) + \sum_{i=1}^{m} C_cA^{i-1}B_d\Delta d(k) + y_c(k)$$

$$\vdots$$

$$y_c(k+p\,|\,k) = C_c\Delta x(k+p\,|\,k) + y_c(k+p-1\,|\,k)$$

$$= \sum_{i=1}^{p} C_cA^i\Delta x(k) + \sum_{i=1}^{p} C_cA^{i-1}B_u\Delta u(k)$$

$$+ \sum_{i=1}^{p-1} C_cA^{i-1}B_u\Delta u(k+1) + \cdots + \sum_{i=1}^{p-m+1} C_cA^{i-1}B_u\Delta u(k+m-1)$$

$$+ \sum_{i=1}^{p} C_cA^{i-1}B_d\Delta d(k) + y_c(k)$$

$$\tag{6.19}$$

拟定 p 步预测输出向量和 m 步输入控制增量向量如式 (6.20)、式 (6.21) 所示：

$$Y_p(k+1\,|\,k) \overset{\text{def}}{=\!=} \begin{bmatrix} y_c(k+1\,|\,k) \\ y_c(k+2\,|\,k) \\ \vdots \\ y_c(k+p\,|\,k) \end{bmatrix}_{p\times 1} \tag{6.20}$$

$$\Delta U(k) \overset{\text{def}}{=\!=} \begin{bmatrix} \Delta u(k) \\ \Delta u(k+1) \\ \vdots \\ \Delta u(k+m-1) \end{bmatrix}_{m\times 1} \tag{6.21}$$

从而，对系统将来的预测输出能够通过以下预测方程获得：

$$Y_p(k+1\,|\,k) = S_x\Delta x(k) + \iota y_c(k) + S_d\Delta d(k) + S_u\Delta U(k) \tag{6.22}$$

式中

$$S_x = \begin{bmatrix} C_c A \\ \sum\limits_{i=1}^{2} C_c A^i \\ \vdots \\ \sum\limits_{i=1}^{p} C_c A^i \end{bmatrix}_{p\times 1}, \quad \iota = \begin{bmatrix} I_{n_c\times n_c} \\ I_{n_c\times n_c} \\ \vdots \\ I_{n_c\times n_c} \end{bmatrix}_{p\times 1}, \quad S_d = \begin{bmatrix} C_c B_d \\ \sum\limits_{i=1}^{2} C_c A^{i-1} B_d \\ \vdots \\ \sum\limits_{i=1}^{p} C_c A^{i-1} B_d \end{bmatrix}_{p\times 1} \tag{6.23}$$

$$S_u = \begin{bmatrix} C_c B_u & 0 & 0 & \cdots & 0 \\ \sum\limits_{i=1}^{2} C_c A^{i-1} B_u & C_c B_u & 0 & \cdots & 0 \\ \vdots & \vdots & \vdots & & \vdots \\ \sum\limits_{i=1}^{m} C_c A^{i-1} B_u & \sum\limits_{i=1}^{m-1} C_c A^{i-1} B_u & \sum\limits_{i=1}^{m-2} C_c A^{i-1} B_u & \cdots & C_c B_u \\ \vdots & \vdots & \vdots & & \vdots \\ \sum\limits_{i=1}^{p} C_c A^{i-1} B_u & \sum\limits_{i=1}^{p-1} C_c A^{i-1} B_u & \sum\limits_{i=1}^{p-2} C_c A^{i-1} B_u & \cdots & \sum\limits_{i=1}^{p-m+1} C_c A^{i-1} B_u \end{bmatrix}_{p\times m} \tag{6.24}$$

式中，可以通过 S_u 矩阵的下三角形式了解系统在时间序列上的因果关系。例如在 $k+1$ 时刻的输入量与前一时刻 k 的输出并没有关系，相同的，在 $k+2$ 时刻的输入量与时刻 k 与 $k+1$ 的输出也没有关系，以此类推。

2. 最优控制律

针对以下线性离散时间系统的状态增量：

$$\begin{cases} \Delta x(k+1) = A\Delta x(k) + B_u\Delta u(k) + B_d\Delta d(k) \\ y_c(k) = C_c\Delta x(k) + y_c(k-1) \\ y_b(k) = C_b\Delta x(k) + y_b(k-1) \end{cases} \tag{6.25}$$

式中，$\Delta x(k) = x(k) - x(k-1)$；$\Delta u(k) = u(k) - u(k-1)$；$\Delta d(k) = d(k) - d(k-1)$；$\Delta x(k) \in \mathbf{R}^{n_x}$ 为状态增量；$\Delta u(k) \in \mathbf{R}^{n_u}$ 为控制输入增量；$\Delta d(k) \in \mathbf{R}^{n_d}$ 为外部干扰增量，且是可测的；$y_c(k) \in \mathbf{R}^{n_c}$ 为被控输出向量；$y_b(k) \in \mathbf{R}^{n_b}$ 为约束输出向量；A、B_u、B_d、C_c 和 C_b 为系统的矩阵系数。

针对控制目标：使被控输出 y_c 跟踪参考目标输入 r ，并且系统的控制量 $u(k)$ 、控制增量 $\Delta u(k)$ 和输出量 $y_b(k)$ 都应符合以下约束：

$$
\begin{cases}
u_{\min}(k) \leqslant u(k) \leqslant u_{\max}(k), & \forall k \geqslant 0 \\
\Delta u_{\min}(k) \leqslant \Delta u(k) \leqslant \Delta u_{\max}(k), & \forall k \geqslant 0 \\
y_{\min}(k) \leqslant y_b(k) \leqslant y_{\max}(k), & \forall k \geqslant 0
\end{cases}
\tag{6.26}
$$

为求解简便，在此假定系统的所有状态量都是可测的。则依据预测控制的基本原理，具有约束的模型预测控制的优化问题表示如下。

问题 1

$$
\min_{\Delta U(k)} J\big(x(k), \Delta U(k)\big)
$$

满足系统动力学

$$
\begin{cases}
\Delta x(k+i+1\,|\,k) = A\Delta x(k+i\,|\,k) + B_u\Delta u(k+i) + B_d\Delta d(k+i) \\
\Delta x(k\,|\,k) = \Delta x(k) \\
y_c(k+i\,|\,k) = C_c\Delta x(k+i\,|\,k) + y_c(k+i-1\,|\,k), & i \geqslant 1 \\
y_c(k\,|\,k) = y_c(k) \\
y_b(k+i\,|\,k) = C_b\Delta x(k+i\,|\,k) + y_b(k+i-1\,|\,k), & i \geqslant 1 \\
y_b(k\,|\,k) = y_b(k)
\end{cases}
\tag{6.27}
$$

及时域约束

$$
\begin{cases}
u_{\min}(k+i) \leqslant u(k+i) \leqslant u_{\max}(k+i), & i = 0,1,\cdots,m-1 \\
\Delta u_{\min}(k+i) \leqslant \Delta u(k+i) \leqslant \Delta u_{\max}(k+i), & i = 0,1,\cdots,m-1 \\
y_{\min}(k+i) \leqslant y_b(k+i) \leqslant y_{\max}(k+i), & i = 1,2,\cdots,p
\end{cases}
\tag{6.28}
$$

式中

$$
J\big(x(k), \Delta U(k)\big) = \|\Gamma_y\big(Y_{p,c}(k+1\,|\,k) - R(k+1)\big)\|^2 + \|\Gamma_u\Delta U(k)\|^2
\tag{6.29}
$$

以上优化问题中的 Γ_y 和 Γ_u 代表的是加权矩阵，设为

$$
\Gamma_y = \mathrm{diag}\big\{\Gamma_{y,1}, \Gamma_{y,2}, \cdots, \Gamma_{y,p}\big\}_{p\times p}, \quad \Gamma_u = \mathrm{diag}\big\{\Gamma_{u,1}, \Gamma_{u,2}, \cdots, \Gamma_{u,m}\big\}_{m\times m}
\tag{6.30}
$$

$R(k+1)$ 是给定的目标参考向量，为

$$R(k+1) = \begin{bmatrix} r(k+1) \\ r(k+2) \\ \vdots \\ r(k+p) \end{bmatrix}_{p \times 1} \tag{6.31}$$

$\Delta U(k)$ 是控制增量向量，是约束优化问题的独立变量，可表示成

$$\Delta U(k) \xlongequal{\text{def}} \begin{bmatrix} \Delta u(k) \\ \Delta u(k+1) \\ \vdots \\ \Delta u(k+m-1) \end{bmatrix}_{m \times 1} \tag{6.32}$$

$Y_{p,c}(k+1 \,|\, k)$ 是在 k 时刻根据式 (6.19) 预测的未来 p 步的控制输出，表示为

$$Y_{p,c}(k+1 \,|\, k) \xlongequal{\text{def}} \begin{bmatrix} y_c(k+1 \,|\, k) \\ y_c(k+2 \,|\, k) \\ \vdots \\ y_c(k+p \,|\, k) \end{bmatrix}_{p \times 1} \tag{6.33}$$

从而，预测控制输出 $y_c(k+i \,|\, k)$ 和约束输出 $y_b(k+i \,|\, k)$ 可通过式 (6.27) 获得。倘若状态并不是所有都可测，那么就将状态估计看成是预测系统未来动态的初始条件，也就是式 (6.27) 改写为

$$\begin{cases} \Delta x(k+i+1 \,|\, k) = A\Delta x(k+i \,|\, k)(k) + B_u \Delta u(k+i) + B_d \Delta d(k+i) \\ \Delta x(k \,|\, k) = \Delta \hat{x}(k) \\ y_c(k+i \,|\, k) = C_c \Delta x(k+i \,|\, k) + y_c(k+i-1 \,|\, k), \quad i \geqslant 1 \\ y_c(k \,|\, k) = \hat{y}_c(k) \\ y_b(k+i \,|\, k) = C_b \Delta x(k+i \,|\, k) + y_b(k+i-1 \,|\, k), \quad i \geqslant 1 \\ y_b(k \,|\, k) = \hat{y}_b(k) \end{cases} \tag{6.34}$$

据此，通过以下方程计算获得：

$$Y_{p,c}(k+1 \,|\, k) = S_x \Delta x(k) + \iota y_c(k) + S_d \Delta d(k) + S_u \Delta U(k) \tag{6.35}$$

式中

$$
S_x = \begin{bmatrix} C_c A \\ C_c A^2 + C_c A \\ \vdots \\ \sum_{i=1}^{p} C_c A^i \end{bmatrix}_{p \times 1}, \quad \iota = \begin{bmatrix} I_{n_c \times n_c} \\ I_{n_c \times n_c} \\ \vdots \\ I_{n_c \times n_c} \end{bmatrix}_{p \times 1}, \quad S_d = \begin{bmatrix} C_c B_d \\ C_c A B_d + C_c B_d \\ \vdots \\ \sum_{i=1}^{p} C_c A^{i-1} B_d \end{bmatrix}_{p \times 1} \tag{6.36}
$$

$$
S_u = \begin{bmatrix} C_c B_u & 0 & 0 & \cdots & 0 \\ \sum_{i=1}^{2} C_c A^{i-1} B_u & C_c B_u & 0 & \cdots & 0 \\ \vdots & \vdots & \vdots & & \vdots \\ \sum_{i=1}^{m} C_c A^{i-1} B_u & \sum_{i=1}^{m-1} C_c A^{i-1} B_u & \sum_{i=1}^{m-2} C_c A^{i-1} B_u & \cdots & C_c B_u \\ \vdots & \vdots & \vdots & & \vdots \\ \sum_{i=1}^{p} C_c A^{i-1} B_u & \sum_{i=1}^{p-1} C_c A^{i-1} B_u & \sum_{i=1}^{p-2} C_c A^{i-1} B_u & \cdots & \sum_{i=1}^{p-m+1} C_c A^{i-1} B_u \end{bmatrix}_{p \times m} \tag{6.37}
$$

考虑到时域约束 (6.28) 的限制，优化问题 1 的解析解很难通过求解获得。所以，利用数值求解的方式来获得优化问题 1 的解。其实优化问题 1 是一个二次规划问题，可以把它改成 QP 形式。

首先把目标函数 (6.29) 改写成 $z^T H z - g^T z$，这里 $z = \Delta U(k)$ 指的是优化问题的独立变量。进而结合预测方程 (6.35) 和目标函数 (6.29)，且定义：

$$
E_p(k+1 \mid k) \xlongequal{\text{def}} R(k+1) - \iota y_c(k) + S_x \Delta x(k) - S_d \Delta d(k) \tag{6.38}
$$

从而，目标函数变为

$$
\begin{aligned}
J &= \left\| \Gamma_y \left(S_u \Delta U(k) - E_p(k+1 \mid k) \right) \right\|^2 \\
&= \Delta U^T(k) S_u^T \Gamma_y^T \Gamma_y S_u \Delta U(k) + \Delta U^T(k) \Gamma_u^T \Gamma_u \Delta U(k) \\
&\quad - 2 E_p^T(k+1 \mid k) \Gamma_y^T \Gamma_y S_u \Delta U(k) + E_p^T(k+1 \mid k) \Gamma_y^T \Gamma_y E_p(k+1 \mid k)
\end{aligned} \tag{6.39}
$$

考虑到 $E_p^T(k+1 \mid k) \Gamma_y^T \Gamma_y E_p(k+1 \mid k)$ 和控制增量向量 $\Delta U(k)$ 没有关系，在此优化问题上，式 (6.39) 可等价于

$$
\tilde{J} = \Delta U^T(k) H \Delta U(k) - G^T(k+1 \mid k) \Delta U(k) \tag{6.40}
$$

式中

$$
H = S_u^T \Gamma_y^T \Gamma_y S_u + \Gamma_u^T \Gamma_u \tag{6.41}
$$

$$G(k+1\,|\,k) = 2S_u^{\mathrm{T}}\varGamma_y^{\mathrm{T}}\varGamma_y E_p(k+1\,|\,k) \tag{6.42}$$

接下来将式 (6.28) 中的控制量约束与控制增量约束改写成 $Cz \geqslant b$ 的形式,可表示为

$$\begin{bmatrix} -T \\ T \end{bmatrix}\Delta U(k) \geqslant \begin{bmatrix} -\Delta u_{\max}(k) \\ \vdots \\ -\Delta u_{\max}(k+m-1) \\ \Delta u_{\min}(k) \\ \vdots \\ \Delta u_{\min}(k+m-1) \end{bmatrix} \tag{6.43}$$

$$\begin{bmatrix} -L \\ L \end{bmatrix}\Delta U(k) \geqslant \begin{bmatrix} u(k-1)-u_{\max}(k) \\ \vdots \\ u(k-1)-u_{\max}(k+m-1) \\ u_{\min}(k)-u(k-1) \\ \vdots \\ u_{\min}(k+m-1)-u(k-1) \end{bmatrix} \tag{6.44}$$

式中

$$T = \begin{bmatrix} I_{n_u \times n_u} & 0 & \cdots & 0 \\ 0 & I_{n_u \times n_u} & \cdots & 0 \\ \vdots & \vdots & & \vdots \\ 0 & 0 & \cdots & I_{n_u \times n_u} \end{bmatrix}_{m \times m}, \quad L = \begin{bmatrix} I_{n_u \times n_u} & 0 & \cdots & 0 \\ I_{n_u \times n_u} & I_{n_u \times n_u} & \cdots & 0 \\ \vdots & \vdots & & \vdots \\ I_{n_u \times n_u} & I_{n_u \times n_u} & \cdots & I_{n_u \times n_u} \end{bmatrix}_{m \times m} \tag{6.45}$$

同样把式 (6.28) 中的输出约束也改写成 $Cz \geqslant b$ 的形式。鉴于此,约束输出的预测方程应该被构造。起初,根据式 (6.27) 中的动态方程和初始条件进行 p 步状态预测,即

$$\begin{cases} \Delta x(k+1\,|\,k) = A\Delta x(k) + B_u\Delta u(k) + B_d\Delta d(k) \\ \Delta x(k+2\,|\,k) = A^2\Delta x(k) + AB_u\Delta u(k) + B_u\Delta u(k+1) + AB_d\Delta d(k) \\ \quad\vdots \\ \Delta x(k+m\,|\,k) = A^m\Delta x(k) + A^{m-1}B_u\Delta u(k) + A^{m-2}B_u\Delta u(k+1) \\ \qquad\qquad\quad + \cdots + B_u\Delta u(k+m-1) + A^{m-1}B_d\Delta d(k) \\ \quad\vdots \\ \Delta x(k+p\,|\,k) = A^p\Delta x(k) + A^{p-1}B_u\Delta u(k) + A^{p-2}B_u\Delta u(k+1) \\ \qquad\qquad\quad + \cdots + A^{p-m}B_u\Delta u(k+m-1) + A^{p-1}B_d\Delta d(k) \end{cases} \tag{6.46}$$

随后，由式 (6.27) 中的约束输出方程可预测 p 步约束输出：

$$\begin{cases}
y_b(k+1\,|\,k) = C_b\Delta x(k+1\,|\,k) + y_b(k) \\
\qquad\qquad = C_bA\Delta x(k) + C_bB_u\Delta u(k) + C_bB_d\Delta d(k) + y_b(k) \\
y_b(k+2\,|\,k) = C_b\Delta x(k+2\,|\,k) + y_b(k+1\,|\,k) \\
\qquad\qquad = \left(C_bA^2 + C_bA\right)\Delta x(k) + \left(C_bAB_u + C_bB_u\right)\Delta u(k) \\
\qquad\qquad\quad + C_bB_u\Delta u(k+1) + \left(C_bAB_d + C_bB_d\right)\Delta d(k) + y_b(k) \\
\qquad\vdots \\
y_b(k+m\,|\,k) = C_b\Delta x(k+m\,|\,k) + y_b(k+m-1\,|\,k) \\
\qquad\qquad = \sum_{i=1}^{m}C_bA^i\Delta x(k) + \sum_{i=1}^{m}C_bA^{i-1}B_u\Delta u(k) \\
\qquad\qquad\quad + \sum_{i=1}^{m}C_bA^{i-1}B_u\Delta u(k+1) + \cdots + C_bB_u\Delta u(k+m-1) \\
\qquad\qquad\quad + \sum_{i=1}^{m}C_bA^{i-1}B_d\Delta d(k) + y_b(k) \\
\qquad\vdots \\
y_b(k+p\,|\,k) = C_b\Delta x(k+p\,|\,k) + y_b(k+p-1\,|\,k) \\
\qquad\qquad = \sum_{i=1}^{p}C_bA^i\Delta x(k) + \sum_{i=1}^{p}C_bA^{i-1}B_u\Delta u(k) \\
\qquad\qquad\quad + \sum_{i=1}^{p-1}C_bA^{i-1}B_u\Delta u(k+1) + \cdots + \sum_{i=1}^{p-m+1}C_bA^{i-1}B_u\Delta u(k+m-1) \\
\qquad\qquad\quad + \sum_{i=1}^{p}C_bA^{i-1}B_d\Delta d(k) + y_b(k)
\end{cases} \tag{6.47}$$

定义向量

$$Y_{p,b}(k+1\,|\,k) \stackrel{\text{def}}{=\!=} \begin{bmatrix} y_b(k+1\,|\,k) \\ y_b(k+2\,|\,k) \\ \vdots \\ y_b(k+p\,|\,k) \end{bmatrix}_{p\times1}, \quad \Delta U(k) \stackrel{\text{def}}{=\!=} \begin{bmatrix} \Delta u(k) \\ \Delta u(k+1) \\ \vdots \\ \Delta u(k+m-1) \end{bmatrix}_{m\times1} \tag{6.48}$$

那么，对系统将来 p 步的约束输出预测，能够通过以下的预测方程获得：

$$Y_{p,b}(k+1\,|\,k) = S_{x,b}\Delta x(k) + \iota_b y_b(k) + S_{d,b}\Delta d(k) + S_{u,b}\Delta U(k) \tag{6.49}$$

式中

$$S_{x,b} = \begin{bmatrix} C_b A \\ \sum\limits_{i=1}^{2} C_b A^i \\ \vdots \\ \sum\limits_{i=1}^{p} C_b A^i \end{bmatrix}_{p \times 1}, \quad \iota_b = \begin{bmatrix} I_{n_b \times n_b} \\ I_{n_b \times n_b} \\ \vdots \\ I_{n_b \times n_b} \end{bmatrix}_{p \times 1}, \quad S_{d,b} = \begin{bmatrix} C_b B_d \\ \sum\limits_{i=1}^{2} C_b A^{i-1} B_d \\ \vdots \\ \sum\limits_{i=1}^{p} C_b A^{i-1} B_d \end{bmatrix}_{p \times 1} \tag{6.50}$$

$$S_{u,b} = \begin{bmatrix} C_b B_u & 0 & 0 & \cdots & 0 \\ \sum\limits_{i=1}^{2} C_b A^{i-1} B_u & C_b B_u & 0 & \cdots & 0 \\ \vdots & \vdots & \vdots & & \vdots \\ \sum\limits_{i=1}^{m} C_b A^{i-1} B_u & \sum\limits_{i=1}^{m-1} C_b A^{i-1} B_u & \sum\limits_{i=1}^{m-2} C_b A^{i-1} B_u & \cdots & C_b B_u \\ \vdots & \vdots & \vdots & & \vdots \\ \sum\limits_{i=1}^{p} C_b A^{i-1} B_u & \sum\limits_{i=1}^{p-1} C_b A^{i-1} B_u & \sum\limits_{i=1}^{p-2} C_b A^{i-1} B_u & \cdots & \sum\limits_{i=1}^{p-m+1} C_b A^{i-1} B_u \end{bmatrix}_{p \times m} \tag{6.51}$$

记

$$Y_{\min}(k+1) = \begin{bmatrix} y_{\min}(k+1) \\ y_{\min}(k+2) \\ \vdots \\ y_{\min}(k+p) \end{bmatrix}_{p \times 1}, \quad Y_{\max}(k+1) = \begin{bmatrix} y_{\max}(k+1) \\ y_{\max}(k+2) \\ \vdots \\ y_{\max}(k+p) \end{bmatrix}_{p \times 1} \tag{6.52}$$

式中，$y_{\min}(k+i), y_{\max}(k+i) \in \mathbf{R}^{n_b}, i = 1, 2, \cdots, p$。从而式 (6.26) 的输出约束可改写成下面的向量形式：

$$Y_{\min}(k+1) \leqslant Y_{p,b}(k+1 \,|\, k) \leqslant Y_{\max}(k+1) \tag{6.53}$$

结合约束输出预测方程 (6.50) 和式 (6.53)，则式 (6.26) 中的输出约束可改写成：

$$\begin{bmatrix} -S_{u,b} \\ S_{u,b} \end{bmatrix} \Delta U(k) \geqslant \begin{bmatrix} \big(S_{x,b} \Delta x(k) + \iota_b y_b(k) + S_{d,b} \Delta d(k) \big) - Y_{\max}(k+1) \\ -\big(S_{x,b} \Delta x(k) + \iota_b y_b(k) + S_{d,b} \Delta d(k) \big) + Y_{\min}(k+1) \end{bmatrix} \tag{6.54}$$

综合考虑式 (6.40)～式 (6.54)，约束模型预测控制的优化问题 1 可以改写成下面的 QP 问题形式：

$$\min_{\Delta U(k)} \Delta U^{\mathrm{T}}(k) H \Delta U(k) - G^{\mathrm{T}}(k+1|k) \Delta U(k) \tag{6.55}$$

满足

$$C_u \Delta U(k) \geqslant b(k+1|k) \tag{6.56}$$

式(6.55)中的矩阵 H 和 $G(k+1|k)$ 可通过式(6.41)和式(6.42)获得。

$$C_u = \begin{bmatrix} -T^{\mathrm{T}} & T^{\mathrm{T}} & -L^{\mathrm{T}} & L^{\mathrm{T}} & -S_{u,b}^{\mathrm{T}} & S_{u,b}^{\mathrm{T}} \end{bmatrix}_{(4m+2p)\times 1}^{\mathrm{T}} \tag{6.57}$$

$$b(k+1|k) = \begin{bmatrix} -\Delta u_{\max}(k) \\ \vdots \\ -\Delta u_{\max}(k+m-1) \\ \Delta u_{\min}(k) \\ \vdots \\ \Delta u_{\min}(k+m-1) \\ u(k-1) - u_{\max}(k) \\ \vdots \\ u(k-1) - u_{\max}(k+m-1) \\ u_{\min}(k) - u(k-1) \\ \vdots \\ u_{\min}(k+m-1) - u(k-1) \\ \left(S_{x,b}\Delta x(k) + \iota_b y_b(k) + S_{d,b}\Delta d(k) \right) - Y_{\max}(k+1) \\ -\left(S_{x,b}\Delta x(k) + \iota_b y_b(k) + S_{d,b}\Delta d(k) \right) + Y_{\min}(k+1) \end{bmatrix} \tag{6.58}$$

式(6.57)、式(6.58)中 T、L、$S_{x,b}$、$S_{d,b}$、ι_b 和 $S_{u,b}$ 可通过式(6.45)和式(6.50)~式(6.51)获得。

从式(6.41)和式(6.42)可知 $H \geqslant 0$,因此二次规划 QP 问题(6.55)对任何加权矩阵 $\Gamma_y \geqslant 0$、$\Gamma_u \geqslant 0$ 都有解,可写为 $\Delta U^*(k)$。很明显,$\Delta U^*(k)$ 是由测量值 $x(k)$、控制时间长度 m 和预测时间长度 p 构成的函数,通常是非线性的。根据预测控制的基本原理,将开环控制序列的第一步用于被控系统。在接下来的采样时刻,可通过新的测量值刷新约束优化问题 1,也就是二次规划 QP 问题(6.55),且重新求解。所以,约束模型预测控制的闭环控制律可以表示成

$$\Delta u(k) = [I_{n_u \times n_u} \quad 0 \quad \cdots \quad 0] \Delta U^*(k) \tag{6.59}$$

对于 QP 问题的求解，更多内容可见文献[7]中的介绍。

6.4.2　基于多质点-ANFIS 模型的预测控制

基于 6.4.1 节构造的多质点-ANFIS 模型(式(6.11))，针对高速列车运行的复杂不确定性，采用模型预测控制算法来实现对高速列车运行速度的同步跟踪控制。

基于多质点-ANFIS 模型与模型预测控制器的高速列车运行速度同步跟踪控制系统如图 6.3 所示。主要是通过计算每个时刻的预测输出速度 $v = [v_1, v_2, \cdots, v_n]^T$ 与目标输出速度 $v_r = [v_{r1}, v_{r2}, \cdots, v_{rn}]^T$ 之间的误差并传输给模型预测控制器，通过设计目标函数和详细的计算获得控制力 $u = [u_1, u_2, \cdots, u_n]^T$ 并传输给高速列车系统，以此来完成对高速列车每个车厢的同步跟踪控制。

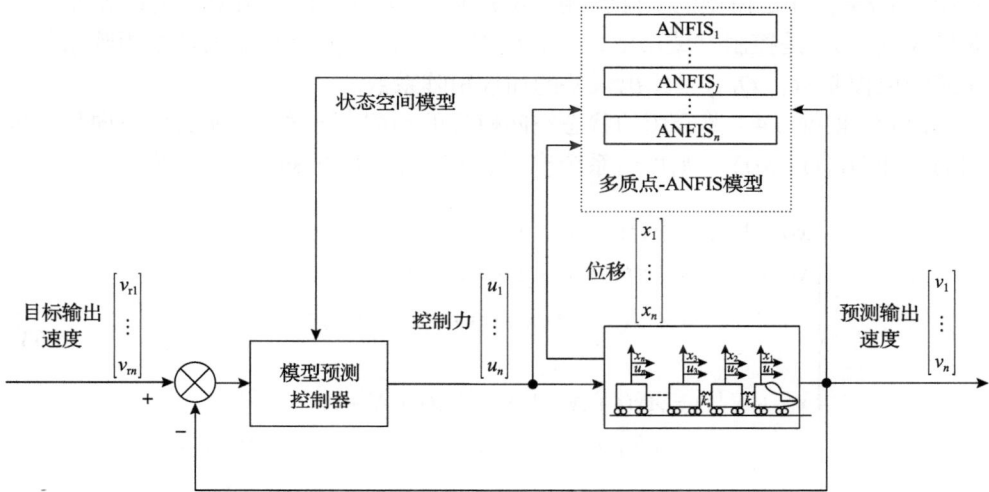

图 6.3　基于多质点-ANFIS 模型与模型预测控制器的高速列车运行速度同步跟踪控制系统

采用建模得到的式(6.11)作为预测模型，可描述为以下状态空间形式：

$$\begin{cases} x(t+1) = Ax(t) + Bu(t) \\ v(t) = Cx(t) \end{cases} \tag{6.60}$$

式 中 ， $x(t) = [x_1(t), \cdots, x_n(t), v_1(t), \cdots, v_n(t)]^T$ ； $u(t) = [u_1(t), \cdots, u_j(t), \cdots, u_n(t)]^T$ ； $v(t) = [v_1(t), \cdots, v_j(t), \cdots, v_n(t)]^T$ 。其中，$u_j(t)$、$v_j(t)$ 分别表示高速列车第 j 个车厢

的控制力和输出速度。参数 $A = \sum\limits_{i=1}^{m} \left(\bar{\omega}^i \cdot A^i \right)$、$B = \sum\limits_{i=1}^{m} \left(\bar{\omega}^i \cdot B^i \right)$、$C$ 由建模过程获得。

定义以下目标函数，以获得模型预测控制的最优控制律：

$$J_t\left(x(t),u\right) = \sum_{j=1}^{N} \| v(t+j\,|\,t) - v_r(t+j\,|\,t) \|_{Q(j)}^2 + \sum_{j=0}^{N_c-1} \| \Delta u(t+j\,|\,t) \|_{R(j)}^2 \qquad (6.61)$$

受到的约束条件为

$$\begin{cases} v_{\min} \leqslant v(t+j\,|\,t) \leqslant v_{\max}, & j=0,1,\cdots,N \\ u_{\min} \leqslant u(t+j\,|\,t) \leqslant u_{\max}, & j=0,1,\cdots,N_c-1 \\ \Delta u_{\min} \leqslant \Delta u(t+j\,|\,t) \leqslant \Delta u_{\max}, & j=0,1,\cdots,N_c-1 \end{cases} \qquad (6.62)$$

式中，$v(t+j\,|\,t)$ 是模型的实际预测输出；$v_r(t+j\,|\,t)$ 是目标期望输出；N 是预测时域长度；N_c 是控制时域长度，总假设 $N_c < N$；$R(j)$ 是控制的加权矩阵系数，用来约束控制量；$Q(j)$ 是输出误差的加权矩阵系数。

由此，根据 6.4.1 节介绍的状态空间模型的预测，同样假定所有状态向量是可测的，即 $\hat{x}(t\,|\,t) = x(t)$，则可由系统模型 (6.60) 完成对将来时刻的预测：

$$\begin{cases} x(t+1\,|\,t) = Ax(t) + Bu(t\,|\,t) \\ x(t+2\,|\,t) = Ax(t+1\,|\,t) + Bu(t+1\,|\,t) \\ \qquad\qquad = A^2 x(t) + ABu(t\,|\,t) + Bu(t+1\,|\,t) \\ \qquad\qquad\vdots \\ x(t+N\,|\,t) = Ax(t+N-1\,|\,t) + Bu(t+N-1\,|\,t) \\ \qquad\qquad = A^N x(t) + A^{N-1} Bu(t\,|\,t) + \cdots + Bu(t+N-1\,|\,t) \end{cases} \qquad (6.63)$$

由于 $\Delta u(t+j\,|\,t) = u(t+j\,|\,t) - u(t+j-1\,|\,t)$，有

$$\begin{cases} u(t\,|\,t) = \Delta u(t\,|\,t) + u(t-1) \\ u(t+1\,|\,t) = \Delta u(t+1\,|\,t) + \Delta u(t\,|\,t) + u(t-1) \\ \qquad\qquad\vdots \\ u(t+N_c-1\,|\,t) = \Delta u(t+N_c-1\,|\,t) + \cdots + \Delta u(t\,|\,t) + u(t-1) \end{cases} \qquad (6.64)$$

则模型预测方程可表示为

$$
\begin{bmatrix} x(t+1\mid t) \\ \vdots \\ x(t+N_{\mathrm{c}}\mid t) \\ x(t+N_{\mathrm{c}}+1\mid t) \\ \vdots \\ x(t+N\mid t) \end{bmatrix} = \begin{bmatrix} A \\ \vdots \\ A^{N_{\mathrm{c}}} \\ A^{N_{\mathrm{c}}+1} \\ \vdots \\ A^{N} \end{bmatrix} x(t) + \begin{bmatrix} B \\ \vdots \\ \sum_{j=0}^{N_{\mathrm{c}}-1} A^{j} B \\ \sum_{j=0}^{N_{\mathrm{c}}} A^{j} B \\ \vdots \\ \sum_{j=0}^{N-1} A^{j} B \end{bmatrix} u(t-1)
$$

$$
+ \begin{bmatrix} B & \cdots & 0 \\ AB+B & \cdots & 0 \\ \vdots & & \vdots \\ \sum_{j=0}^{N_{\mathrm{c}}-1} A^{j} B & \cdots & B \\ \sum_{j=0}^{N_{\mathrm{c}}} A^{j} B & \cdots & AB+B \\ \vdots & & \vdots \\ \sum_{j=0}^{N-1} A^{j} B & \cdots & \sum_{j=0}^{N-N_{\mathrm{c}}} A^{j} B \end{bmatrix} \begin{bmatrix} \Delta u(t\mid t) \\ \vdots \\ \Delta u(t+N_{\mathrm{c}}-1\mid t) \end{bmatrix} \tag{6.65}
$$

输出 v 的预测方程可写为

$$
v(t+j\mid t) = Cx(t+j\mid t), \quad j=1,2,\cdots,N \tag{6.66}
$$

将目标函数写成向量形式：

$$
J_t = \| V(t)-V_{\mathrm{r}}(t) \|_Q^2 + \| \Delta U(t) \|_R^2 \tag{6.67}
$$

式中

$$
V(t) = \begin{bmatrix} v(t+1\mid t) \\ \vdots \\ v(t+N\mid t) \end{bmatrix}, \quad V_{\mathrm{r}}(t) = \begin{bmatrix} v_{\mathrm{r}}(t+1\mid t) \\ \vdots \\ v_{\mathrm{r}}(t+N\mid t) \end{bmatrix}, \quad \Delta U(t) = \begin{bmatrix} \Delta u(t\mid t) \\ \vdots \\ \Delta u(t+N_{\mathrm{c}}-1\mid t) \end{bmatrix} \tag{6.68}
$$

由式(6.65)、式(6.66)可以将 $V(t)$ 简化为

$$
V(t) = \Phi x(t) + \Gamma u(t-1) + G_{\mathrm{v}} \Delta U(t) \tag{6.69}
$$

定义

$$E(t) = V_r(t) - \Phi x(t) - \Gamma u(t-1) \tag{6.70}$$

这样，可将目标函数 (6.67) 改写成以下形式：

$$
\begin{aligned}
J_t &= \| G_v \Delta U(t) - E(t) \|_Q^2 + \| \Delta U(t) \|_R^2 \\
&= \left(\Delta U^T(t) G_v^T - E^T(t) \right) Q \left(G_v \Delta U(t) - E(t) \right) + \Delta U^T(t) R \Delta U(t) \\
&= \Delta U^T(t) \left(G_v^T Q G_v + R \right) \Delta U(t) - 2 E^T(t) Q G_v \Delta U(t) + E^T(t) Q E(t)
\end{aligned}
\tag{6.71}
$$

进一步，可表示为如下的标准形式：

$$J_t = \frac{1}{2} \Delta U^T(t) H \Delta U(t) + f^T \Delta U(t) + \text{const} \tag{6.72}$$

式中，$H = 2\left(G_v^T Q G_v + R \right)$；$f = -2 G_v^T Q E(t)$；$\text{const} = E^T(t) Q E(t)$。

约束优化问题如下。

问题 2

$$\min_{\Delta U(t)} J_t\left(x(t), \Delta U(t), N_c, Q, R \right) = \min \frac{1}{2} \Delta U^T(t) H \Delta U(t) + f^T \Delta U(t) \tag{6.73}$$

此类 QP 问题在 6.4.1 节已说明，有很多文献介绍过如何用标准算法求解，这里就不再重复。假定最优解为

$$\Delta U_{opt}(t) = \begin{bmatrix} \Delta u_{opt}(t\,|\,t) \\ \vdots \\ \Delta u_{opt}(t+N_c-1\,|\,t) \end{bmatrix} \tag{6.74}$$

预测控制的原理是要求在所有控制周期仅仅选用优化解的第一部分（即控制时间内的第一步），因此，当前时刻的控制增量可写为

$$\Delta u_{opt}(t) = [I_{n_u} \quad \underbrace{0 \quad \cdots \quad 0}_{N_c-1}] \Delta U_{opt}(t) \tag{6.75}$$

从而可获得 t 时刻的控制力为

$$u_{opt}(t) = u_{opt}(t-1) + \Delta u_{opt}(t) \tag{6.76}$$

6.5 稳定性分析

为了证明约束优化问题 2 有解，以及本章系统(6.60)的名义稳定性，有如下假设。

假设 6.1

(1) $V_r(t) = 0$, $t \geq 0$ 。

(2)系统状态全部可以测量得到或者观察误差已经为零，即只考虑状态反馈的情况。不考虑外部干扰和模型误差，可以得到下面定理。

定理 6.1 如果满足以下条件：① $t = 0$ 时刻，约束优化问题 1 有解；② v 是零状态可观测的。

不考虑系统的外部干扰和模型的不确定性，则有以下结论：

(1)对任何 $t > 0$ ，由状态测量值 $x(t)$ 更新的约束优化问题(6.73)一直有解；

(2)本章的闭环系统(6.60)是名义渐近稳定的。

证明 假设在假设 6.1 的情况下，t 时刻优化问题 2 有解，记为

$$\Delta U^*(t) = \begin{bmatrix} \Delta u^*(t \mid t) \\ \vdots \\ \Delta u^*(t + N_c - 1 \mid t) \end{bmatrix} \tag{6.77}$$

其满足控制约束条件，则相应的当前时刻控制增量为

$$\Delta u^*(t) = [I_{n_u} \quad \underbrace{0 \cdots 0}_{N_c - 1}]\Delta U^*(t) \tag{6.78}$$

对应的在 $[t + 1, t + N]$ 区间的输出序列为

$$\begin{cases} x^*(t+1 \mid t), x^*(t+2 \mid t), \cdots, x^*(t+N \mid t) \\ v^*(t+1 \mid t), v^*(t+2 \mid t), \cdots, v^*(t+N \mid t) \end{cases} \tag{6.79}$$

相应的，优化目标函数(6.61)为

$$J_t^* = \sum_{j=0}^{N} \| v^*(t + j \mid t) \|_{Q(j)}^2 + \sum_{j=0}^{N_c - 1} \| \Delta u^*(t + j \mid t) \|_{R(j)}^2 \tag{6.80}$$

式中，$v^*(t \mid t) = v(t)$ 。

由式(6.78)可得闭环控制为

$$u(t) \xlongequal{\text{def}} u^*(t) = u^*(t-1) + \Delta u^*(t) \tag{6.81}$$

将其代入闭环系统 (6.60)，对无干扰和模型误差的名义闭环系统来说，$t+1$ 时刻的系统状态为

$$x(t+1) = Ax(t) + B\left(u^*(t-1) + \Delta u^*(t)\right) \tag{6.82}$$

其等于 $x^*(t+1|t)$。根据预测控制的原理，将用这个值更新 $t+1$ 时刻的约束优化问题 1 且求解之。为此，在 $t+1$ 时刻，选择一个控制增量序列为

$$\Delta U(t+1) = \begin{bmatrix} \Delta u(t+1|t+1) \\ \Delta u(t+2|t+1) \\ \vdots \\ \Delta u(t+N_c-1|t+1) \\ \Delta u(t+N_c|t+1) \end{bmatrix} \xlongequal{\text{def}} \begin{bmatrix} \Delta u^*(t+1|t) \\ \Delta u^*(t+2|t) \\ \vdots \\ \Delta u^*(t+N_c-1|t) \\ 0 \end{bmatrix} \tag{6.83}$$

选择的控制增量序列的前 N_c-1 个元素是 t 时刻的优化解去掉第一个元素，最后一个元素是补入的 $\Delta u = 0$。显然，这个选择的控制增量序列是满足控制增量约束的。因为有 $x(t+N|t) = 0$，对应的状态序列和控制输出序列分别为

$$\begin{cases} x(t+1+j|t+1) = \begin{cases} x^*(t+1+j|t), & j=0,1,\cdots,N-1 \\ Ax^*(t+N_c|t), & j=N \end{cases} \\ v(t+1+j|t+1) = \begin{cases} v^*(t+1+j|t), & j=0,1,\cdots,N-1 \\ 0, & j=N \end{cases} \end{cases} \tag{6.84}$$

根据式 (6.83) 和式 (6.84)，可计算对应的 $t+1$ 时刻的目标函数值如下：

$$\begin{aligned} J_{t+1} &= \sum_{j=0}^{N} \| v(t+1+j|t+1) \|_{Q(j)}^2 + \sum_{j=0}^{N_c-1} \| \Delta u(t+1+j|t+1) \|_{R(j)}^2 \\ &= \sum_{j=0}^{N-1} \| v^*(t+1+j|t) \|_{Q(j)}^2 + \sum_{j=0}^{N_c-1} \| \Delta u^*(t+1+j|t) \|_{R(j)}^2 \\ &= \sum_{j=1}^{N} \| v^*(t+j|t) \|_{Q(j)}^2 + \sum_{j=1}^{N_c-1} \| \Delta u^*(t+j|t) \|_{R(j)}^2 \\ &= \sum_{j=0}^{N} \| v^*(t+j|t) \|_{Q(j)}^2 + \sum_{j=0}^{N_c-1} \| \Delta u^*(t+j|t) \|_{R(j)}^2 \\ &\quad - \| v^*(t|t) \|_{Q(j)}^2 - \| \Delta u^*(t|t) \|_{R(j)}^2 \end{aligned} \tag{6.85}$$

又因为式(6.80)，以及 $v^*(t\,|\,t)=Cx(t)$ ，所以式(6.85)变为

$$J_{t+1}=J_t^*-\parallel Cx(t)\parallel_{Q(j)}^2-\parallel\Delta u^*(t\,|\,t)\parallel_{R(j)}^2\leqslant J_t^*-\parallel Cx(t)\parallel_{Q(j)}^2 \tag{6.86}$$

因为 $Q>0$ ，所以不等式(6.86)表明 J_{t+1} 有界。综上所述，选定的 $t+1$ 时刻的控制增量序列(6.83)满足控制增量约束且使目标函数值有界，因此， $\Delta U(t+1)$ 是约束优化问题 2 的一个可行解，定理 6.1 结论(1)得证。

若 $t+1$ 时刻的优化问题存在优化解，则优化解不会差于可行解，结合前面的不等式得

$$J_{t+1}^*\leqslant J_{t+1}\leqslant J_t^*-\parallel Cx(t)\parallel_{Q(j)}^2 \tag{6.87}$$

当 $x=0$ 、 $u=0$ 时， $\Delta U^*(t)\equiv0$ 是优化问题的可行解，对应的 $J_t^*=0$ 。由式(6.80)可知，对于任意的 $t\geqslant0$ ，都有 $J_t^*\geqslant0$ 。由式(6.87)可知最优目标函数值 J_t^* 是单调递减的， J_t^* 在 $v=0$ 时取得最小值，并且可以证明 J_t^* 在 $v=0$ 处连续。因此，约束优化问题 2 的值函数 J_t^* 是闭环系统的一个李雅普诺夫函数，为了系统的稳定性证明，这里引入李雅普诺夫稳定性定义。

定义 6.1　系统

$$x^l(t+1)=f\left(x^l(t)\right),\ t\geqslant0,\ x^l(0)=x_0^l \tag{6.88}$$

的平衡点 $x_s^l=0$ 是：

(1)稳定的，如果对任何 $\zeta>0$ ，存在 $\eta=\eta(\zeta)$ 使得 $\parallel x^l(0)\parallel<\eta\Rightarrow\parallel x^l(t)\parallel<\zeta$ ， $\forall t\geqslant0$ ；

(2)不稳定的，如果上述关系不成立；

(3)渐近稳定的，如果 $x_s^l=0$ 是稳定的，且选择 η 使得 $\parallel x^l(0)\parallel<\eta\Rightarrow$ $\lim\limits_{t\to\infty}x^l(t)=0$ 。

引理 6.1　考虑系统(6.88)，其中 f 关于 x^l 连续，且 $f(0)=0$ 。对于系统(6.88)，如果存在正定有界函数 $V(x^l)$ 满足：

(1) $V(0)=0$ 且对任意的 $x^l\neq0$ 有 $V(x^l)>0$ ；

(2)在平衡点 $x^l=0$ 附近， $V(x^l)$ 是连续的；

(3)沿着系统的轨迹，有

$$V\left(x^l(t+1)\right)-V\left(x^l(t)\right)\leqslant-\beta_0\left(\parallel x^l(t)\parallel\right) \tag{6.89}$$

式中， $\beta_0(\cdot)$ 是一个 κ 类函数，则系统是渐近稳定的。

证明 由式(6.89)可知，沿系统的轨迹$V(x)$是单调不增的，且$V(x^l)=0$是其下界。因为单调不增且有下界的序列必有极限，所以当$t\to\infty$时$V(x^l)$收敛。对式(6.89)两边分别取极限，得$\lim_{t\to\infty}\beta_0\left(\|x^l(t)\|\right)\leqslant\lim_{t\to\infty}V\left(x^l(t)\right)-\lim_{t\to\infty}V\left(x^l(t+1)\right)=0$。

因为$\beta_0(\cdot)$是一个κ类函数，所以有$\lim_{t\to\infty}x^l(t)=0$，也即当$t\to\infty$时系统收敛于平衡点。

定义$B_r=\left\{x^l\in\mathbf{R}^n\mid(x^l)^\mathrm{T}x^l\leqslant r^2\right\}$，集合$B_r$是平衡点附近的一个球域。因为$V(x^l)$在平衡点附近连续，且$V(x^l)$是正定函数，则存在定义在$(0,r]$上的$\kappa$类函数$\beta_1(\cdot)$和$\beta_2(\cdot)$，满足[8]

$$\beta_1\left(\|x^l(t)\|\right)\leqslant V\left(x^l(t)\right)\leqslant\beta_2\left(\|x^l(t)\|\right),\quad\forall x^l\in B_r \tag{6.90}$$

接下来用反证法证明存在正的常数N，使得当$t>N$时，$x^l(t)\in B_r$。

记$\phi\left(j;x^l\right)$为$x^l(t+1)=f\left(x^l(t)\right)$在$j$时刻的解，其初始状态为$x^l$。假设对于任意的$t>0$，$x^l(t)\notin B_r$，则迭代式(6.89)可得

$$V\left(\phi\left(t;x^l\right)\right)\leqslant-\sum_{j=1}^{t-1}\beta_0\left(\left\|\phi\left(j;x^l\right)\right\|\right)+V\left(x^l\right) \tag{6.91}$$

由于对任意的$j>0$，有$\left\|\phi\left(t;x^l\right)\right\|>r$，则

$$V\left(\phi\left(t;x^l\right)\right)<-\sum_{j=1}^{t-1}\beta_0(r)+V\left(x^l\right) \tag{6.92}$$

因而有$V\left(\phi\left(t;x^l\right)\right)\xrightarrow{t\to\infty}-\infty$，这显然与$V(x^l)\geqslant0$矛盾。

继而，由式(6.90)可知对任意的$t\geqslant0$和$x\in B_r$，有

$$\left\|\phi\left(t;x^l\right)\right\|\leqslant\beta_1^{-1}\left(V\left(\phi\left(t;x^l\right)\right)\right)\leqslant\left(\beta_1^{-1}\circ\beta_2\right)(r) \tag{6.93}$$

式中，"$\circ$"表示Hadamard积。

因而对于任意的$\zeta>0$，存在ϑ：$\vartheta=\min\left\{r,\left(\beta_1^{-1}\circ\beta_2\right)^{-1}(\zeta)\right\}$，可推得

$$\left\|\phi\left(t;x^l\right)\right\|<\left(\beta_1^{-1}\circ\beta_2\right)(\vartheta)\leqslant\left(\beta_1^{-1}\circ\beta_2\right)\left(\beta_1^{-1}\circ\beta_2\right)^{-1}(\zeta)=\zeta \tag{6.94}$$

根据稳定性定义6.1可知，系统稳定。进一步，结合收敛性得出系统渐近稳定。因此，引理6.1结论得证。

从而，闭环系统名义渐近稳定，定理 6.1 结论(2)得证。由此，本章所设计的闭环系统(6.60)是渐近稳定的。

6.6　应 用 案 例

为了验证本章提出的多质点-ANFIS 建模方法和模型预测控制策略的有效性，本章采用 8 个车厢编组的 6 动 2 拖(T1、M2、M3、M4、M5、M6、M7、T8，T 表示拖车，没有动力装置；M 表示动车，有动力装置)高速列车 CRH380A 来进行实验验证。采集该列车在济南西到徐州东线路段某车次(如图 6.4 所示，图中灰线是限速线，黑线是给定目标速度，其包含整个列车的运行模式，在恒速模式阶段有多个减速过程，其代表的是高速列车过分相时的惰行)长期的全程运行数据，并结合表 6.1 的 CRH380A 主要参数特性和图 6.5 所示的 CRH380A 型列车 M 车的牵引/制动特性曲线，挑选其中 8 个车厢的 8×1800 组数据，并均衡选择当中的 1200 组数据用来进行多质点-ANFIS 建模，剩余的 600 组验证数据用来检验建模误差。

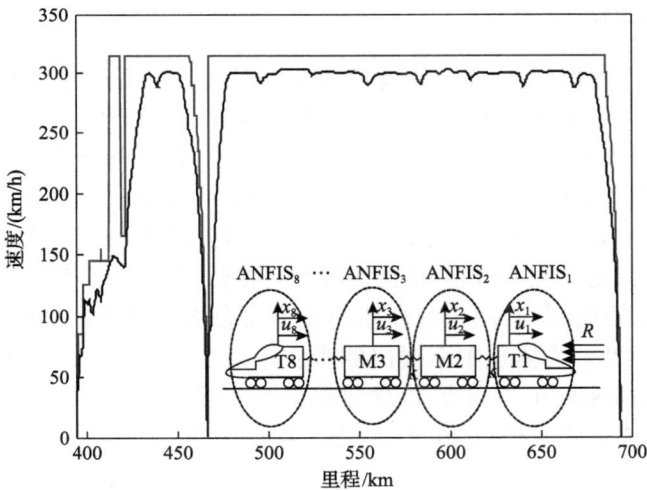

图 6.4　京沪高铁线路某区段

表 6.1　CRH380A 主要参数特性

参数名称	参数特性
车体数 n	8
编组重量/t	445
车钩弹簧系数 k_s/(N/m)	8.82×10^4
单位基本阻力 r_j/(N/t)	$5.2 + 0.038v + 0.00112v^2$

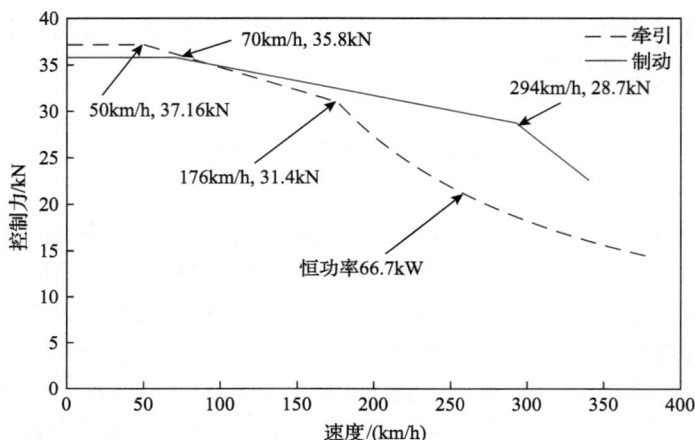

图 6.5　CRH380A 型列车 M 车牵引/制动特性曲线

6.6.1　建模过程

1. 多质点-ANFIS 建模

首先，对上述得到的 1200 组建模数据进行减法聚类分类，并采用最小二乘法进行辨识从而获得 5 条模糊规则。本章以拖车 T1 和动车 M4 为例，其拖车的 $ANFIS_1$ 模型参数输入 $v_1(k)$、$u_1(k)$、$x_1(x)$ 和 $x_2(k)$ 的隶属函数曲线见图 6.6(a)，动车 $ANFIS_4$ 模型参数输入 $v_4(k)$、$u_4(k)$、$x_3(k)$、$x_4(k)$ 和 $x_5(k)$ 的隶属函数曲线见图 6.6(b)；其模糊规则列在表 6.2 中，模糊规则的前件参数 c_{1l}^i 和 σ_{1l}^i，c_{4l}^i 和 σ_{4l}^i 列于表 6.3 中(其他车厢 $ANFIS_j$ 模型的规则具有相同形式)。接着，将获得的 8 个车厢的 $ANFIS_j$ 模型利用 6.3.1 节介绍的模型整合方法转换成相应的状态空间多质点-ANFIS 模型。为体现本章提出的多质点-ANFIS 建模的精确性，在此与其他文献常用的高速列车多质点-机理建模进行实验比较。为进一步凸显多质点-ANFIS 方法中多质点建模策略的优越性，与第 5 章介绍的单质点-ANFIS 建模方法进行实验比较。

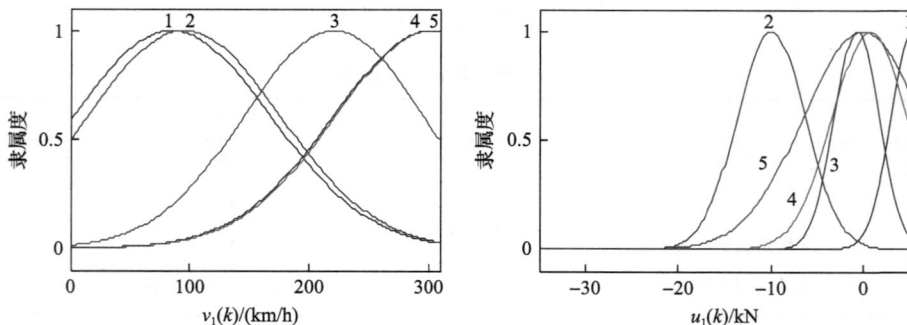

(a) ANFIS$_1$模型参数输入$v_1(k)$、$u_1(k)$、$x_1(k)$、$x_2(k)$隶属度

(b) ANFIS$_4$模型参数输入$v_4(k)$、$u_4(k)$、$x_3(k)$、$x_4(k)$、$x_5(k)$隶属度

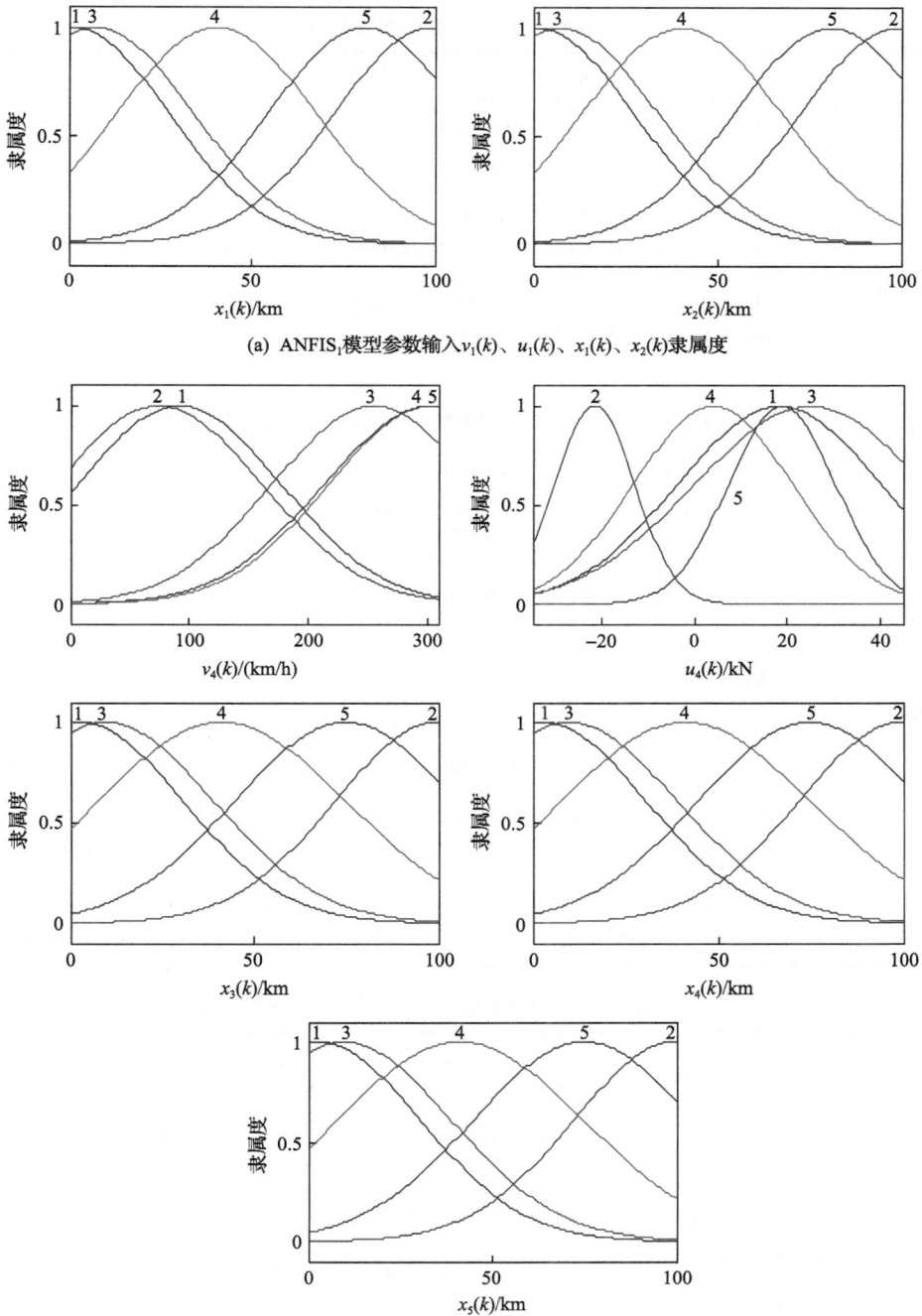

图 6.6　ANFIS$_1$ 模型和 ANFIS$_4$ 模型输入隶属度曲线

表 6.2　T1、M4 车厢模糊规则

规则序号		具体内容
ANFIS₁ 模糊 规则	R_1^1	if $v_1(k)$ is M_{11}^1, $u_1(k)$ is M_{12}^1, $x_1(k)$ is M_{13}^1, $x_2(k)$ is M_{14}^1, then $v_1^1(k+1) = 0.955v_1(k) + 8.506u_1(k) - 262.3x_1(k) + 261.3x_2(k) + 1.85$
	R_1^2	if $v_1(k)$ is M_{11}^2, $u_1(k)$ is M_{12}^2, $x_1(k)$ is M_{13}^2, $x_2(k)$ is M_{14}^2, then $v_1^2(k+1) = v_1(k) + 0.08721u_1(k) - 25.43x_1(k) + 25.48x_2(k) - 5.111$
	R_1^3	if $v_1(k)$ is M_{11}^3, $u_1(k)$ is M_{12}^3, $x_1(k)$ is M_{13}^3, $x_2(k)$ is M_{14}^3, then $v_1^3(k+1) = 0.9904v_1(k) + 0.5458u_1(k) - 536x_1(k) + 536.2x_2(k) + 2.766$
	R_1^4	if $v_1(k)$ is M_{11}^4, $u_1(k)$ is M_{12}^4, $x_1(k)$ is M_{13}^4, $x_2(k)$ is M_{14}^4, then $v_1^4(k+1) = 0.9927v_1(k) + 0.3174u_1(k) - 285.2x_1(k) + 285.2x_2(k) - 1.788$
	R_1^5	if $v_1(k)$ is M_{11}^5, $u_1(k)$ is M_{12}^5, $x_1(k)$ is M_{13}^5, $x_2(k)$ is M_{14}^5, then $v_1^5(k) + 1 = 1.001v_1(k) + 0.2579u_1(k) - 225x_1(k) + 225x_2(k) - 2.625$
ANFIS₄ 模糊 规则	R_4^1	if $v_4(k)$ is M_{41}^1, $u_4(k)$ is M_{42}^1, $x_3(k)$ is M_{43}^1, $x_4(k)$ is M_{44}^1, $x_5(k)$ is M_{45}^1, then $v_4^1(k+1) = 0.9994v_4(k) + 0.05323u_4(k) + 0.5078x_3(k) - 0.2631x_4(k) - 0.2429x_5(k) - 0.002065$
	R_4^2	if $v_4(k)$ is M_{41}^2, $u_4(k)$ is M_{42}^2, $x_3(k)$ is M_{43}^2, $x_4(k)$ is M_{44}^2, $x_5(k)$ is M_{45}^2, then $v_4^2(k+1) = v_4(k) + 0.06734u_4(k) + 2.166x_3(k) - 1.106x_4(k) - 1.035x_5(k) - 2.527$
	R_4^3	if $v_4(k)$ is M_{41}^3, $u_4(k)$ is M_{42}^3, $x_3(k)$ is M_{43}^3, $x_4(k)$ is M_{44}^3, $x_5(k)$ is M_{45}^3, then $v_4^3(k+1) = 0.9988v_4(k) + 0.05732u_4(k) + 0.8424x_3(k) - 0.4444x_4(k) - 0.4024x_5(k) - 0.08861$
	R_4^4	if $v_4(k)$ is M_{41}^4, $u_4(k)$ is M_{42}^4, $x_3(k)$ is M_{43}^4, $x_4(k)$ is M_{44}^4, $x_5(k)$ is M_{45}^4, then $v_4^4(k+1) = 0.9969v_4(k) + 0.06037u_4(k) + 1.737x_3(k) - 0.9306x_4(k) - 0.8082x_5(k) + 0.5922$
	R_4^5	if $v_4(k)$ is M_{41}^5, $u_4(k)$ is M_{42}^5, $x_3(k)$ is M_{43}^5, $x_4(k)$ is M_{44}^5, $x_5(k)$ is M_{45}^5, then $v_4^5(k+1) = 0.9984v_4(k) - 0.05328u_4(k) + 1.474x_3(k) - 0.7748x_4(k) - 0.6985x_5(k) + 0.0153$

表 6.3　ANFIS₁ 模型和 ANFIS₄ 模型的规则前件参数

规则序号	M_{11}^i		M_{12}^i		M_{13}^i		M_{14}^i	
	c_{11}^i	σ_{11}^i	c_{12}^i	σ_{12}^i	c_{13}^i	σ_{13}^i	c_{14}^i	σ_{14}^i
ANFIS₁ 模糊规则 前件参数 R_1^1	85.06	82.9	5.322	2.354	1.115	26.18	1.115	26.18
R_1^2	95.16	80.74	−9.984	3.646	98.87	26.27	98.87	26.27
R_1^3	221.1	75.32	−0.1353	6.349	7.16	26.8	7.16	26.83
R_1^4	303	80.6	0.6579	4.062	40.41	27.13	40.41	27.13
R_1^5	302.2	81.58	−0.7502	2.431	80.88	26.36	80.88	26.36

续表

| 规则序号 | M_{41}^i | | M_{42}^i | | M_{43}^i | | M_{44}^i | | M_{45}^i | |
	c_{41}^i	σ_{41}^i	c_{42}^i	σ_{42}^i	c_{43}^i	σ_{43}^i	c_{44}^i	σ_{44}^i	σ_{45}^i	c_{45}^i
R_4^1	91.95	85.28	18.24	21.92	2.68	27.83	2.68	27.83	2.68	27.83
R_4^2	74.25	86.63	−21.69	8.678	99.63	27.65	99.63	27.65	99.63	27.65
R_4^3	255.6	85.46	24.86	24.83	9.549	29.29	9.549	29.29	9.549	29.29
R_4^4	303.1	85.15	3.894	17.17	41.18	33.52	41.18	33.52	41.18	33.52
R_4^5	302.6	88.55	18.79	11.53	74.72	30.06	74.72	30.06	74.72	30.06

ANFIS$_4$ 模糊规则前件参数

2. 模型验证

利用另外 600 组验证数据检验所建立的多质点-ANFIS 模型的有效性，并同时比较多质点-机理模型和单质点-ANFIS 模型的建模检验结果。三种模型的输出误差对比如图 6.7～图 6.9 所示，直观的模型输出误差范围见表 6.4。

由图 6.7～图 6.9 和表 6.4 可知，本章所提出的多质点-ANFIS 模型在拖车 T1 和动车 M4 的检验结果都在限速线内，且动车 M4 的检验误差分布较单质点-ANFIS 模型的检验误差分布有所改善，即使是没有动力的 T1 拖车，其建模误差也与单质点-ANFIS 的相当。至于多质点-机理模型，在建模的精度上表现较差，超出了限速范围，不能达到 CTCS-3 列控系统的要求。

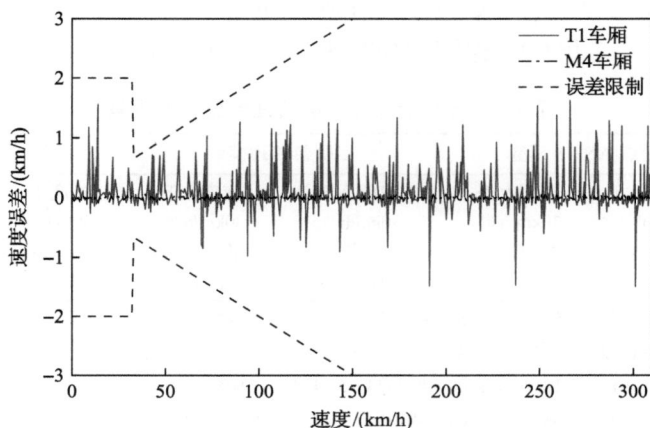

图 6.7　多质点-ANFIS 模型验证数据 T1、M4 车厢的输出误差

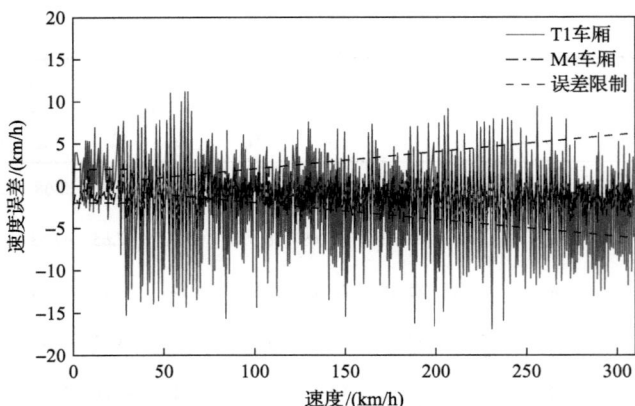

图 6.8　多质点-机理模型验证数据 T1、M4 车厢的输出误差

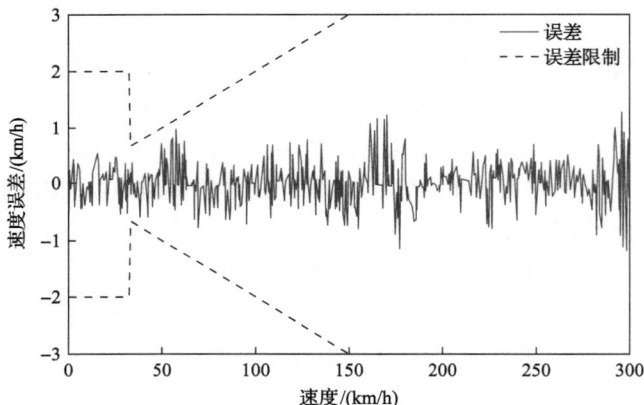

图 6.9　单质点-ANFIS 模型验证数据的输出误差

表 6.4　三种建模方法的验证数据输出误差

	多质点-ANFIS 模型		多质点-机理模型		单质点-ANFIS 模型	
	速度小于 30km/h 时 绝对误差 范围/(km/h)	速度大于 30km/h 时 相对误差 范围/%	速度小于 30km/h 时 绝对误差 范围/(km/h)	速度大于 30km/h 时 相对误差 范围/%	速度小于 30km/h 时 绝对误差 范围/(km/h)	速度大于 30km/h 时 相对误差 范围/%
T1	−0.3642～1.6956	−1.5642～1.6056	−13.129～14.348	−14.421～16.738		
M2	−0.1163～0.1282	−0.1972～0.1382	−4.2981～5.3874	−7.4534～6.4675		
M3	−0.1012～0.1010	−0.1812～0.1700	−3.2574～5.5433	−7.6657～7.5473		
M4	−0.0505～0.0248	−0.0895～0.1200	−4.7854～5.4657	−6.3267～6.2688	−0.7423～ 0.7831	−1.1726～ 0.2731
M5	−0.1039～0.1056	−0.1639～0.1436	−4.3461～5.8854	−6.7372～6.8854		
M6	−0.1129～0.1343	−0.1429～0.1443	−4.6738～6.4567	−6.8524～7.4987		
M7	−0.1320～0.1231	−0.2110～0.1449	−5.9753～5.9876	−8.5825～8.2367		
T8	−0.3562～1.5782	−1.7685～0.9062	−13.467～14.257	−15.653～14.738		

6.6.2 控制过程

基于以上获取的多质点-ANFIS 模型，采用 6.4 节设计的模型预测控制方法对 CRH380A 型高速列车从济南西到徐州东的某一车次线路(时刻表：11:23:30～12:41:30，里程：394.0330～693.7300km)，经停泰安西站的最优运行速度曲线进行同步跟踪控制仿真验证。同样，为了验证本章所设计的基于多质点-ANFIS 模型的高速列车速度同步跟踪控制的有效性和优越性，在此引入基于多质点-机理模型的模型预测控制方法和基于单质点-ANFIS 模型(基于单质点-ANFIS 模型的预测控制方法在第 5 章中有详细介绍，并与其他方法进行了对比，比较有代表性)的预测控制方法进行实验对比。对比实验结果为图 6.10 的速度跟踪曲线、图 6.11 的加速度跟踪曲线和图 6.12 的控制力曲线。详细的速度跟踪误差范围列于表 6.5 中。其中，MAMPC(multi-ANFIS model based model predictive control)表示基于多质点-ANFIS 模型的预测控制方法。MMMPC(mechanism model based model predictive control)表示基于多质点-机理模型的预测控制方法。AMPC(ANFIS model based model predictive control)表示基于单质点-ANFIS 模型的预测控制方法。

1. 安全、准点、乘坐舒适性、停车精度性能比较

观察图 6.10(a)，本章提出的 MAMPC 方法实现了该车次在整个运行模式下每个车厢对目标最优运行曲线 v_r-DV 的高精度逼近(局部放大图中，车厢 M2～M7 的速度 v_2～v_7 曲线几乎与 v_r-DV 重合)。由于 T1 和 T8 车厢没有动力装置，其速度跟踪稍微有些偏差，但整体跟踪效果良好。同时保障了所有车厢的运行速度保持在限速曲线 SL 的安全范围内，安全性得到保证。由文献[2]可知，该类最优目标曲线 v_r-DV 的获得，是符合该趟车次的准点和停车精度要求，本章方法很好地模拟了最优运行曲线的高效运行，表明其准点性和停车精度也得到保证。图 6.11(a)中的本章 MAMPC 方法的加速度跟踪曲线在 $\pm 0.5 \mathrm{m/s^2}$ 范围内平稳变化，且较好地逼近目标加速度曲线，乘客的乘坐舒适性得到满足。在图 6.10(b)和图 6.11(b)的局部放大图中，可观察到 AMPC 方法对最优运行速度曲线和运行加速度曲线的逼近效果也不错，且加速度曲线平稳运行，但其跟踪效果较 MAMPC 方法还是有一些差距。而 MMMPC 方法对速度和加速度目标曲线 v_r-DV 和 a_r 的跟踪，整体上有较大的误差，这影响了高速列车运行的安全性和准点性。图 6.12 显示的是在三种方法下高速列车的控制力变化(由于 AMPC 方法是基于单质点，其控制力是整列车的，比多质点每个车厢的控制力大很多，为了观察方便，对其按比例放小)。高速列车在启动阶段要求控制力能快速平稳地控制列车跟踪上给定速度，在制动阶段能准确可靠地停车。从图 6.12(a)、(b)的局部放大图中可以观察到，MAMPC 方法和 AMPC 方法启动平稳灵敏，而 MMMPC 方法启动较为缓慢；同

样在制动阶段，本章的 MAMPC 方法和 AMPC 方法控制力过渡过程更为细致。表
6.5 给出了在三种方法下，高速列车运行性能的直观比较，从数值上直接凸显本章
方法对高速列车运行性能的提高。

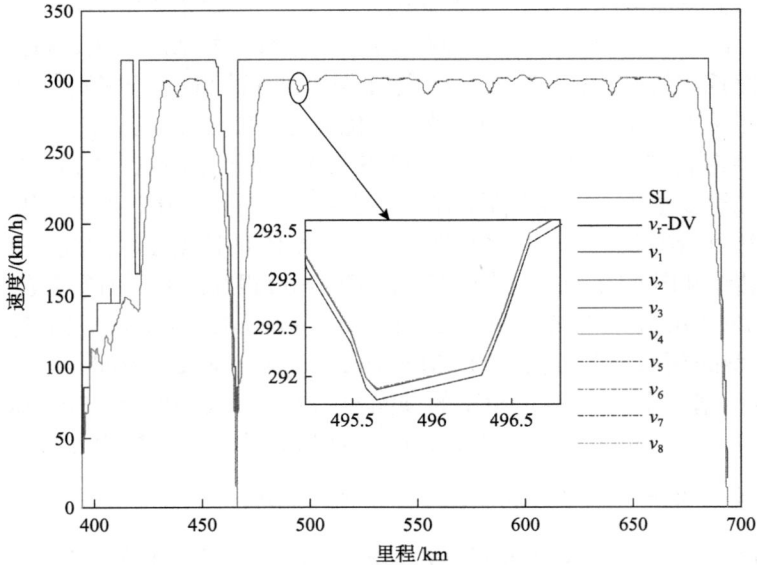

(a) MAMPC方法的T1、M2~M7、T8车厢速度跟踪曲线

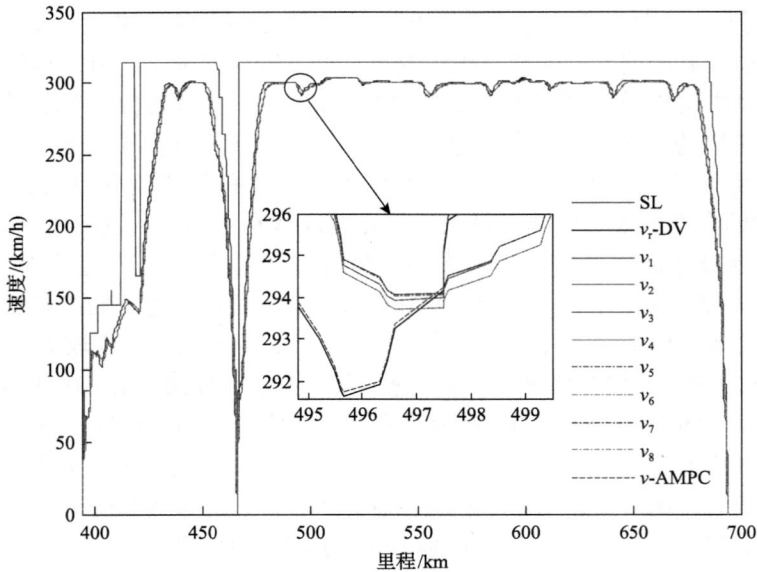

(b) MMMPC方法和AMPC方法的T1、M2~M7、T8车厢速度跟踪曲线

图 6.10　基于三种方法的速度跟踪曲线

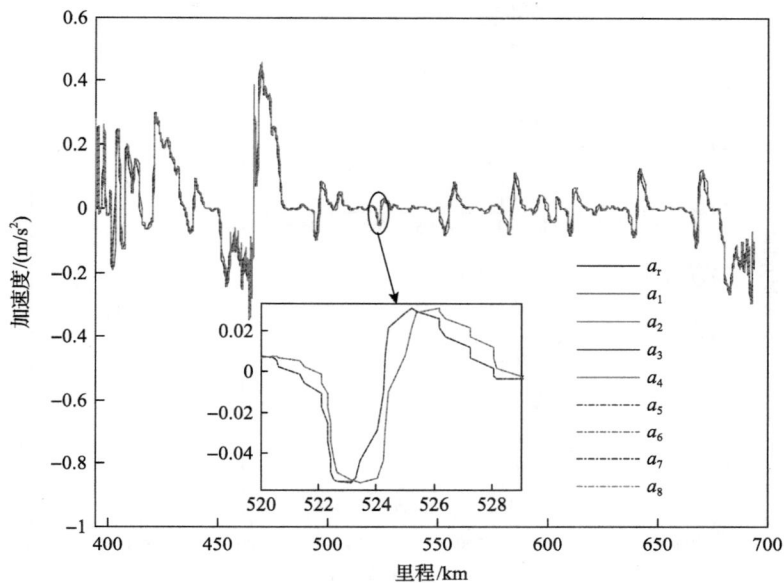

(a) MAMPC方法的T1、M2~M7、T8车厢加速度跟踪曲线

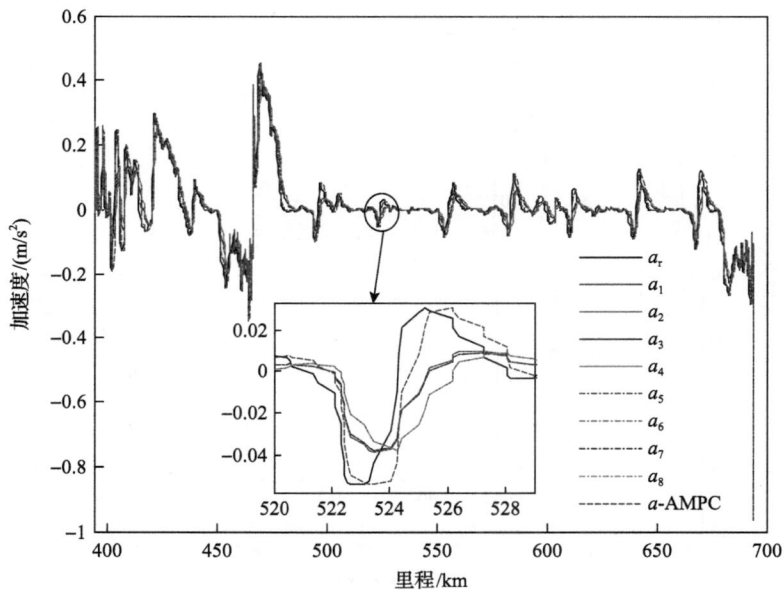

(b) MMMPC方法和AMPC方法的T1、M2~M7、T8车厢加速度跟踪曲线

图 6.11　基于三种方法的加速度跟踪曲线

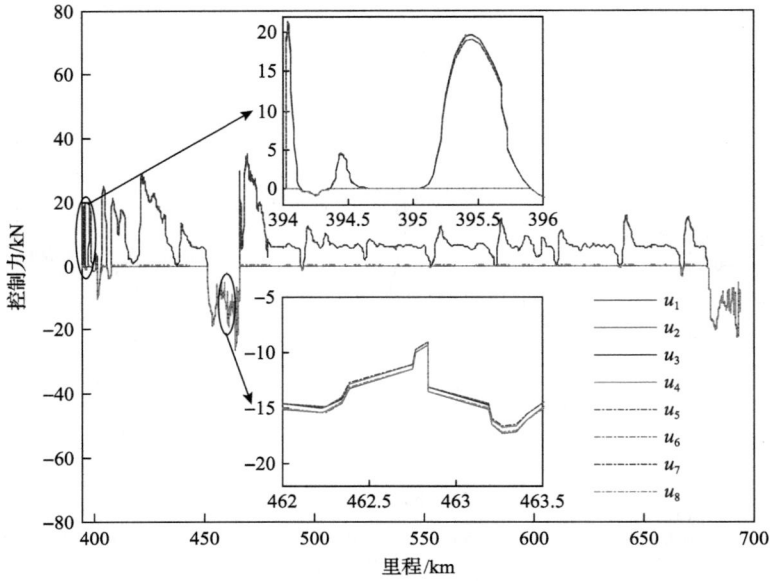

(a) MAMPC方法的T1、M2~M7、T8车体控制力变化曲线

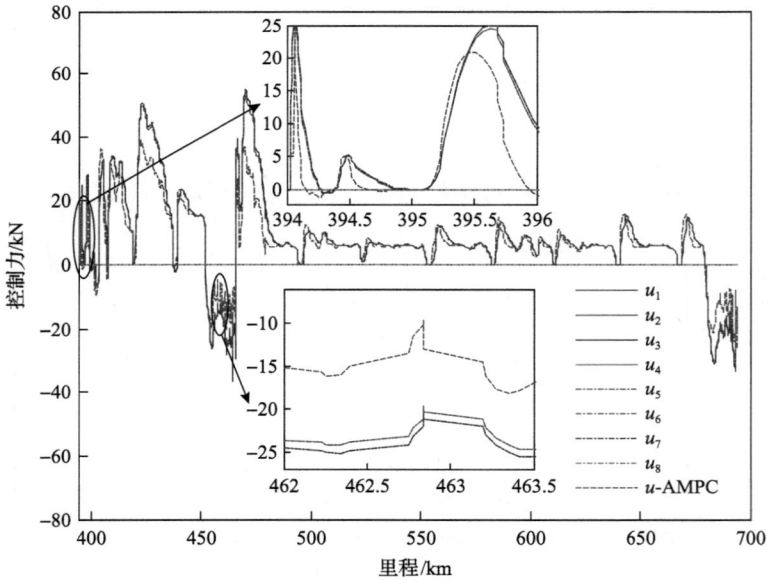

(b) MMMPC方法和AMPC方法的T1、M2~M7、T8车体控制力变化曲线

图 6.12　基于三种方法的控制力曲线

表 6.5　高速列车三种方法下的性能比较

| 控制方法 | 安全 | 准点 | 乘坐舒适 | 停车精度 |
	与目标速度误差范围/(km/h)	与目标运行时间差/s	运行加速度范围/(m/s²)	与目标位移差/m
MAMPC	$-0.0106 \sim 0.1084$	6	$-0.293 \sim 0.455$	2.54
MMMPC	$-24.012 \sim 15.738$	15	$-1.239 \sim 0.402$	25.54
AMPC	$-0.0467 \sim 0.4631$	9	$-0.346 \sim 0.455$	5.87

2. 同步跟踪控制的速度、位移一致性比较

在高速列车运行过程中,对相邻车厢之间的车钩形变有一定限制要求,若同步跟踪效果不佳,将影响其实用性。为了验证本章高速列车多质点-ANFIS 建模控制方法的同步跟踪效果,也就是各车厢速度和位移的一致性,比较本章所提方法和 MMMPC 方法相邻车厢之间的运行速度和位移偏差,其偏差范围列于表 6.6 和表 6.7 中。

表 6.6　相邻车厢运行速度偏差范围

车厢	MAMPC 方法相邻车厢速度偏差范围/(km/h)	MMMPC 方法相邻车厢速度偏差范围/(km/h)
T1&M2	$-0.0856 \sim 0.0001$	$-0.7131 \sim 0.3522$
M2&M3	$-0.0055 \sim 0.0001$	$-0.6891 \sim 1.0939$
M3&M4	$-0.0003 \sim 0.0003$	$-0.3522 \sim 0.3583$
M4&M5	$-0.0003 \sim 0.0003$	$-0.4213 \sim 0.8754$
M5&M6	$-0.0003 \sim 0.0003$	$-1.1029 \sim 0.6954$
M6&M7	$-0.0001 \sim 0.0056$	$-0.4572 \sim 0.0223$
M7&T8	$-0.0001 \sim 0.0829$	$-0.3512 \sim 0.6354$

表 6.7　相邻车厢位移偏差范围

车厢	MAMPC 方法相邻车厢位移偏差范围/m	MMMPC 方法相邻车厢位移偏差范围/m
T1&M2	$-0.0491 \sim 0.0483$	$-1.4632 \sim 1.5876$
M2&M3	$-0.0354 \sim 0.0377$	$-1.3994 \sim 1.3887$
M3&M4	$-0.0241 \sim 0.0242$	$-1.3902 \sim 1.4453$
M4&M5	$-0.0076 \sim 0.0099$	$-1.3856 \sim 1.3975$
M5&M6	$-0.0284 \sim 0.0075$	$-1.4967 \sim 1.3853$
M6&M7	$-0.0382 \sim 0.0373$	$-1.3835 \sim 1.4401$
M7&T8	$-0.0445 \sim 0.0496$	$-1.5845 \sim 1.5775$

由表 6.6 和表 6.7 可知，本章提出的 MAMPC 方法的相邻车厢间的运行速度和位移偏差明显小于 MMMPC 方法，且速度偏差在 –0.09～0.09km/h，位移偏差在 –0.05～0.05m，这一结果满足了高速列车车钩形变的性能要求[9]。而基于MMMPC 方法的各车厢速度正负偏差高达 1.0939km/h 和 –1.1029km/h，位移正负偏差高达 1.5876m 和 –1.5845m，这显然不符合实际高速列车运行情况和车钩形变要求。

6.7　本章小结

本章针对高速列车包含多个连接车厢的特点，提出多质点-ANFIS 建模方法和相应的模型预测控制器，完成对高速列车的同步跟踪控制，并用李雅普诺夫稳定性理论验证了所提出的模型预测控制的稳定性和可行性。通过比较实验证明了本章方法相比多质点-机理模型预测控制方法提高了控制精度及实际应用性，相比单质点-ANFIS 模型预测控制方法提高了高速列车运行的跟踪精度，改善了高速列车安全、准点、乘坐舒适性、节能运行等性能指标，且确保了高速列车多个车厢的同步跟踪运行的一致性。

参 考 文 献

[1] Li S K, Yang L X, Gao Z Y. Coordinated cruise control for high-speed train movements base on a multi-agent model[J]. Transportation Research Part C: Emerging Technologies, 2015, 56: 281-292.

[2] Yang H, Fu Y T, Wang D H. Multi-ANFIS model based synchronous tracking control of high-speed electric multiple unit[J]. IEEE Transactions on Fuzzy Systems, 2018, 26(3): 1472-1484.

[3] 杨辉, 付雅婷, 谭畅. 基于多工况 ANFIS 模型的动车组优化控制方法: CN201710036637. X[P]. 2017-06-13.

[4] Song Q, Song Y D. Robust and adaptive control of high speed train systems[C]. 2010 Chinese Control and Decision Conference, Xuzhou, 2010: 2468-2474.

[5] Jia C, Qiao W, Cui J W, et al. Adaptive model-predictive-control-based real-time energy management of fuel cell hybrid electric vehicles[J]. IEEE Transactions on Power Electronics, 2023, 38(2): 2681-2694.

[6] Wang Y L, Zheng H Y, Zong C F, et al. Path-following control of autonomous ground vehicles using triple-step model predictive control[J]. Science China Information Sciences, 2020, 63(10): 209203.

[7] Jiang Z P, Wang Y. Input-to-state stability for discrete-time nonlinear systems[J]. Automatica,

2001, 37（6）: 857-869.

[8] Ke B R, Lin C L, Lai C W. Optimization of train-speed trajectory and control for mass rapid transit systems[J]. Control Engineering Practice, 2010, 19（7）: 675-687.

[9] Li R C. Research on high-speed train and raising speed train vehicle hook buffer mechanism[J]. Railway Locomotive & Car, 2004, 24（6）: 15-21.

第7章 高速列车模糊双线性模型辨识与运行优化控制技术

7.1 引　言

高速列车作为一个复杂快变巨系统，其运行环境复杂多变，运行过程由牵引、惰行、制动等多种状态组合而成，控制目标包括安全、准点、节能、乘坐舒适性等多项性能，正常行驶速度为 250～350km/h；控制误差要求 30km/h 以下时速度误差在 ±2km/h 以内，30km/h 以上时速度误差不超过速度值的 2%。依据 CTCS-3 级列控系统和高速列车运行控制特点，其实时控制采样周期应小于等于 10ms，如何在如此短时间内实现对高速列车运行特征的有效描述和实现对其性能的实时诊断是我们面临的一个难题[1,2]。

本章在前期研究的基础上，基于高速列车操纵过程的机理分析和系统运行数据，提出离线建立高速列车 T-S 模糊双线性模型、基于即时学习的模型在线调整与自适应预测控制策略。当高速列车运行特性和环境发生变化导致速度跟踪误差超出给定阈值时，则启动自适应校正机制，采用即时学习算法实现模型和控制器参数在线调整。如此既降低了 T-S 模糊双线性模型未建模动态和未知干扰对控制性能的影响，提高模型精度和泛化能力，又减少控制器的在线计算量。本章分析预测控制系统的稳定性条件为存在局部查询点的即时学习集，基于高速列车现场运行数据的仿真结果证明本章方法具有较好的控制性能和节能效果。

7.2 问　题　描　述

图 7.1 为高速列车牵引过程控制原理框图。本书的跟踪目标是基于安全、准点和节能运行的指标，结合优秀乘务员的驾驶经验，从大量高速列车实际 *V-S* 曲线中筛选得到的"参考轨迹"。ATP 装置根据高速列车的实际运行速度、给定的参考轨迹来计算列车当前允许速度，并以此作为列车驾驶员运行操纵的速度上限值[3,4]。当列车速度超过 ATP 装置所指示的速度时，牵引/制动控制单元会发出制动命令，自动实施制动，有效消除了列车驾驶员误操作造成的安全隐患；当速度低于允许速度时，列车驾驶员根据人机界面提供的实时信息操纵手柄来调整牵引/制动控制单元的控制指令，从而保证高速列车安全可靠地运行。在运行时刻

表的约束下，列车驾驶员如何根据列车的实时工况、线路条件和负载等情况实时优化手柄级位切换序列，对列车区间能量消耗有较大的影响[5,6]。

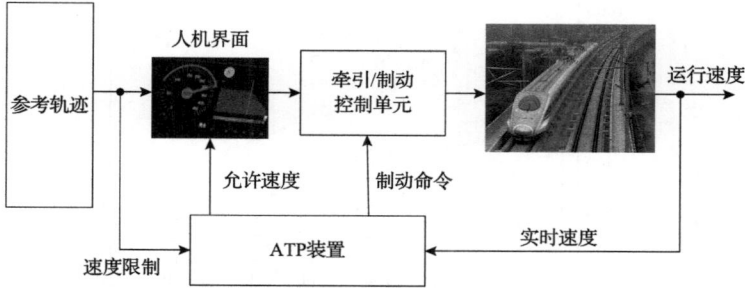

图 7.1　高速列车牵引过程控制原理框图

图 7.2 为高速列车主控单元及驾驶员所操纵的手柄，其中牵引和制动工况下分别有多个手柄级位。图 7.3 和图 7.4 为高速列车不同手柄级位下的牵引/制动特

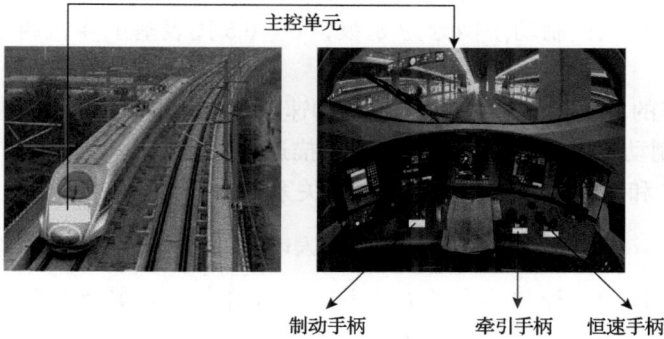

图 7.2　高速列车主控单元及驾驶员所操纵手柄

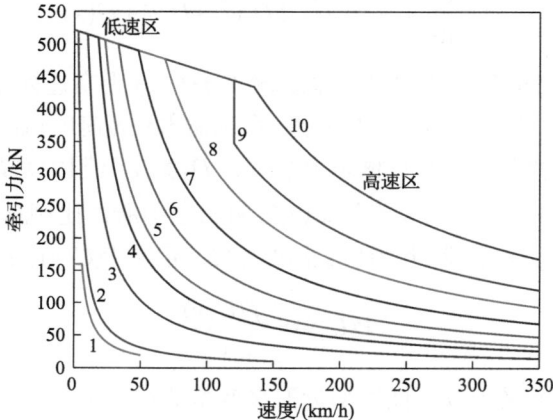

图 7.3　牵引特性曲线

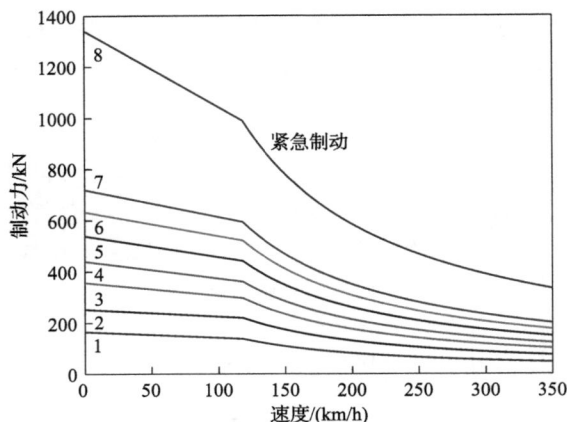

图 7.4　制动特性曲线

性曲线。每个手柄控制级位 $\vartheta(0 \leqslant \vartheta \leqslant 1)$ 代表不同的能量供应率，对应不同的调速模式[7]。CRH380AL 型高速列车牵引手柄分为 10 级，$\vartheta = 0.2$ 表示基于 2 级牵引功率的调速模式；制动手柄分为 8 级，$\vartheta = 0.5$ 代表基于 4 级再生制动能量供应率。

高速列车的功率是牵引力/制动力 U 和速度 v 的函数，而不同手柄级位 ϑ 对应不同的牵引/制动功率 P；图 7.3 和图 7.4 描述了高速列车在不同运行工况下的手柄级位 ϑ 与 U 和 v 之间存在多变量非线性关系，由此可得

$$\vartheta = f(U, v) \tag{7.1}$$

根据列车运动方程和动力学描述方法，可得高速列车动力学方程如式 (7.2) 所示[8,9]：

$$Mv\frac{\mathrm{d}v}{\mathrm{d}x} = \frac{f(U, v)}{v} - \left(D_2 v^2 + D_1 v\right) + G(x) \tag{7.2}$$

式中，M 为高速列车等价总质量；系统输入 $f(U, v)$ 为高速列车不同手柄级位对应的能量供应率；x 为高速列车运行距离；系统输出 v 为速度；$G(x)$ 为线路参数（电分相点、坡度和曲率）；D_1 为机械阻力系数；D_2 为空气阻力系数。在高速列车运行过程中，非线性空气阻力 $D_2 v^2$ 在式 (7.2) 阻力项中所占比例越来越大。

从高速列车牵引过程能量传递的角度出发，定义 $P(U, v)$ 为

$$P(U, v) = \frac{f(U, v)}{v} \tag{7.3}$$

借鉴文献[10]中采用双线性模型近似多变量非线性系统的方法，可将式 (7.3) 变换为双线性系统描述，如式 (7.4) 所示：

$$Mv\frac{\mathrm{d}v}{\mathrm{d}x} = P_1 v + P_2 U + P_3 (U \otimes v) - \left(D_2 v^2 + D_1 v \right) + G(x) \tag{7.4}$$

式中，P_1 是与高速列车运行速度 v 相关的功率系数；P_2 是与高速列车牵引力/制动力 U 相关的功率系数；P_3 是与高速列车不同手柄级位对应的双线性项 $(U \otimes v)$ 相关的功率系数。

基于式 (7.4)，高速列车区间运行时间 $t(x)$ 和能耗 $E(x)$（牵引能耗减去回收的再生制动能量）分别如式 (7.5) 和式 (7.6) 所示：

$$t(x) = \int_{x_1}^{x_2} \frac{1}{v(x)} \mathrm{d}x \tag{7.5}$$

$$E(x) = \int_{x_1}^{x_2} U(x) v(x) t(x) \mathrm{d}x \tag{7.6}$$

式中，x_1 和 x_2 分别是列车运行起点和终点的位置。

7.3　高速列车 T-S 模糊双线性模型

高速列车运行由牵引、惰行和制动等工况构成，对应运行状态特征如式 (7.7) 所示。

$$
\begin{array}{lll}
\text{牵引：} & v(x-q) < v^*(x-1), & U(x-1) > 0 \\
\text{惰行：} & U(x-1) = 0, \cdots, U(x-q) = 0 & \\
\text{制动：} & v^*(x-1) < v(x-q), & U(x-1) < 0
\end{array} \tag{7.7}
$$

式中，q 为模型阶次；$v^*(x-1)$ 为允许速度。

列车运行过程模型 (7.4) 可用 T-S 模糊双线性模型统一描述为[11]

$$
\begin{aligned}
& \text{if } \Pi_1(x) \text{ is } \Gamma_{i1} \text{ and } \cdots \text{ and } \Pi_q(x) \text{ is } \Gamma_{iq} \\
& \text{then } A_i\left(z^{-1}\right) v(x) = B_i\left(z^{-1}\right) U(x-1) v(x) + C_i\left(z^{-1}\right) U(x-1) + \xi(x)/\Delta
\end{aligned} \tag{7.8}
$$

式中，$i = 1, 2, \cdots, N$，N 表示模糊规则数；z^{-1} 表示单位后移算子；$\xi(x)$ 表示随机干扰序列；$\Delta = 1 - z^{-1}$ 表示差分算子；Π_q 表示已知的模糊变量，其对应的取值序列如式 (7.9) 所示：

$$\left[v(x-1) \cdots v(x-q) \rightarrow U(x-1) \cdots U(x-q) \right] \tag{7.9}$$

Γ_{iq} 为模糊集，用高斯型隶属度函数表达：

$$\Gamma_{iq} = \left[\alpha_i\left(\alpha_{i1}, \cdots, \alpha_{iq}\right); \beta_i\left(\beta_{i1}, \cdots, \beta_{ip}\right) \right] \tag{7.10}$$

式中，α_i 为高速列车隶属度函数；β_i 为高速列车控制力隶属度函数。

$A_i\left(z^{-1}\right)$、$B_i\left(z^{-1}\right)$、$C_i\left(z^{-1}\right)$ 是待辨识的不同工况下的模型参数：

$$\begin{cases} A_i\left(z^{-1}\right) = 1 + a_{i1}z^{-1} + \cdots + a_{iq}z^{-q} \\ B_i\left(z^{-1}\right) = b_{i0} + b_{i1}z^{-1} + \cdots + b_{iq}z^{-q} \\ C_i\left(z^{-1}\right) = c_{i0} + c_{i1}z^{-1} + \cdots + c_{iq}z^{-q} \end{cases} \tag{7.11}$$

对于高速列车当前位置的输入和输出数据序列，采用单值模糊器、乘积推理机及加权平均解模糊化的推理方法，可得 T-S 模糊双线性模型输出为

$$v(x) = \sum_{i=1}^{N} \bar{\mu}_i \left(-A_i\left(z^{-1}\right)v(x) + B_i\left(z^{-1}\right)U(x-1)v(x) + C_i\left(z^{-1}\right)U(x-1) + \xi(x)/\Delta \right) \tag{7.12}$$

$$\bar{\mu}_i = \mu_i \Big/ \sum_{i=1}^{N} \mu_i \tag{7.13}$$

式中，μ_i 为输入变量对第 i 条规则的匹配度，可表示为

$$\mu_i = \prod_{j=1}^{q} \alpha_{ij} \prod_{j=1}^{q} \beta_{ij} \tag{7.14}$$

式 (7.12) 可转换为向量形式：

$$v(x) = \sum_{i=1}^{N} \Phi^{\mathrm{T}}(x)\theta_{ix} + \xi(x)/\Delta \tag{7.15}$$

式中，θ_{ix} 为待辨识的参数，定义如下：

$$\theta_{ix} = \left[a_{i1}, \cdots, a_{iq}, b_{i0}, \cdots, b_{iq}, c_{i0}, \cdots, c_{iq} \right]^{\mathrm{T}} \tag{7.16}$$

$\Phi(x)$ 为观测向量（包括状态变量、状态变量和控制变量的乘积、控制变量），定义如下：

$$\Phi(x) = \left[\bar{\mu}_1 \chi^{\mathrm{T}}(x), \cdots, \bar{\mu}_i \chi^{\mathrm{T}}(x), \cdots, \bar{\mu}_N \chi^{\mathrm{T}}(x) \right]^{\mathrm{T}} \tag{7.17}$$

其中，$\chi(x)$ 为

$$\chi(x) = \begin{bmatrix} v(x-1) & (v(x-1)U(x-1), U(x-1)) \\ \vdots & \vdots \\ v(x-q) & (v(x-q)U(x-q), U(x-q)) \end{bmatrix}^{\mathrm{T}} \tag{7.18}$$

7.3.1 模型参数辨识

针对模型(7.15)中的待辨识参数 θ_{ix}，采用递推局部加权最小二乘方法来确定：

$$\hat{\theta}_{ix} = \hat{\theta}_{i(x-1)} + C_{ix}\Phi(x)\bar{\mu}_{ix}(\Phi(x))\left(v(x) - \Phi^T(x)\hat{\theta}_{i(x-1)}\right) \tag{7.19}$$

$$C_{ix} = C_{i(x-1)} - \frac{\bar{\mu}_{ix}(\Phi(x))C_{i(x-1)}\Phi(x)\Phi^T(x)C_{i(x-1)}}{\lambda + \bar{\mu}_{ix}(\Phi(x))\Phi^T(x)C_{i(x-1)}\Phi(x)} \tag{7.20}$$

式中，λ 为遗忘因子，用来提高模型的泛化能力，$0.95 \leqslant \lambda \leqslant 1$；$\hat{\theta}_{ix}$ 为各个模糊规则在 $\Phi(x)$ 处的估计值；C_{ix} 为协方差矩阵；$\bar{\mu}_{ix}(\Phi(x))$ 为各个规则在 $\Phi(x)$ 处的加权模糊隶属度函数值。

7.3.2 模型结构辨识

模糊模型的规则数量决定模型复杂度和待辨识参数数量。基于聚类有效性指标，结构辨识的基本原则是用较少的模糊规则数 N^* 来有效描述列车的各种运动模式与状态，从而建立列车运行过程动态模型[12]。常用的模式特征聚类方法有减法聚类、FCM 聚类、基于遗传算法的模糊 C 均值 (genetic algorithm fuzzy C-means，GA-FCM) 聚类等[11]。文献[13]基于 FCM 聚类算法来辨识高速列车控制模型，虽然具有满意的聚类划分效果，但容易陷入局部最小值。文献[14]设计了 GA-FCM 聚类算法来改善 FCM 聚类算法的全局优化能力。GA 作为一种随机搜索算法，具有在进化早期容易出现早熟、在进化后期收敛速度慢等缺点。考虑到高速列车运行数据包含大量模式，但只有部分模式符合驾驶员操纵经验，因此 GA-FCM 聚类算法难以较好地表征高速列车最优工况集合。鉴于模拟退火算法具有较强的局部搜索能力，可以改善 GA 早熟等现象，本章采用基于遗传算法和模拟退火算法的 FCM (GA-SA-FCM) 聚类算法对高速列车运行数据进行聚类分析，从而确定 T-S 双线性模糊规则数。

GA-SA-FCM 聚类算法流程如下，其算法流程图如图 7.5 所示。

(1)初始化控制参数，包括种群个体大小 sizepop、最大进化次数 MAXGEN、初始代数 Gen、交叉概率 P_c、变异概率 P_m、退火初始温度 T_0、温度冷却系数 ℓ、终止温度 T_{end}、当前状态温度 T_i、循环状态温度 T_{i+1}。

(2)随机初始化 N^* 个聚类中心，并生成初始种群 Chrom，用 FCM 聚类算法计算各个体的隶属度，以及每个个体的适应度值 f_{size}。

(3)对种群 Chrom 实施选择、交叉和变异等遗传操作，用模拟退火算法计算新产生个体的隶属度、聚类中心以及每一个个体的适应度值 f'_{size}。

①如果代数 Gen 小于最大进化次数 MAXGEN，则返回继续执行 GA-SA-FCM 聚类算法。

②如果代数 Gen 大于最大进化次数 MAXGEN，则判断当前状态温度 T_i 是否小于终止温度 T_{end}。

③如果 T_i 大于 T_{end}，则通过温度冷却系数 ℓ，继续返回执行 GA-SA-FCM 聚类算法。

④如果 T_i 小于 T_{end}，则算法结束。

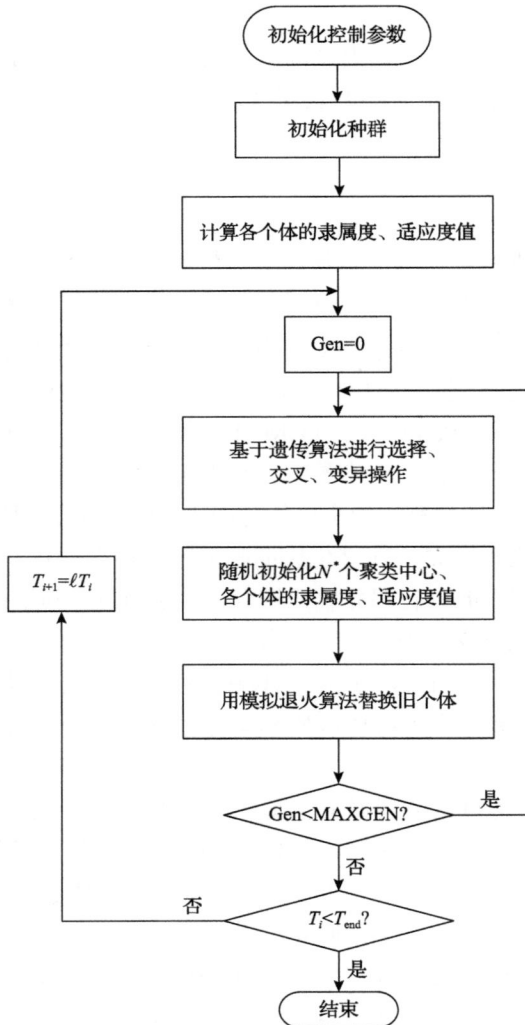

図 7.5　GA-SA-FCM 聚类算法流程图

7.4　基于 T-S 模糊双线性模型的预测控制方法

控制器的设计应使高速列车运行满足安全、准点、节能等目标。通过建立相应的目标函数，模糊双线性模型预测控制算法可以给出最优控制序列。针对模型中的双线性项具有非线性、多步预测在线计算量大等现象，通过模型变换，将预测控制中复杂的非线性优化问题转化为较简单的线性优化问题[15,16]。双线性预测模型 (7.12) 可转化为如下线性形式：

$$v(x) = \bar{\mu}_i \sum_{i=1}^{N^*} \left(-A_i\left(z^{-1}\right) + B_i\left(z^{-1}\right)U(x-1) \right) v(x) + \bar{\mu}_i \sum_{i=1}^{N^*} C_i\left(z^{-1}\right)\Delta U(x-1) + \bar{\mu}_i \sum_{i=1}^{N^*} \xi(x)\,/\,\Delta$$

$$(7.21)$$

基于不同运行工况下的预测模型，依据列车实际运行图、线路情况、限速条件、牵引力/制动力的非线性特性等约束条件，高速列车运行优化模型如下：

$$\min J = W_{\mathrm{T}} \left| \frac{t - t^*}{t^*} \right| + W_{\mathrm{E}} \left| \frac{E - E^*}{E^*} \right|$$

$$\text{s.t.} \begin{cases} v_{\mathrm{r}} - \delta \leqslant v \leqslant v_{\mathrm{r}} + \delta \\ t \leqslant t^* \\ U_{\min} \leqslant U \leqslant U_{\max} \\ \Delta u_{\min} \leqslant \Delta U \leqslant \Delta u_{\max} \end{cases} \qquad (7.22)$$

式中，W_{T} 和 W_{E} 分别为运行时分权重和能耗权重；v_{r} 为目标速度；δ 为速度跟踪误差范围；t^* 为运行图规定的运行时分；E^* 为区间运行期望的能耗；$U_{\min}$ 为最大制动力；ΔU 为控制量增量；$U_{\max}$ 为最大牵引力。

由于安全和准点目标可通过对最优速度曲线 V_{r} 的精确跟踪来实现，节能指标可通过控制量的变化 ΔU 来描述，则式 (7.22) 中目标函数可表述为

$$J = \left(V - V_{\mathrm{r}}\right)^{\mathrm{T}} \chi \left(V - V_{\mathrm{r}}\right) + \Delta U^{\mathrm{T}} \gamma \Delta U \qquad (7.23)$$

式中，χ 为输出误差加权矩阵；γ 为控制加权矩阵；V、V_{r}、ΔU 可表示为

$$\begin{cases} V = \left[v(x+1\,|\,x), \cdots, v(x+N_1\,|\,x) \right]^{\mathrm{T}} \\ V_{\mathrm{r}} = \left[v_{\mathrm{r}}(x+1), \cdots, v_{\mathrm{r}}(x+N_1) \right]^{\mathrm{T}} \\ \Delta U = \left[\Delta u(x), \cdots, \Delta u(x+N_{\mathrm{u}}-1) \right] \end{cases} \qquad (7.24)$$

式中，N_1 和 N_u 分别为预测时域和控制时域。

为了求解式 (7.23) 所示的优化问题，定义式 (7.21) 双线性模型的参数为

$$
\begin{cases}
A_o\left(z^{-1}\right) = -A_i\left(z^{-1}\right) + B_i\left(z^{-1}\right)U(x-1) \\
A\left(z^{-1}\right) = -\sum_{i=1}^{N^*} \bar{\mu}_i A_o\left(z^{-1}\right) \\
C\left(z^{-1}\right) = -\sum_{i=1}^{N^*} \bar{\mu}_i C_i\left(z^{-1}\right)
\end{cases}
\tag{7.25}
$$

则式 (7.21) 所示系统最优预测模型可描述为

$$
A\left(z^{-1}\right)v(x) = C\left(z^{-1}\right)\Delta U(x-1) + \xi(x)
\tag{7.26}
$$

为了获得模型的 j 步超前预测输出，引入丢番图（Diophantine）方程：

$$
1 = E_j\left(z^{-1}\right)\overline{A}\left(z^{-1}\right) + z^{-j}F_j\left(z^{-1}\right)
\tag{7.27}
$$

式中

$$
\begin{cases}
\overline{A}\left(z^{-1}\right) = \left(1 - z^{-1}\right)A\left(z^{-1}\right) \\
E_j\left(z^{-1}\right) = 1 + \sum_{m=1}^{j-1} e_{j,m} z^{-m} \\
F_j\left(z^{-1}\right) = \sum_{m=0}^{iq} f_{j,m} z^{-m}
\end{cases}
\tag{7.28}
$$

将式 (7.27) 代入式 (7.26) 可得

$$
v(x+j) = E_j\left(z^{-1}\right)C\left(z^{-1}\right)\Delta U(x+j-1) + F_j\left(z^{-1}\right)v(x) + E_j\left(z^{-1}\right)\xi(x+j)
\tag{7.29}
$$

由于式 (7.29) 中 $E_j\left(z^{-1}\right)\xi(x+j)$ 是 $x+1$ 到 $x+j$ 位置区间白噪声之和，其值为零，进而可得 j 步超前最优预测输出值：

$$
v(x+j \mid x) = E_j\left(z^{-1}\right)C\left(z^{-1}\right)\Delta U(x+j-1) + F_j\left(z^{-1}\right)v(x)
\tag{7.30}
$$

为了求解滚动优化预测控制律，需给出 $x+N_1$ 及其以后采样位置处的多步预测输出向量形式，为此引入丢番图方程如下：

$$E_j\left(z^{-1}\right)C\left(z^{-1}\right)=G_j\left(z^{-1}\right)+z^{-j}H_j\left(z^{-1}\right) \tag{7.31}$$

式中

$$G_j\left(z^{-1}\right)=\sum_{m=0}^{j-1}g_{j,m}z^{-m},\quad H_j\left(z^{-1}\right)=\sum_{m=0}^{q-1}h_{j,m}z^{-m} \tag{7.32}$$

将式(7.31)代入式(7.30)可得

$$v(x+j\,|\,x)=G_j\left(z^{-1}\right)\Delta U(x+j-1)+H_j\left(z^{-1}\right)\Delta U(x-1)+F_j\left(z^{-1}\right)v(k) \tag{7.33}$$

式中，$G_j\left(z^{-1}\right)\Delta U(x+j-1)$ 是与未知预测控制增量相关的项；$H_j\left(z^{-1}\right)\Delta U(x-1)$ 是与已知预测控制增量相关的项；$F_j\left(z^{-1}\right)v(x)$ 是与过去预测输出相关的项。

第 N_1 步最优预测输出的向量形式为

$$V\left(x+N_1\right)=G\Delta U\left(x+N_u-1\right)+H\Delta U(x-1)+Fv(x) \tag{7.34}$$

$$G=\begin{bmatrix} g_{1,0} & 0 & \cdots & 0 \\ g_{2,1} & g_{1,0} & \cdots & 0 \\ \vdots & \vdots & & \vdots \\ g_{N_u,N_u-1} & g_{N_u-1,N_u-2} & \cdots & g_{1,0} \\ \vdots & \vdots & & \vdots \\ g_{N_1,N_1-1} & g_{N_1-1,N_1-2} & \cdots & g_{N_1-N_u+1,N_1-N_u} \end{bmatrix}$$

$$H=\left[H_1\left(z^{-1}\right)\ H_2\left(z^{-1}\right)\ \cdots\ H_{N_1}\left(z^{-1}\right)\right] \tag{7.35}$$

$$F=\left[F_1\left(z^{-1}\right)\ F_2\left(z^{-1}\right)\ \cdots\ F_{N_1}\left(z^{-1}\right)\right]$$

基于式(7.34)中 $\Delta U(x-1)$ 和 $v(x)$ 为已知变量，式(7.23)的最优解可进一步表示为未知控制增量 $\Delta U\left(x+N_u-1\right)$ 的偏微分：

$$\frac{\partial J}{\partial \Delta U\left(x+N_u-1\right)}=0 \tag{7.36}$$

则最优控制增量序列如下：

$$\Delta U\left(x+N_u-1\right)^*=\left(G^{\mathrm{T}}G+R\right)^{-1}G^{\mathrm{T}}\left(V_r-H\Delta u(x-1)-Fv(x)\right) \tag{7.37}$$

式中

$$\Delta U\left(x+N_{\mathrm{u}}-1\right)=\left[\begin{array}{ccc}\Delta u^*(x) & \cdots & \Delta u^*\left(x+N_{\mathrm{u}}-1\right)\end{array}\right] \qquad (7.38)$$

7.5　高速列车自适应预测控制

高速列车实际运行条件复杂多变，基于参数固定 T-S 模糊双线性模型的预测控制难以满足高速列车多目标优化需求，为此提出基于即时学习的自适应预测控制方法，以实现高速列车安全、准点、节能运行控制。

7.5.1　基于即时学习的自适应预测控制

图 7.6 描述了基于即时学习的自适应预测控制系统。基于即时学习的 T-S 模糊双线性模型通过自适应校正机制进行模型参数校正：首先辨识其动态特性，当闭环系统跟踪误差 e 在允许范围内时，T-S 模糊双线性模型参数无需优化；当跟踪误差超过给定阈值时，采用即时学习算法对该系统的参数进行在线校正。整个过程既可降低 T-S 模糊双线性模型未建模部分和未知故障或干扰对控制性能的影响，又可减少即时学习算法计算量，提高模型的精度和泛化能力。通过动态调整双线性模型预测控制器的参数，实现模型参数和控制器参数的同时优化，减少了控制器在线计算量。

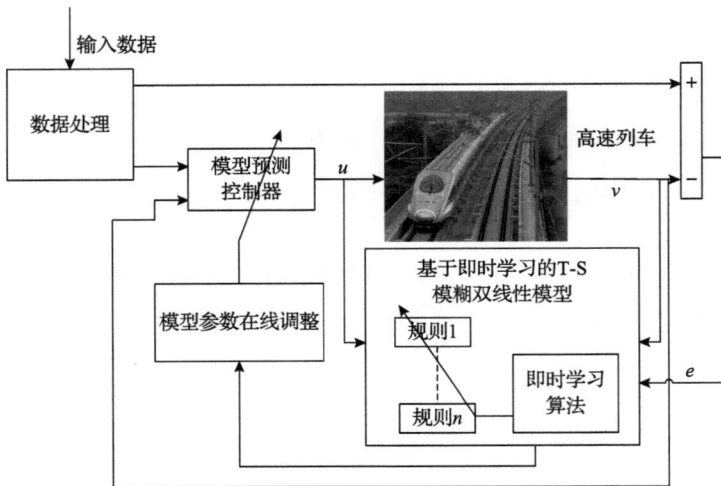

图 7.6　基于即时学习的自适应预测控制系统

如何选择局部查询点的邻域是即时学习算法中的关键问题。例如，基于 K 最近邻（K-nearest neighbor，KNN）的即时学习算法容易陷入穷举搜索机制，计算量较大。同时它仅仅采用欧氏距离来评估两个数据样本之间的相似性，不能完全表征信息的相似性。采用前文描述的 GA-SA-FCM 聚类算法来建立查询点的邻域，并结合距离和角度来评估样本的相似性，即利用基于 K-VNN(K-vector nearest neighbors)的搜索策略来快速建立即时学习模型[7,17]。为了提高即时学习算法的效率，且保证模型输出快速收敛到稳定的区域，本章只在 T-S 模糊双线性模型输出误差超过阈值时(查询点 X_i)，启用即时学习算法进行校正并将当前查询点更新到学习集中。因此，当前实际输出可以看成是 X_i 邻域基于 K-VNN 的即时学习。

考虑模型(7.4)，则自适应预测控制模型可设计为

$$v_n(x+1) = f(v(x)) + h(v(x))v(x)u(x) + g(v(x))u(x) \qquad (7.39)$$
$$y(x+1) = v_n(x+1)$$

式中，状态向量 $v(x)$ 为

$$v(x) = [v_1(x), v_2(x), \cdots, v_n(x)] \qquad (7.40)$$

式中，u 是控制输入；y 是系统输出；$f(v(x))$、$h(v(x))$ 和 $g(v(x))$ 是未知函数。

在 X_i 附近进行模型参数在线校正的问题，可转化为求解式(7.41)所示的优化问题：

$$\min \sum_{(X_i, v_i) \in \Omega_n} \left(v_i - X^{\mathrm{T}}\theta \right)^2 w_i \qquad (7.41)$$

式中，Ω_n 为某种准则下离 X_i 最近的 n 个样本的邻域，采用 K-VNN 方法作为邻域选取指标，获得当前工作点的最佳邻域区间[17]。

7.5.2　稳定性分析

依据所提出的基于即时学习的自适应预测控制方法可知，局部查询点的即时学习集是否存在将影响系统的稳定性，为此可给出闭环系统稳定性条件，引理如下。

引理 7.1　对于给定的 $v(x)$，如果 Ω_n 存在，则存在一个常数 $h' > 0$，使得 $h(v(x))v(x) = h^*$。

证明　结合式(7.1)、式(7.3)、式(7.4)和式(7.39)，可以发现 $h(v(x))$ 和 ϑ 具有等价性，即 $0 \leqslant h(v(x)) \leqslant 1$，则 $h(v(x))v(x) \leqslant v(x)$，在 Ω_n 存在的前提下，$v(x)$ 可用其邻域样本的距离函数表示，即 $v(x)$ 有界。综上所述，存在一个常数 $h' > 0$，使得

$$h(v(x))v(x) = h' \qquad (7.42)$$

证毕。

由文献[8]可知 $g(v(x)) = g > 0$，基于引理 7.1，式(7.39)可转化为如下形式：

$$v_n(x+1) = f(v(x)) + g^* u(x)$$
$$y(x+1) = v_n(x+1) \tag{7.43}$$

定理 7.1　考虑由 T-S 模糊双线性辨识模型(7.15)、控制器(7.37)和自适应模型(7.43)组成的闭环系统，如果满足引理 7.1，则闭环系统跟踪误差 e 是有界的，即闭环系统稳定。

定理 7.1 的证明可参见文献[18]，其关键步骤如下。

步骤 1　存在 $\hbar > 0$ 和正定对称矩阵 $\mathscr{R}$，使得矩阵 Λ 满足：

$$\Lambda^{\mathrm{T}} \mathscr{R} \Lambda - \mathscr{R} \leqslant -\hbar I < 0 \tag{7.44}$$

步骤 2　针对上述闭环系统，构造如下李雅普诺夫函数：

$$\nabla(x) = \frac{1}{2} e^{\mathrm{T}}(x) \mathscr{R} e(x) + \frac{1}{2\gamma} \tilde{\Phi}^{\mathrm{T}}(x-1) \tilde{\Phi}(x-1) \tag{7.45}$$

式中，γ 为正常数；$\tilde{\Phi}(x-1) = \Phi(x-1) - \Phi^*(x-1)$，$\Phi^*(x-1)$ 为待辨识的最优观测向量。

步骤 3　构造合适的观测向量自适应律，保证存在一个正常数 ρ_c 使得 $\dot{\nabla} < 0$，即 e 有界。由引理 7.1 的证明可知，在即时学习集 Ω_n 存在的情况下，这一条件可以满足。

步骤 4　同时考虑 $\nabla \geqslant 0$ 和 $\dot{\nabla} < 0$，故闭环系统稳定。

7.6　应　用　案　例

针对本章提出的闭环结构下高速列车牵引过程模型辨识方法，基于 CRH380AL 型高速列车在京沪高铁"济南西—徐州东"区间内的实际运行数据开展模拟实验，验证所建立模型能否有效描述列车各种运行状态的模式特征、基于即时学习与自适应预测控制算法的可靠性和实时性，以及高速列车优化控制效果。

高速列车运行数据采集区间的起始里程为 393.74km，泰安西站里程为 465.77km，终点里程为 693.74km。列车在该区间内途经泰安西站、曲阜东站、滕州东站和枣庄西站，并在泰安西站停车 2min。高速列车牵引过程复杂，其工况变化受到线路特性、列车时刻表、临时限速等约束。例如，该区间内全程有 9 个隧道，11 处电分相区段，17 处坡度值超过 12‰(最大坡度 20‰)。此外，运行图给定的区间运行时间为 1h 18min。在上述约束条件下，基于 CRH380AL 型高速列车在该区间内的安全、准点和节能运行指标，结合优秀乘务员驾驶经验，从大量 CRH380AL 型高速列车在该区间内的时刻-里程、V-S 曲线中筛选得到的参考轨迹如图 7.7 所示。列车牵引过程采用交流调速控制模式，制动过程采用电空联合制动方式，再生电量可以回馈到电网，参考轨迹对应的牵引能耗为 6689kW·h。

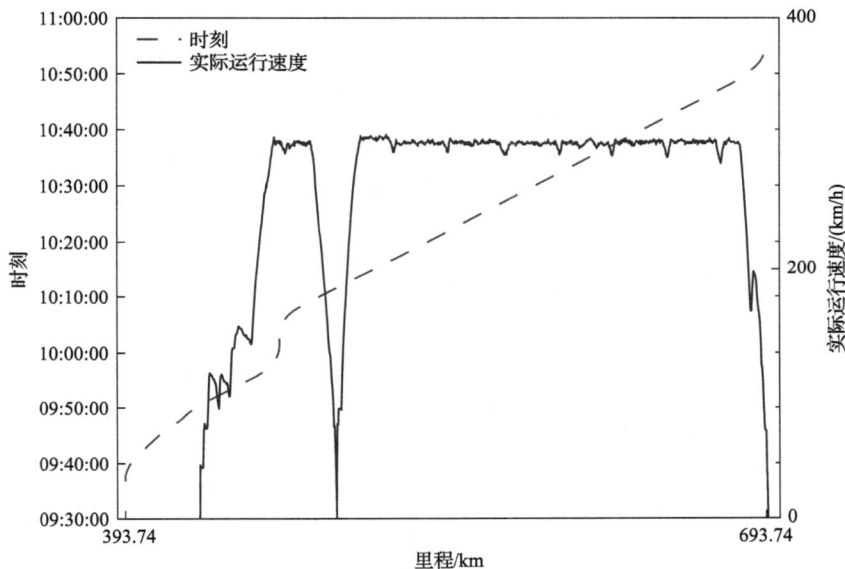

图 7.7　高速列车跟踪目标曲线

7.6.1　模型验证

基于 CRH380AL 型高速列车 T-S 模糊双线性模型和不同手柄级位下的牵引/制动特性曲线对现场采集的 2000 组数据进行预处理，得到[0,300km/h]范围内的 1800 组有效数据，据此建立列车牵引过程 T-S 模糊双线性模型。

1. 模型结构辨识

本节将通过对比分析来验证本章提出的聚类策略的有效性。图 7.8～图 7.10 分别为采用 FCM 聚类算法[13]、GA-FCM 聚类算法[14]和本章提出的 GA-SA-FCM 聚类算法得到的样本分布效果图。

从图 7.8～图 7.10 可以看出，样本数据按牵引工况、惰行工况和制动工况有序分布，这与理论上的牵引、制动特性曲线相吻合。但图 7.8 中单纯的 FCM 聚类算法在样本特征提取过程中，不能有效地识别高速惰行工况，错误地将低速惰行和高速惰行认为是同一种工况。另外在恒功率牵引工况附近出现聚类 3 和聚类 4

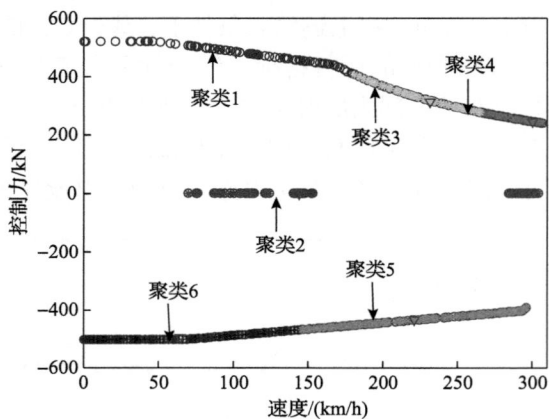

图 7.8　基于 FCM 聚类算法的样本分布

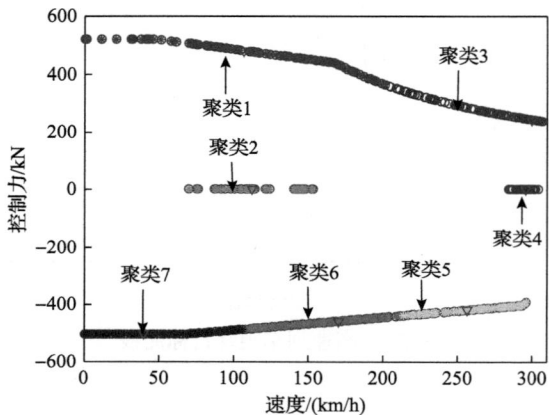

图 7.9　基于 GA-FCM 聚类算法的样本分布

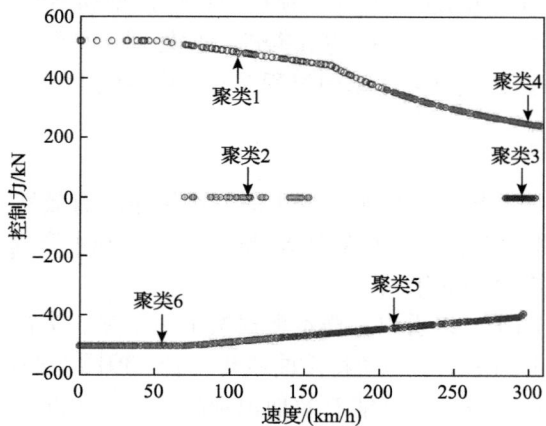

图 7.10　基于 GA-SA-FCM 聚类算法的样本分布

冗余识别现象，这两点位于同一条双曲线上，只需一点就能确定曲线形状。考虑到高速列车持续高速运行，聚类 4 相对聚类 3 更能代表其动态特征。

从图 7.9 中可以看出，基于 GA 优化的 FCM 聚类算法可以正确识别牵引工况、惰行工况，但在高速制动工况出现早熟现象，即聚类 5 和 6 重复。这些点几乎在同一条直线上，且相隔较近，选择其中间点作为聚类中心更为合适。

由图 7.10 可知，本章采用的 GA-SA-FCM 聚类算法能够正确地辨识高速列车运行过程的 6 个特征工况，这也符合列车实际运行要求。T-S 模糊双线性模型 6 种工况对应的 6 个工作点分别如表 7.1 所示。

表 7.1　6 种工况对应的工作点

工况	工作点	
	速度/(km/h)	控制力/kN
启动工况(聚类 1)	105.64	497.86
低速惰行工况(聚类 2)	112.68	0.730
高速惰行工况(聚类 3)	295.15	0.2952
恒功率牵引工况(聚类 4)	299.83	245.51
高速制动工况(聚类 5)	210.48	−438.47
低速停车制动工况(聚类 6)	55.780	−497.24

基于表 7.1 所述工作点，图 7.11 和图 7.12 分别为优化前速度、控制力隶属度函数曲线；图 7.13 和图 7.14 为优化后速度、控制力隶属度函数曲线。对比图 7.11～图 7.14 可知，优化前和优化后的隶属度函数曲线都能表征 6 个工况点，但优化前的隶属度函数曲线不能有效地区分低速和高速惰行工况。而优化后的隶属度函

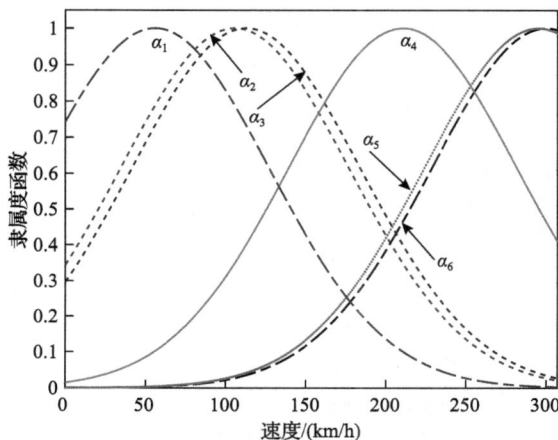

图 7.11　优化前速度隶属度函数

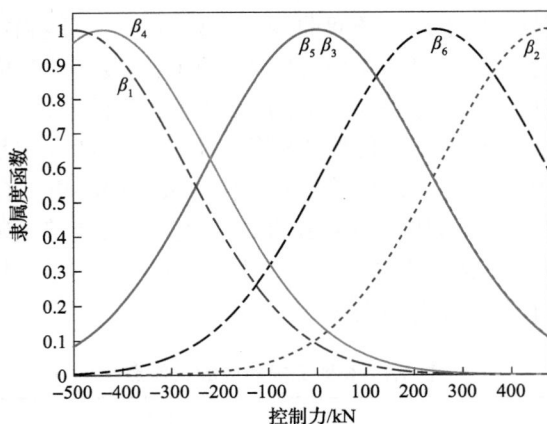

图 7.12　优化前控制力隶属度函数

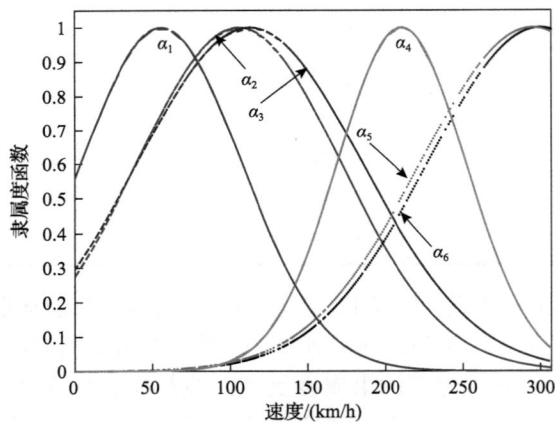

图 7.13　优化后速度隶属度函数

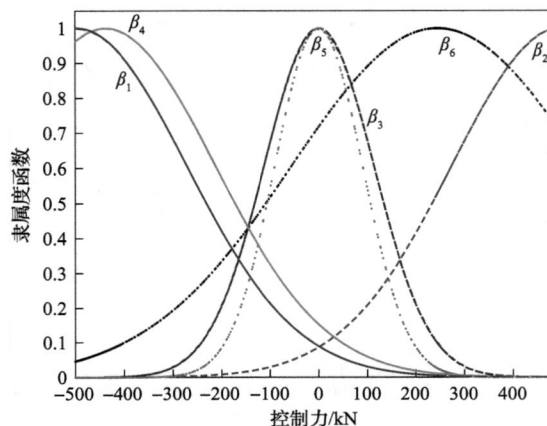

图 7.14　优化后控制力隶属度函数

数曲线能有效地描述最优工况。

2. 模型参数辨识

兼顾系统延时和在线调节策略的快速性，基于高速列车模糊双线性预测模型二阶模型结构(7.21)对 6 条模糊规则的参数进行辨识。图 7.15 描述了模糊规则 1 的 6 个参数在样本空间的变化和收敛情况。从图 7.15 可以看出，每条规则的参数均有较快的收敛性和较好的适应性，且每个规则的参数都具备特有的变化趋势，满足高速列车牵引过程多工况和多参数辨识要求。其余 5 条模糊规则的参数具有类似的收敛特征，表 7.2 描述了 6 条模糊规则的参数收敛值 $(a_1,a_2,b_0,b_1,c_0,c_1)$，其中 a_1 和 a_2 代表速度变量的系数；b_0 和 b_1 代表速度变量和控制变量双线性耦合项的系数；c_0 和 c_1 代表控制变量的系数。

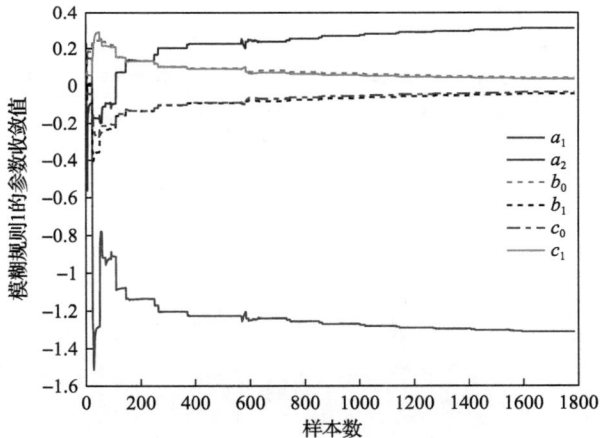

图 7.15　模糊规则 1 的参数收敛性分析

表 7.2　模糊规则参数收敛值

模糊规则	参数收敛值 $(a_1,a_2,b_0,b_1,c_0,c_1)$
1	$(-1.2875,0.2887,0.0427,-0.0424,-0.0342,0.0366)$
2	$(-1.2695,0.2697,-0.0026,0.0022,0.01,-0.0064)$
3	$(-0.9973,-0006,0.0029,-0.0065,0.0026,0.0103)$
4	$(-1.0564,0.0577,0.0001,-0.002,0.006,0.0014)$
5	$(-1.2253,0.227,-0.0092,0.009,0.0146,-0.0124)$
6	$(-1.1454,0.1472,-0.0394,0.0396,0.0375,-0.0359)$

图 7.16 和图 7.17 分别为高速列车 T-S 模糊双线性模型输出及其与实际运行速度的误差曲线。由图 7.16 和图 7.17 可知，在线路限速约束条件下，本章建模方法

的模型输出能较好地跟踪实际输出的变化情况(均方根误差为 1.699km/h),模型输出的最大正误差和最小负误差分别为1.298km/h 和–1.296km/h,其绝对值均在线路限速误差范围内,可较好地满足 CTCS-3 级列控系统误差要求,即 30km/h 以下±2km/h,30km/h 以上不超过速度值的 2%。

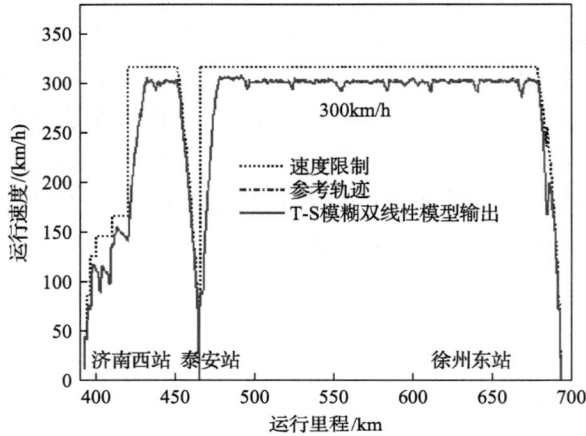

图 7.16　T-S 模糊双线性模型输出曲线

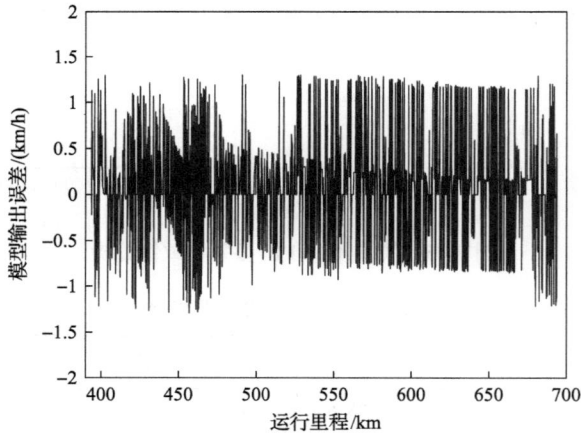

图 7.17　模型输出误差曲线

7.6.2　算法稳定性和实时性分析

由定理 7.1 可知,合理选择预测控制算法的预测时域 N_1 和控制时域 N_u 将对算法的运行速度和系统稳定性产生重要影响。考虑本章所建立的高速列车模糊双线性预测模型结构(7.21)包含一个不稳定极点(表 7.2 参数 a_1),兼顾系统稳定性和在线调节策略的快速性,选择 $N_u = 1$。预测时域 N_1 应包含系统的主要动态过程,其大小对系统的稳定性和快速性有很大的影响，其长度应大于控制时域。N_1 较小，虽然快速性好，但系统稳定性和鲁棒性较差。N_1 较大，虽然鲁棒性好，但动态响应慢，降低了系统的实时性。本章针对高速列车实际运行数据，离线建立了 6 个 T-S 模糊双线性子模型，采用基于即时学习的模型在线调整与自适应预测控制策略，在控制时域 $N_u = 1$，预测时域 N_1 分别为 2～9 时进行仿真实验，表 7.3 列出了其对应的最大牵引力、速度误差范围和运行时间三组数据。

表 7.3　不同预测时域的仿真效果

预测时域	最大牵引力/kN	速度误差范围/(km/h)	运行时间/ms
2	552.81	(−1.3484, 1.8782)	0.50
3	800.79	(−1.4755, 1.6299)	0.55
4	625.40	(−1.4072, 0.6517)	0.67
5	711.83	(−1.6137, 1.8073)	0.84
6	848.31	(−4.0462, 3.5069)	0.86
7	1077.90	(−4.6958, 7.2122)	2.10
8	773.07	(−5.3918, 9.8019)	3.20
9	1348.80	(−8.6019, 10.076)	9.60

由表 7.3 可知，当预测时域为 2～5 时，启动过程牵引力变化平稳，速度误差满足高速列车运行跟踪控制目标要求，且即时学习集存在，满足系统稳定性要求；同时运行时间均小于 1ms，满足在线调节和速度跟踪控制实时性要求。

当预测时域为 6～9 时，启动过程牵引力波动较大，速度误差难以满足高速列车运行跟踪控制目标要求；此时在线调节策略会出现局部工况的即时学习集不存在现象，使系统处于临界稳定状态；算法运行时间逐渐加大，尤其当预测时域为 9 的运行时间为 9.60ms，难以满足系统实时性要求。

7.6.3　自适应预测控制性能分析

由 7.6.2 节分析可知，当选择预测时域 $N_1 = 4$、控制时域 $N_u = 1$ 时，既可保证系统稳定又可获得较好的控制性能，且所需计算时间为 0.67ms，占整个采样控制周期(10ms)不到 1/10，完全能满足在线调整和实时控制需求。

图 7.18 和图 7.19 描述了基于即时学习的自适应预测控制算法对高速列车运行控制的速度跟踪曲线和跟踪误差曲线，其控制误差的最大值和最小值分别为 0.6517km/h 和−1.4072km/h，均方根误差(0.1352km/h)明显优于离线建模系统的均方根误差(1.699km/h)，满足高速列车运行跟踪控制目标。

图 7.20 为自适应预测控制算法得到的控制力变化曲线，与高速列车实际运行工况变化情况非常吻合，即牵引工况控制力大于零，制动工况控制力小于零；起

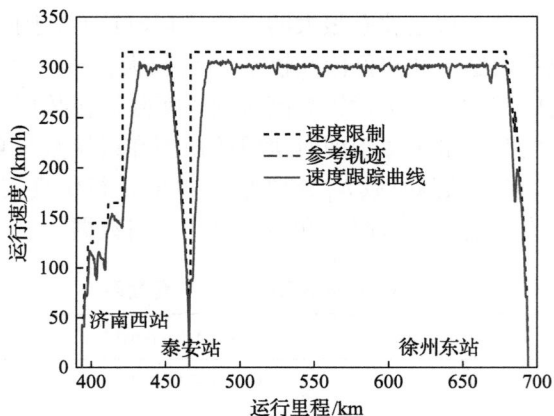

图 7.18　自适应预测控制速度跟踪曲线

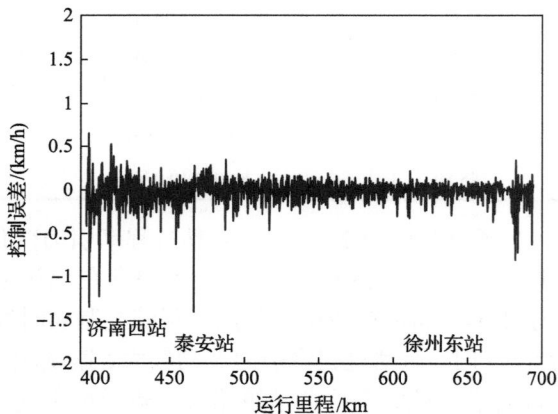

图 7.19　自适应预测控制速度跟踪误差曲线

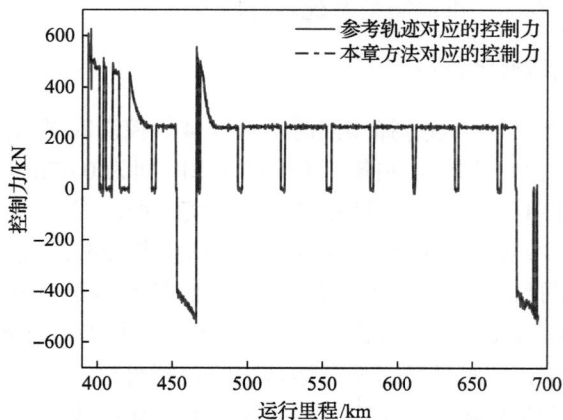

图 7.20　控制力变化曲线

动过程的控制力基于时间最优原则变化，恒速过程所需的控制力依据节能原则进行有序切换，制动过程采用再生制动将能量回馈到电网进行节能，减少了最大制动的使用频率，提高了运行平稳性。相对人工操纵的随机性和主观性，本章方法得到的控制力在整个区间运行过程中保持平滑过渡和切换，改善了乘客舒适性。

图 7.21 描述了本章方法得到的牵引能耗和运行时间曲线，其中本章参考轨迹对应的牵引能耗是采自高速列车信息管理系统的实际牵引能耗数据，该牵引能耗数据 6689kW·h 与根据参考轨迹(图 7.7)中不同速度对应的牵引力/制动力数据(图 7.20 实线)，采用式(7.5)和式(7.6)计算得到的能耗数据是一致的。采用本章方法得到的高速列车运行速度及对应的牵引力/制动力曲线分别如图 7.18(实线)和图 7.20(点画线)所示。在此基础上，联立式(7.5)和式(7.6)，采用本章提出的数据驱动建模与优化控制策略，可得牵引能耗数据为 6134kW·h。牵引能耗曲线在制动过程呈下降趋势；运行时间为 1h 18min，准点运行，本章方法对应的牵引能耗(6134kW·h)较参考轨迹对应的牵引能耗 6689kW·h 节能 555kW·h，节能效率为 8.3%。

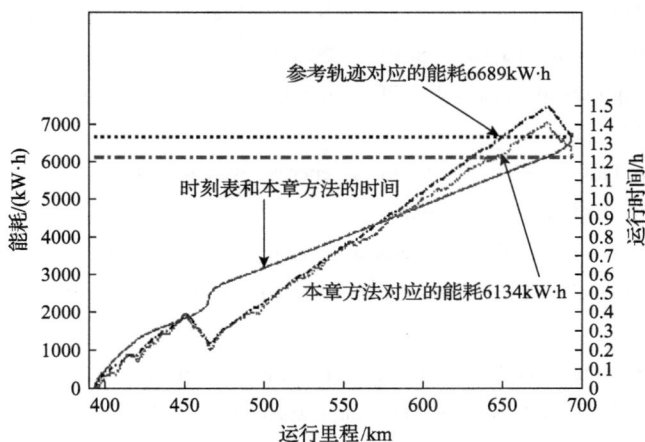

图 7.21　牵引能耗和运行时间变化曲线

7.7　本 章 小 结

针对高速列车难以建立有效的模型描述和实现运行优化的难题，本章结合高速列车非线性动力学特性和实际运行数据，给出了高速列车牵引过程 T-S 模糊双线性模型及其速度跟踪控制方法。提出的基于即时学习的自适应预测控制算法具有较好的鲁棒性和实时性。仿真实验结果表明本章方法具有以下优势：

(1)在满足安全、准点目标要求下，具有较高的跟踪精度和较好的节能效果，可辅助列车驾驶员对驾驶过程进行优化操纵。

　　(2)算法计算量小,满足高速列车运行过程模型在线校正和运行优化控制实时性需求,可为高速列车自动驾驶和多目标优化运行提供技术支撑,具有潜在的应用前景。

　　(3)鉴于高速列车在复杂多变运行环境下的高可靠性要求,实时监测其运行状态和环境信息,开展高速列车牵引过程实时故障诊断和容错控制方法研究,实现高速列车复杂环境下自愈控制具有重要现实意义。

参 考 文 献

[1] Yang H, Fu Y T, Zhang K P, et al. Speed tracking control using an ANFIS model for high-speed electric multiple unit[J]. Control Engineering Practice, 2014, 23: 57-65.

[2] Ai B, Cheng X, Kurner T, et al. Challenges towards wireless communications for high-speed railway[J]. IEEE Transactions on Intelligent Transportation Systems, 2014, 15(5): 2143-2158.

[3] Dong H R, Ning B, Cai B G, et al. Automatic train control system development and simulation for high-speed railways[J]. IEEE Circuits and Systems Magazine, 2010, 10(2): 6-18.

[4] Zhao L H, Cai B G, Xu J J, et al. Study of the track-train continuous information transmission process in a high-speed railway[J]. IEEE Transactions on Intelligent Transportation Systems, 2014, 15(1): 112-121.

[5] Howlett P G, Pudney P J, Vu X. Local energy minimization in optimal train control[J]. Automatica, 2009, 45(11): 2691-2698.

[6] Li L, Dong W, Ji Y D, et al. Minimal-energy driving strategy for high-speed electric train with hybrid system model[J]. IEEE Transactions on Intelligent Transportation Systems, 2013, 14(4): 1642-1653.

[7] Albrecht A R, Howlett P G, Pudney P J, et al. Energy-efficient train control: From local convexity to global optimization and uniqueness[J]. Automatica, 2013,49(10): 3072-3078.

[8] Lu S F, Hillmansen S, Ho T K, et al. Single-train trajectory optimization[J]. IEEE Transactions on Intelligent Transportation Systems, 2013, 14(2): 743-750.

[9] Lu S F, Hillmansen S, Roberts C. A power-management strategy for multiple-unit railroad vehichles[J]. IEEE Transactions on Vehicular Technology, 2011, 60(2): 406-420.

[10] Tsai S H. A global exponential fuzzy observer design for time-delay Takagi-Sugeno uncertain discrete fuzzy bilinear systems with disturbance[J]. IEEE Transactions on Fuzzy Systems, 2012, 20(6): 1063-1075.

[11] Angelov P P, Filev D P. An approach to online identification of Takagi-Sugeno fuzzy models[J]. IEEE Transactions on Systems, Man, and Cybernetics—Part B: Cybernetics, 2004, 34(1): 484-498.

[12] Yang H, Zhang K P, Liu H E. Online regulation of high speed train trajectory control based on

T-S fuzzy bilinear model[J]. IEEE Transactions on Intelligent Transportation Systems, 2016, 17(6): 1496-1508.

[13] Hwang H S. Control strategy for optimal compromise between trip time and energy consumption in a high-speed railway[J]. IEEE Transactions on Systems, Man, and Cybernetics—Part A: Systems and Humans, 1998, 28(6): 791-802.

[14] 杜林, 郭良峰, 司马文霞, 等. 基于遗传算法的电网过电压分层模糊聚类识别[J]. 中国电机工程学报, 2010, 30(10): 119-124.

[15] Bloemen H H J, Cannon M, Kouvaritakis B. An interpolation strategy for discrete-time bilinear MPC problems[J]. IEEE Transactions on Automatic Control, 2002, 47(5): 775-778.

[16] Zhang L J, Zhuan X T. Optimal operation of heavy-haul trains equipped with electronically controlled pneumatic brake systems using model predictive control methodology[J]. IEEE Transactions on Control Systems Technology, 2014, 22(1): 13-22.

[17] Garcia E K, Feldman S, Gupta M R, et al. Completely lazy learning[J]. IEEE Transactions on Knowledge and Data Engineering, 2010, 22(9): 1274-1285.

[18] Qi R Y, Brdys M A. Stable indirect adaptive control based on discrete-time T-S fuzzy model[J]. Fuzzy Sets and Systems, 2008, 159(8): 900-925.

第8章 数据驱动的高速列车追踪运行优化控制技术

8.1 引 言

第 4 章对高速列车操纵过程的优化方法研究进行了较为详尽的介绍，这些理论方法能够为描述高速列车追踪过程的运行特征提供理论基础，从而为移动闭塞下的追踪运行优化控制提供技术保障。高速列车追踪运行控制策略的设定，受到追踪运行场景特征的约束。因此，高速列车在(准)移动闭塞下的追踪运行优化控制研究，需要充分考虑列车追踪场景的特征因素，主要包括线路特征、信号系统闭塞模式、电气化铁道分相供电方式、前车运行状态以及自身机械特性等，对最优控制策略设定的影响。

针对上述问题，本章提供一种基于列车追踪运行场景特征建模的高速列车优化控制策略。首先，在分析高速列车追踪运行场景关键特征的基础上，建立包含线路、电分相、追踪运行约束等因素的高速列车追踪运行场景特征模型。然后，采用所建立的特征模型，给出高速列车追踪运行的多目标优化控制模型，并设计基于多目标粒子群优化算法的模型求解方法[1,2]。最后，利用高速列车现场运行数据开展仿真实验，验证本章所提出建模和优化控制方法的有效性。

8.2 高速列车追踪运行优化建模

本节分析高速列车追踪运行优化控制问题的特性，考虑到追踪场景的特征模型与动力学模型的阻力计算部分密切相关，因此本章采用机理建模方法建立高速列车的动力学模型、多目标优化控制模型，以便于追踪运行场景特征的分析与建模，并提高特征模型与优化控制模型的可解释性。

8.2.1 动力学建模

由文献[3]可知，高速列车的动力学特性可用如下微分方程描述：

$$\begin{cases} \dfrac{\mathrm{d}t}{\mathrm{d}l} = \dfrac{1}{v} \\ v\left(\dfrac{\mathrm{d}v}{\mathrm{d}l}\right) = u(c_i, v) - w(l, v) \end{cases} \tag{8.1}$$

式中，控制量 u 为运行工况 c_i 和速度 v 的函数； t 为系统采样周期； l 为列车位置； w 为运行阻力。

文献[4]～[6]中给出的列车节能运行工况由最大力牵引"1"、惰行"0"、最大力制动"−1"和巡航组成。考虑到巡航运行状态也是由前面三种工况组成，在此设定运行工况包含三种，即 $c_i \in \{1, 0, -1\}$ 。

运行阻力 w 是控制序列 l 和运行速度 v 的函数，计算方式如下：

$$\begin{cases} w(l, v) = w_0 + w_{\mathrm{j}} \\ w_0 = a + bv + cv^2 \\ w_{\mathrm{j}} = w_\theta + w_{\mathrm{r}} + w_{\mathrm{s}} \end{cases} \tag{8.2}$$

式中， w 由基本阻力 w_0 和附加阻力 w_{j} 组成，具体变量含义在 4.2 节中有详细介绍，这里不再赘述。

8.2.2　追踪运行场景特征建模

高速列车追踪运行过程中，其运行控制量的设定受到追踪运行场景特征因素的约束，特征因素主要包含前车运行状态变化、线路条件、电分相强制惰行等。在此建立高速列车追踪特征模型、线路特征模型与电分相特征模型，以保证本章高速列车追踪运行优化控制结果的可行性和有效性。

1. 追踪特征模型

移动闭塞信号系统通过缩短列车追踪运行安全间隔距离，提高线路区间的列车通行效率[7]。在移动闭塞系统中，列车追踪间隔区段的长度和位置都随着相邻列车(用 T1、T2 表示)的速度、位置、制动性能的变化而动态变化。相比之下，固定闭塞信号系统中的追踪间隔分区的位置和长度是固定的，而且长度由线路区间内制动性能最差的列车决定。此外，考虑到高速列车在开放的自然环境中高速运行，其运行控制受到恶劣天气、电磁波等许多未知因素的干扰，因此追踪特征模型中采用无线通信和有线通信相结合的方式，以确保通信的可靠性和灵活性。综上所述，可将高速列车在移动闭塞下的追踪运行特征描述如图 8.1 所示。

如图 8.1 所示的追踪特征模型中，前后列车追踪运行最小安全间隔距离 L_{m} 、后车运行状态受到前车影响的追踪间隔阈值 L_{n} ，以及最小发车间隔时间 T_{m} 是三个重要的建模参数。 L_{m} 定义如式(8.3)所示：

$$L_{\mathrm{m}} = l_{\mathrm{a}} + l_{\mathrm{b}} + L_2 - L_1 + e_{\mathrm{w1}} + e_{\mathrm{w2}} = l_{\mathrm{a}} + l_{\mathrm{b}} + \frac{(v_2 + e_{\mathrm{v2}})^2}{2c_2} - \frac{(v_1 + e_{\mathrm{v1}})^2}{2c_1} + e_{\mathrm{w1}} + e_{\mathrm{w2}} \tag{8.3}$$

式中，l_a 和 l_b 分别为高速列车 T1 和 T2 的车长；L_1 和 L_2 分别为 T1 的紧急制动距离和 T2 的常用制动距离；e_{w1} 和 e_{w2} 分别为 T1 和 T2 的定位误差；e_{v1} 和 e_{v2} 分别为 T1 和 T2 的速度测量误差；c_1 和 c_2 分别为 T1 和 T2 的减速度。

L_n 定义如式 (8.4) 所示：

$$L_n = L_m + L_1 \tag{8.4}$$

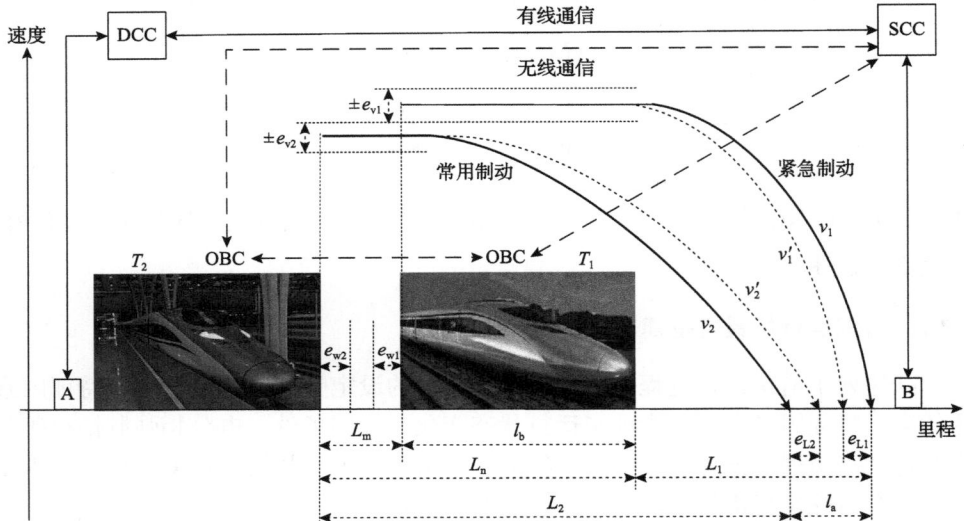

图 8.1　基于移动闭塞的高速列车追踪运行特征模型

DCC 指数字命令控制系统，SCC 指信号控制中心，OBC 指车载计算机

相邻列车 T1 和 T2 的实际距离为

$$D = d_1 - d_2 \tag{8.5}$$

式中，d_1 和 d_2 分别为 T1 和 T2 的测量位置。在相邻列车追踪运行过程中，当 $D \leqslant L_n$ 时，后车 T2 的运行控制受到前车 T1 运行状态的约束。

T_m 定义如下[8]：

$$T_m = T_x + T_y + \frac{v_2 + e_{v2}}{c_2} + \sqrt{\frac{2(D + l_b)}{c_1}} \tag{8.6}$$

式中，T_x 和 T_y 分别为前车 T1 控制器的反应时间和停站时间。

2. 线路特征模型

高速列车追踪运行控制策略的设定与列车运行线路条件密切相关。因此，建立有效可靠的高速铁路线路特征模型，是保障高速列车追踪运行优化控制结果有效性的基础。线路特征模型主要包含线路纵断面、弯道和隧道特征等，如图 8.2 所示，可描述如下：

$$F_{\mathrm{w}} = f_{\mathrm{r}}(g_{\mathrm{r}}, l_{\mathrm{r}}) + f_{\mathrm{c}}(r_{\mathrm{c}}, l_{\mathrm{c}}) + f_{\mathrm{t}}(v, l_{\mathrm{t}}) \tag{8.7}$$

式中，$(g_{\mathrm{r}}, l_{\mathrm{r}})$，$(r_{\mathrm{c}}, l_{\mathrm{c}})$ 和 (v, l_{t}) 分别为(坡度，坡长)、(曲线半径，曲线长度)和(列车速度，隧道长度)。

图 8.2 包括如下几部分：①线路纵断面参数，其中 0 和 500 表示 $g_{\mathrm{r}} = 0$，$l_{\mathrm{r}} = 0.5\mathrm{km}$，12 和 1000 分别表示 $g_{\mathrm{r}} = 12‰$，$l_{\mathrm{r}} = 1\mathrm{km}$；②电分相区，467.3827～467.5737 表示电分相区起点和终点公里标分别为 467.3827km 和 467.5737km；③弯道，R9000 和 I2215 分别表示 $r_{\mathrm{c}} = 9\mathrm{km}$，$l_{\mathrm{c}} = 2.215\mathrm{km}$；④隧道；⑤线路公里标。

3. 电分相特征模型

高速铁路接触网采用分段换相供电方式，各独立供电区之间建立分相区以防止相间短路。列车需要断电惰行通过分相区，因此高速列车追踪运行控制优化需要充分考虑电分相区的惰行控制。电分相对列车运行控制的约束体现为对列车控制力和速度的约束，可描述如下：

$$\begin{cases} u(t) = 0, & s \in [L_{\mathrm{s}} - l, L_{\mathrm{s}} + l] \\ v(t) \in [v_{\mathrm{start}}, v_{\mathrm{end}}], & s \in [L_{\mathrm{s}} - \Delta l, L_{\mathrm{s}} + \Delta l] \end{cases} \tag{8.8}$$

式中，u、s、v、L_{s}、l 和 Δl 分别为列车控制力、位置、速度、分相中心位置、分相感应器至中心点距离和某个特定距离。

8.2.3 追踪运行多目标优化控制模型

高速列车运行过程需要满足安全、乘坐舒适性、准点的服务需求，同时考虑节能的目标。在此，基于上述追踪场景特征模型，建立高速列车追踪运行多目标优化控制模型，优化控制模型的各目标评价函数定义如下[9]。

1. 安全

高速列车追踪运行的安全指标主要考虑两个方面，运行速度不超过限速以及保持与前车之间的安全追踪间隔距离。高速列车不超限速安全指标 f_{v} 和追踪间隔距离安全指标 f_{L} 分别定义如下：

$$f_{\mathrm{v}} = V(l) / (V(l) - v) \tag{8.9}$$

$$f_{\mathrm{L}} = D / (D - L_{\mathrm{m}}) \tag{8.10}$$

式中，$V(l)$ 为限速。

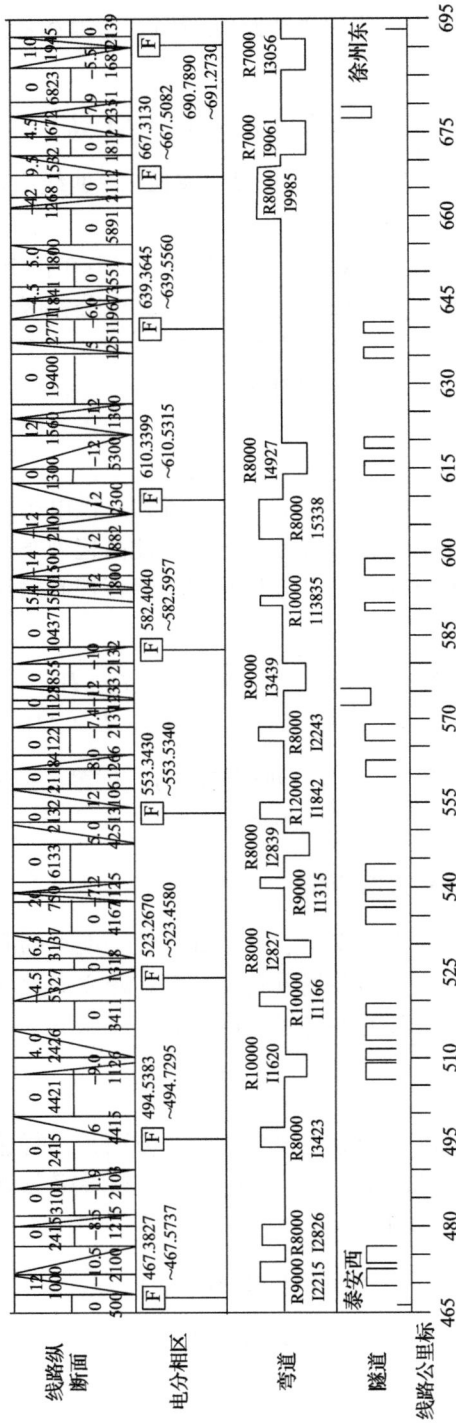

图8.2 "泰安西—徐州东"区间线路特征模型

综合上述两个指标，高速列车追踪运行安全评价函数定义如下：

$$f_s = \max(f_v, f_L), \quad \text{s.t.} \begin{cases} V(l) - v > 0 \\ D - L_m > 0 \end{cases} \tag{8.11}$$

式中，f_s 为高速列车追踪运行安全评价函数，其适应度函数值越小，表示高速列车追踪运行的安全性越高。

2. 乘坐舒适性

高速列车高速追踪运行过程中，不平稳的加速、减速对乘坐舒适性有显著影响。综合考虑加速度 α（$\alpha > 0$ 和 $\alpha < 0$ 分别代表加速和减速），以及加速度变化率 r 与乘坐舒适性的关系，将乘坐舒适性评价指标 f_c 定义如下：

$$\alpha = \frac{dv}{dt}, \quad r = \frac{d\alpha}{dt} \tag{8.12}$$

$$f_c = \omega_1 |\alpha| + \omega_2 |r| \tag{8.13}$$

式中，ω_1 和 ω_2 为加权系数，在此设定为 $\omega_1 = 0.8$ 和 $\omega_2 = 0.2$。此外，根据车辆乘坐舒适性国际标准 $f_{c\text{-ISO}}$[10]，给出本节的高速列车乘坐舒适性评价标准如表 8.1 所示。

表 8.1　乘坐舒适性评价标准　　　　　　　　　　（单位：m/s²）

乘坐舒适性	$f_{c\text{-ISO}}$	$f_{c\text{-ITP}}$
舒适	<0.315	<0.402
轻微不舒适	0.315~0.63	0.402~0.654
稍微不舒适	0.50~1.00	0.654~0.95
不舒适	0.80~1.60	0.95~1.43
非常不舒适	1.25~2.50	1.43~2.15
极度不舒适	>2.00	>2.15

注：$f_{c\text{-ITP}} = \omega_1 f_{c\text{-ISO}} + \omega_2 r_{max}$，$r_{max} = 0.75\text{m/s}^3$。

3. 准点

高速列车追踪运行过程需要满足运行图设定的运行时间准点要求。基于高速列车实际运行时间 T 与运行图给定运行时间 T_0 之间的偏差，给出准点评价函数如下：

$$f_t = T - T_0 \tag{8.14}$$

$$T = k\Delta t \tag{8.15}$$

式中，迭代计算次数 k 可通过 $L_0 - \sum_{i=0}^{k} \Delta S_i < \rho$ 得到，其中 $\Delta S_i = v_i \Delta t$ ， $v_i \in v$ ， ρ 为给定的停车精度阈值。

4. 节能

节能运行是高速列车追踪运行优化控制的重要目标之一。在一个足够短的采样时间 Δt 内，可假设高速列车的运行状态为保持速度 v 运行。依据 Δt 将整个运行区间分为 k 个子区间，每个子区间内的牵引能耗 E_i 以及整个区间内的牵引能耗 f_e ，可定义如下[9]：

$$E_i = \lambda F(v_i)\Delta S_i M, \quad f_e = \sum_{i=1}^{k} E_i \tag{8.16}$$

式中，k 为分成的子区间个数； M 为列车质量；系数 $\lambda = 1$ 表示牵引，其他工况时 $\lambda = 0$ ； $F(v_i)$ 为列车牵引特性曲线上运行速度 v_i 对应的牵引力。

采用以上定义的四个评价指标，将高速列车追踪运行多目标优化控制模型定义如下：

$$\min_{cl_i} \ f(cl_i) = \left\{ f_s(cl_i), f_t(cl_i), f_e(cl_i), f_c(cl_i) \right\} \tag{8.17}$$

约束条件为

$$\begin{cases} v < V(l), \quad l \leqslant L_0 \\ v(0) = v(L_0) = 0 \end{cases} \tag{8.18}$$

式中， $f(cl_i)$ 为多目标优化适应度函数，控制序列 $cl_i \in Sp$ ，受到式(8.7)定义的线路特征约束，Sp 为控制输入的搜索空间。

8.3　高速列车追踪运行优化控制策略

高速列车追踪运行优化的目标是在前车 T1 运行状态的约束下，筛选出后车 T2 的最优控制序列，使得高速列车运行过程满足安全、节能、准点和乘坐舒适性的多目标运行要求。同时，采用控制灵敏度和节能效果作为偏好信息，以提高多目标优化算法的效率。

8.3.1　追踪运行控制序列

控制策略由控制工况 c_i 及该工况持续作用的距离 l_i 组成。依据文献[4]给出的结论，列车连续控制序列可由离散控制序列以任意精度逼近，则可采用以上建立的线路特征模型，结合《列车牵引计算规程》给出初始控制序列如下：

$$\begin{cases} c_i \in [-1,0,1], \quad l_i \in [0,L_0), \quad L_0 = \sum_i l_i \\ \mathrm{cl}_i = [c_i, l_i] \\ u_i = g(\mathrm{cl}_i) \end{cases} \tag{8.19}$$

式中，控制力 u_i 为一个近似连续变量；$g(\cdot)$ 表示控制力与控制策略之间的近似连续映射关系，其中 $c_i = 1$ 和 $c_i = -1$ 分别代表最大力牵引和最大力制动。

8.3.2　追踪运行多目标优化算法

本章采用多目标粒子群优化算法求解以上多目标优化问题，采用随机、并行搜索机制筛选出最优解。在粒子寻优过程中，它的当前位置 $x_i(t+1)$ 由它当前速度 $v_i(t+1)$ 和上一个位置 $x_i(t)$ 决定，且在每一轮的寻优过程中找到的粒子最优位置和种群最优位置都将存储下来。各个粒子的速度、位置通过粒子之间的信息交互完成更新，以引导粒子朝着全局最优解的位置运动。具体的寻优机理如式 (8.20) 所示：

$$\begin{aligned} v_i(t+1) &= \omega v_i(t) + \varphi_1 r_1 (\mathrm{pb}_i(t) - s_i(t)) + \varphi_2 r_2 (\mathrm{gb}(t) - s_i(t)) \\ s_i(t+1) &= s_i(t) + v_i(t+1) \\ \omega &= \omega_{\max} - (\omega_{\max} - \omega_{\min}) t / T_{\max} \end{aligned} \tag{8.20}$$

式中，v_i 和 s_i 为粒子 i 的速度和位置向量；$\mathrm{pb}_i(t)$ 和 $\mathrm{gb}(t)$ 分别为粒子 i 和种群到当前迭代次数 t 为止所经历的最优位置；φ_1 和 φ_2 分别为在 $[1,2]$ 区间内赋值的加速度系数；r_1 和 r_2 分别为在 $[0,1]$ 区间内均匀分布的随机数；ω 为动态权重；$T_{\max}$ 为最大迭代次数。

该算法的主要步骤如下。

步骤 1　参数初始化，并依据式 (8.19) 生成高速列车追踪运行控制初始控制序列 cl_i，并实时获取列车限速，相邻列车的速度、位置数据，计算追踪特征变量 D、L_m 和 L_n。

步骤 2　采用式 (8.9)～式 (8.16) 定义的多目标优化评价指标，计算得到控制策略的多目标优化适应度函数值。

步骤 3　基于以上评价结果求解追踪运行多目标优化模型得到的 Pareto 解集，并依据优化偏好信息，从 Pareto 解集中挑选出最优控制序列。

8.3.3　追踪运行多目标优化收敛性分析

多目标优化过程的收敛性是评价多目标优化算法性能的重要指标之一，收敛速度则是多目标优化效率的评价指标[11]，在此针对上述追踪运行多目标优化问题开展收敛性条件和收敛速度分析。多目标粒子群优化算法的收敛性主要与五个算法参数有关，即动态权重 ω、加速度常数(φ_1, φ_2)以及随机赋值常数(r_1, r_2)，而种群规模 M 和迭代次数 N 则对算法收敛速度有重要影响。

1. 收敛条件

多目标粒子群优化算法作为一类随机优化算法，收敛性是其优化性能的重要评价指标。在此参考概率论，给出本章多目标优化控制算法的收敛条件[12]。令 x^* 为粒子 j 的最优位置，则可将粒子最优位置 $\mathrm{pb}_j(n)$ 和种群最优位置 $\mathrm{gb}(n)$ 描述如式(8.21)所示：

$$
\begin{aligned}
\mathrm{pb}_j(n) &= x^* + d_{\mathrm{p}j}(n) \\
\mathrm{gb}(n) &= x^* + d_{\mathrm{g}}(n)
\end{aligned}
\tag{8.21}
$$

式中，$d_{\mathrm{p}j}(n)$ 和 $d_{\mathrm{g}}(n)$ 分别为最优位置 $\mathrm{pb}_j(n)$ 和 $\mathrm{gb}(n)$ 到 x^* 的欧氏距离。

由于粒子群优化算法的收敛性主要与粒子所处位置相关，而且粒子速度对收敛性的影响最终也体现为粒子位置的变化，因此将式(8.21)代入式(8.20)中，消去速度变量 $v_j(n+1)$ 可得

$$
\begin{aligned}
x_j(n+1) &= x_j(n) + \omega\big(x_j(n) - x_j(n-1)\big) + (\varphi_1 r_1 + \varphi_2 r_2) \\
&\quad \cdot \big(x^* - x_j(n)\big) + \big(\varphi_1 \cdot r_1 \cdot d_{\mathrm{p}j}(n) + \varphi_2 \cdot r_2 \cdot d_{\mathrm{g}}(n)\big) \\
&= \big(1 + \omega - (\varphi_1 \cdot r_1 + \varphi_2 \cdot r_2)\big)x_j(n) - \omega \cdot x_j(n-1) \\
&\quad + (\varphi_1 \cdot r_1 + \varphi_2 \cdot r_2) \cdot x^* + \varphi_1 \cdot r_1 \cdot d_{\mathrm{p}j}(n) + \varphi_2 \cdot r_2 \cdot d_{\mathrm{g}}(n)
\end{aligned}
\tag{8.22}
$$

式(8.22)中，r_1 和 r_2 为均匀分布的随机数，它们的期望值为 $E(r_1) = E(r_2) = 1/2$，则对式(8.22)求期望可得

$$
\begin{aligned}
E\big(x_j(n+1)\big) &= \big(1 + \omega - (\varphi_1 + \varphi_2)/2\big) \cdot E\big(x_j(n)\big) - \omega \cdot E\big(x_j(n-1)\big) \\
&\quad + (\varphi_1 + \varphi_2) \cdot X/2 + \big(\varphi_1 \cdot E\big(d_{\mathrm{p}j}(n)\big) + \varphi_2 \cdot E\big(d_{\mathrm{g}}(n)\big)\big)\big/2
\end{aligned}
\tag{8.23}
$$

式中，$X = E(x^*)$ 代表 Pareto 解集中的中心位置；φ_1、φ_2 和 X 都为常数。

依据式(8.23)和文献[13]中的定义 1，给出优化结果的全局收敛表达如式(8.24)所示：

$$
\lim_{n \to \infty} E\big(x_j(n+1)\big) = X
\tag{8.24}
$$

依据式 (8.23) 和式 (8.24)，得到算法收敛性需要满足的条件如式 (8.25) 所示：

$$\lim_{n\to\infty}\left(\varphi_1\cdot E\left(d_{pj}(n)\right)+\varphi_2\cdot E\left(d_g(n)\right)\right)=0 \tag{8.25}$$

求解式 (8.25)，得到收敛条件如式 (8.26) 所示[14]：

$$\begin{cases} 0<\omega<1 \\ \varphi_1+\varphi_2>0 \\ \varphi_1+\varphi_2<4(1+\omega) \end{cases} \tag{8.26}$$

2. 收敛速度

高速列车运行控制系统对系统优化控制算法的效率有较高要求，而收敛速度是多目标粒子群优化算法运行效率的重要性能指标。在此，将收敛速度作为本章所提出多目标优化控制算法性能的另一个重要指标。常用的收敛速度计算方式有两种，分别为当前位置到最优位置的欧氏距离变化速度，以及当前适应度值与最优适应度值偏差的变化速度。考虑到以上优化问题是一个多目标优化问题，第一种计算方法难以确定最优位置 x^*，因此采用第二种方法计算本章优化控制算法的收敛速度，如式 (8.27) 所示：

$$R_t=E\left[\left.\frac{f_t-f^*}{f_{t-1}-f^*}\right|_{f_{t-1}}\right] \tag{8.27}$$

式中，R_t 为粒子在第 t 次迭代时的收敛速度；f_t 为粒子最优适应度值；f^* 为全局最优位置 x^* 处的适应度值。

鉴于多目标粒子群优化算法进化过程中，在一个足够短的时间内可将 $gb(n)$ 视为一个定值[15]，由此可得

$$f^*=f_{gb} \tag{8.28}$$

式中，f_{gb} 为粒子在位置 $gb(n)$ 时的适应度函数值。

将式 (8.28) 代入式 (8.27) 可得

$$R_t=E\left[\left.\frac{f_t-f_{gb}}{f_{t-1}-f_{gb}}\right|_{f_{t-1}}\right] \tag{8.29}$$

由于粒子 x_j^d（d 表示粒子维度）的各个维度都是独立进行更新的，则有

$$R_t = E\left[\left.\frac{f_t^d - f_{gb}^d}{f_{t-1}^d - f_{gb}^d}\right|_{f_{t-1}^d}\right] \tag{8.30}$$

优化过程中，在每个采样周期内对粒子适应度值进行 N 次独立采样，且上一次迭代结果 f_{t-1}^d 已知，则结合式 (8.30) 可得粒子在维度 m 上的收敛速度为

$$R^d = \frac{1}{N}\sum_{t=1}^{N}\left(\frac{f_t^d - f_{gb}^d}{f_{t-1}^d - f_{gb}^d}\right) \tag{8.31}$$

8.4 应 用 案 例

采用京沪高铁运营现场采集的 CRH380AL 型高速列车运行数据，以及对应的线路、分相等运行条件参数开展仿真实验，以验证本章所提出建模和追踪优化控制方法的有效性。

8.4.1 实验设置

该型号高速列车的特性参数如表 8.2 所示。两车发车间隔时间设置为 200～300s，该型号高速列车紧急制动和常用制动响应时间为 1.5s 和 2.3s[16]。依据式 (8.26) 中收敛条件，设定 $\varphi_1 = 0.8$，$\varphi_2 = 1.2$，$r_1 = r_2 = 0.5$，种群规模 M 和迭代次数 N 将通过以下实验选取。仿真实验平台为 64 位 Windows10 操作系统中运行的 MATLAB R2010a，平台算力条件为英特尔®酷睿™ i5-3210M 处理器，具有 2.5GHz 的 CPU 主频和 4GB 内存容量。

表 8.2　CRH380AL 型高速列车特性参数

参数名称	参数值
车重	890t
最大运行速度	380km/h
持续运行速度	350km/h
紧急制动减速度	0.938m/s^2 ($v < 300\text{km/h}$)
紧急制动距离	3700m ($v < 300\text{km/h}$)
常用制动减速度	0.519m/s^2 ($v < 300\text{km/h}$)
常用制动距离	4500m ($v < 300\text{km/h}$)

8.4.2 仿真结果与分析

基于上述实验设置，给出收敛性能分析以及追踪运行多目标优化效果如下。

1. 收敛性能测试

对上述优化控制算法的收敛性能从收敛效果和收敛速度两个方面进行验证。

1) 收敛效果

多目标优化问题中得到的 Pareto 解集是与数据密切相关的，许多情况下难以得到一个 Pareto 面的解析方程。因此，通常采用优化获得的 Pareto 解集，绘制得到 Pareto 面。然后，采用 Pareto 面上解的聚集度、分布均匀性以及解的个数这三个指标进行优化算法收敛性能的评估。

为了确定最优参数组合 (M, N)，给出实验步骤如下。

步骤 1　设定 M=100,200,300，N=130,150,200，将 M 和 N 进行组合，得到 9 组参数对 (M, N)。

步骤 2　使用每一对参数，结合以上参数设置，同时采用本章所提方法开展多目标追踪优化控制实验，并储存 Pareto 解集和实验运行时间 T_s。

步骤 3　以上每次实验运行 50 次，并将优化得到的 Pareto 解集绘制成 3D 图。

2) 收敛速度

采用式 (8.31) 定义的评价指标计算上述实验结果的收敛速度，从而筛选得到本章所提出追踪运行优化控制算法的最佳参数组合 (M, N)。采用上述 9 组参数计算得到的收敛速度结果如表 8.3 所示。

表 8.3　高速列车追踪运行多目标优化的收敛速度

M	N	R^1	R^2	R^3	R^4
100	130	0.02547	0.00498	0.00223	0.00246
	150	0.02208	0.00431	0.00193	0.00213
	200	0.01656	0.00324	0.00145	0.00159
200	130	0.01734	0.00349	0.00374	0.00466
	150	0.09451	0.00450	0.00448	0.00428
	200	0.02885	0.00282	0.00223	0.00371
300	130	0.01278	0.00437	0.00437	0.00150
	150	0.01584	0.00338	0.00391	0.00368
	200	0.01188	0.00253	0.00294	0.00276

注：R^1、R^2、R^3 和 R^4 为粒子各个维度上的收敛速度，分别对应 f_t、f_e、f_c 和 f_s。

由表 8.3 对比可知，本章所提方法采用参数组合 (200,150) 时，在维度 f_t 和 f_c 上的收敛速度最快，在维度 f_e 和 f_s 上的收敛速度也较快。

2. 高速列车追踪运行多目标优化效果

采用上述设定的算法参数，基于高速列车运营现场采集的实际运行数据开展追踪运行优化控制仿真实验,以验证本章所提出追踪运行优化控制方法的有效性。

1)优化前的追踪控制策略

优化前的追踪控制策略包含现场采集的高速列车控制策略和本章方法生成的初始控制策略(未采用本章所提出方法进行优化)。图 8.3 为现场采集的前行高速列车(T1)和后行高速列车(T2)的实际运行曲线,对应表 8.4 中的适应度函数值 $i=a$。由图 8.3 和表 8.4 中 $i=a$ 可知,高速列车 T2 的运行状态明显受到前车 T1 的干扰,可见追踪列车 T2 的运行控制策略仍有较大的优化空间。

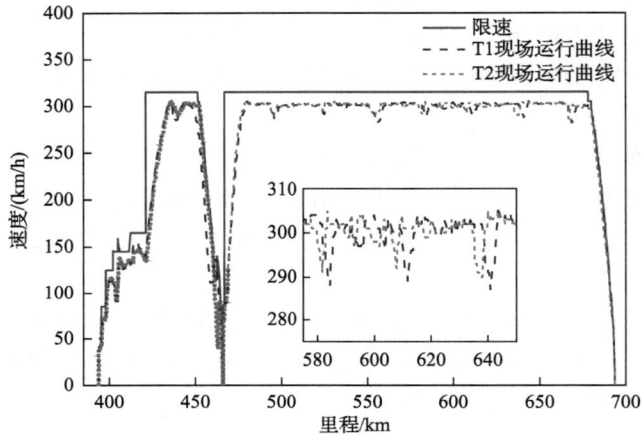

图 8.3 现场采集的高速列车追踪运行曲线

表 8.4 Pareto 解集的适应度值

i	j	f_t /s	f_e /(kW·h)	f_c	f_s
a	1	282	9265.032	0.42453	0.200742
b	2	328	9103.682	0.38042	0.190637
	3	114	8696.509	0.30287	0.179603
	4	117	8692.811	0.30842	0.175070
	5	123	8679.637	0.30843	0.182691
c	6	123	8705.718	0.30991	0.177482
	7	125	8682.281	0.30916	0.178818
	8	131	8684.314	0.30808	0.179113
	9	133	8688.473	0.30479	0.176324
	10	107	8648.948	0.28320	0.185812
	11	110	8636.187	0.28456	0.193737
d	12	111	8642.523	0.28503	0.199525
	13	114	8644.704	0.28400	0.189638

i	j	f_t /s	f_e /(kW·h)	f_c	f_s
d	14	117	8656.882	0.28440	0.181273
	15	119	8625.660	0.28520	0.197070
	16	122	8639.467	0.28610	0.190769
	17	127	8631.850	0.28088	0.194946
e	18	172	8703.31	0.3572	0.198642
	19	166	8735.12	0.3511	0.198136
	20	178	8712.77	0.3634	0.193215
	21	164	8741.94	0.3579	0.198252
	22	180	8688.23	0.3542	0.189934
	23	182	8690.51	0.3632	0.193858

注：i 和 j 分别为 Pareto 解集和解集中的控制策略的序号。

目前已有许多关于高速列车追踪运行优化控制的研究结果，但鲜有充分考虑线路、电分相对追踪运行控制影响的多目标追踪优化结果。在此，将文献[17]中的追踪优化控制策略作为未经本章所提方法优化的控制策略，与采用本章方法优化后的结果进行对比。采用该控制策略得到的追踪运行曲线如图 8.4 所示，对应的适应度值如表 8.4 中的 $i=\mathrm{b}$ 所示。对比表 8.4 中 $i=\mathrm{a}$ 和 $i=\mathrm{b}$ 可知，本章所提方法生成的初始控制策略与现场采集的控制策略对应的适应度值偏差不大，可见生成的初始控制策略能够较好地逼近现场采集控制策略的特性。但是，未经优化的初始控制策略未能很好地满足高速列车多目标控制要求，如图 8.4 中的放大图所示，当前车 T1 速度下降后，未优化的控制策略并没有及时将追踪列车的运行工

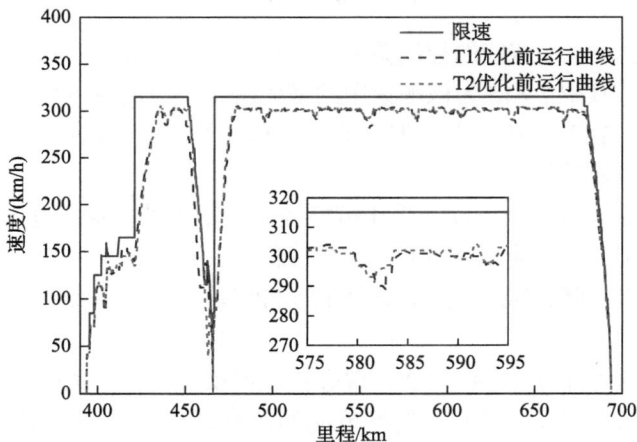

图 8.4　优化前的高速列车追踪运行曲线

况转入惰行或者制动。

2）采用本章所提方法优化后的追踪控制策略

在移动闭塞下，高速列车 T1 和 T2 之间的追踪间距是影响列车追踪运行安全的重要因素之一。同时，控制灵敏度与追踪运行安全密切相关，而节能运行是追踪优化控制的重要目标之一。

由表 8.4 可知，偏好控制灵敏度的控制策略 Pareto 解集 $i = c$，具有较好的 f_s，以及不错的 f_t、f_e 和 f_c 评价效果。其中 $j = 4$ 对应该解集中的最优解，对应的控制效果如图 8.5 所示。由图 8.5 可知，该控制策略能够根据相邻列车的相对速度、位置状态的变化，快速调整追踪列车 T2 的运行工况，以保证两车之间的安全追踪间隔距离。

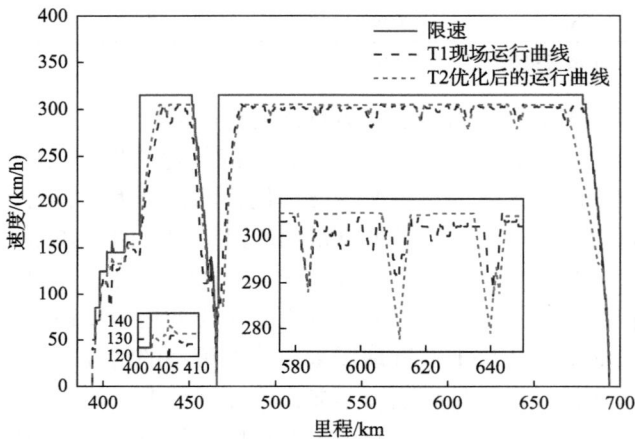

图 8.5　偏好控制灵敏度的最优追踪运行曲线

在表 8.4 中，偏好节能的控制策略 Pareto 解集 $i = d$，普遍采用的节能策略是增加惰行距离。其中 $j = 15$ 为该解集中的最优解，对应的控制效果如图 8.6 所示。由图 8.6 可知，在安全约束下，偏好节能的最优控制序列通过最大化惰行距离，取得了较好的节能效果。

从列车追踪运行安全出发，采用偏好控制灵敏度的控制策略开展追踪运行控制效果实验。实验中设定前车 T1 在运行过程中，在 653.5～656.5km 线路区段内经历了限速突然下降，限速从 303km/h 降到 293km/h。实验结果如图 8.7 和表 8.4 中的 $i = e$ 所示。

相比于表 8.4 中 $j = 1$ 和 $j = 2$，偏好控制灵敏度的控制策略 $j = 4$ 取得相对安全裕量 12.8%和 8.2%的提升，偏好节能的控制策略 $j = 15$ 则取得相对节能效率 6.6%和 5.3%的提高。

由图 8.3～图 8.7 对比可知，在均衡多目标要求的情况下，图 8.5 中追踪列车

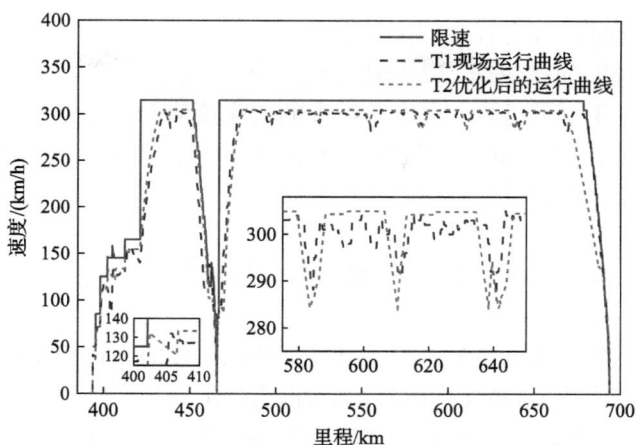

图 8.6 偏好节能的最优追踪运行曲线

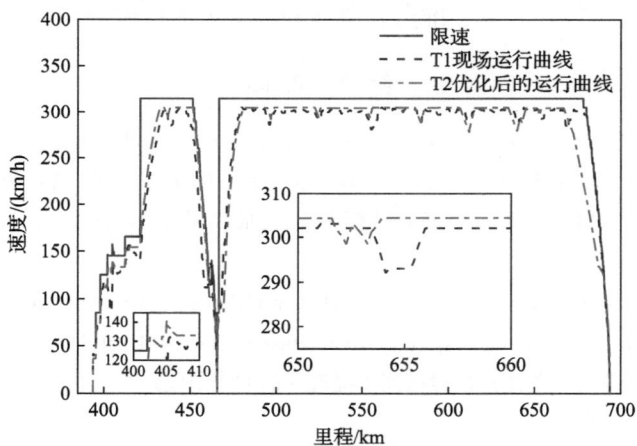

图 8.7 限速突变下偏好控制灵敏度的最优追踪运行曲线

T2 优化后的运行曲线与前车 T1 的实际运行曲线保持总体趋势基本一致,而图 8.6 中追踪列车 T2 优化后的运行曲线则出现了更多惰行降速的情况。综上可知:

(1)追踪列车 T2 的最优控制策略 $j = 4$ 对前车 T1 的运行速度和控制工况变化更加敏感。如图 8.5 中放大图所示,当前车 T1 惰行或制动降速时,追踪列车 T2 也能快速调整到制动工况进行降速,而当前车 T1 的速度上升时,T2 的控制工况也能及时转换成牵引或者惰行。

(2)从图 8.6 的放大图中可见,追踪列车 T2 的最优控制策略 $j = 15$ 偏好更长的惰行距离,而对追踪间隔距离变化的反应有些迟钝。

(3)在表 8.4 中,解集 $i = d$ 的整体乘坐舒适性要优于 $i = c$ 的舒适性,这是由于解集 $i = d$ 中的控制策略加速更加平缓。此外,解集 $i = c$ 和 $i = d$ 对应的乘坐舒适性整体较好，而 $i = a$ 有轻微的不舒适。

由图 8.7 可知，追踪列车 T2 的速度曲线出现了波动，这可能是由相邻两车的追踪间距的动态变化引起的。由表 8.4 中的适应度值对比可知，当速度曲线出现波动时，追踪列车 T2 的准点率和节能指标（f_t 和 f_e）对前车 T1 的降速比较敏感，而其他指标受影响较不明显。

8.5 本章小结

本章研究了基于高速列车追踪运行场景特征建模的高速列车追踪运行多目标优化问题。由最后的实验分析可知，本章提出的追踪运行特征建模方法和多目标追踪运行优化控制策略，能够有效描述高速列车在移动闭塞下的追踪运行场景特征，优化控制方法取得了较好的收敛性能和追踪优化控制效果，能够有效提升高速列车追踪运行过程的安全、准点、节能和乘坐舒适性服务指标。

参 考 文 献

[1] Liu H E, Yang L J, Yang H. Cooperative optimal control of the following operation of high-speed trains[J]. IEEE Transactions on Intelligent Transportation Systems, 2022, 23(10): 17744-17755.

[2] 杨辉, 刘鸿恩, 付雅婷, 等. 一种高速列车追踪运行曲线优化设定方法: CN201611252207.3[P]. 2017-05-31.

[3] Li Z Q, Yang H, Zhang K P, et al. Distributed model predictive control based on multi-agent model for electric multiple units[J]. Acta Automatica Sinica, 2014, 40(11): 2625-2631.

[4] 缪鹍, 王介源, 曹宇. 基于离散微区间工况选择的列车节能运行优化方法[J]. 中国铁道科学, 2023, 44(2): 211-220.

[5] Zhong W F, Li S K, Xu H Z, et al. On-line train speed profile generation of high-speed railway with energy-saving: A model predictive control method[J]. IEEE Transactions on Intelligent Transportation Systems, 2022, 23(5): 4063-4074.

[6] Gao S G, Dong H R, Ning B, et al. Cooperative prescribed performance tracking control for multiple high-speed trains in moving block signaling system[J]. IEEE Transactions on Intelligent Transportation Systems, 2019, 20(7): 2740-2749.

[7] Dong J, Yu H Z, Tai G X, et al. Research on the driving strategy of heavy-haul train based on fuzzy predictive control[C]. 2020 IEEE 23rd International Conference on Intelligent Transportation Systems(ITSC), Rhodes, 2020: 1-7.

[8] Lee J H. Model predictive control: Review of the three decades of development[J]. International Journal of Control, Automation and Systems, 2011, 9(3): 415-424.

[9] 席裕庚, 李德伟, 林姝. 模型预测控制——现状与挑战[J]. 自动化学报, 2013, 39(3): 222-236.

[10] Camponogara E, Jia D, Krogh B H, et al. Distributed model predictive control[J]. IEEE Control Systems Magazine, 2002, 22 (1): 44-52.

[11] Havaei P, Ali Sandidzadeh M. Multi-objective train speed profile determination for automatic train operation with conscious search: A new optimization algorithm, a comprehensive study[J]. Engineering Applications of Artificial Intelligence, 2023, 119: 105756.

[12] Mercangöz M, Doyle F J. Distributed model predictive control of an experimental four-tank system[J]. Journal of Process Control, 2007, 17 (3): 297-308.

[13] de Oliveira L B, Camponogara E. Multi-agent model predictive control of signaling split in urban traffic networks[J]. Transportation Research Part C: Emerging Technologies, 2010, 18 (1): 120-139.

[14] 郑毅, 李少远. 网络信息模式下分布式系统协调预测控制[J]. 自动化学报, 2013, 39 (11): 1778-1786.

[15] Bemporad A, Morari M, Dua V, et al. The explicit linear quadratic regulator for constrained systems[J]. Automatica, 2002, 38 (1): 3-20.

[16] Bemporad A, Borrelli F, Morari M. Model predictive control based on linear programming-the explicit solution[J]. IEEE Transactions on Automatic Control, 2002, 47 (12): 1974-1985.

[17] Cagienard R, Grieder P, Kerrigan E C, et al. Move blocking strategies in receding horizon control[J]. Journal of Process Control, 2007, 17 (6): 563-570.

第9章 高速列车牵引/制动手柄级位预测控制技术

9.1 引　言

由前面章节可知，高速列车智能驾驶技术可以减轻驾驶员劳动强度，基于人机交互的牵引/制动操纵手柄级位的选择以及基于此设定值的自动驾驶模式也与高速列车的安全、准点、乘坐舒适性、节能等主要指标密切相关[1]。因此，在高速列车驾驶任务中，如何实现对高速列车牵引/制动操纵过程进行实时且精准的预测，进而实现对高速列车牵引/制动控制单元的高效控制成为重中之重。然而，随着高速列车的快速发展，在高速列车操纵过程中，驾驶员从人机界面上可获取的信息有限[2,3]，无法有效应对内外部未知扰动影响，同时，由于高速列车运行环境复杂多变，操纵过程多取决于驾驶员的个人经验、专业知识、工作能力。驾驶员操纵技术水平参差不齐，面对同一操作任务时，其表现必然会有很大差异，这在一定程度上影响列车运行的安全性、准点性、乘坐舒适性和停车精度[4-6]。如果不考虑高速列车自身操纵状态和驾驶员状态，没有对高速列车牵引/制动操纵过程的正确预测，无法高效调节牵引/制动控制单元输入，则控制列车将无从谈起[7-12]。如何实现有效感知高速列车操纵状态、精确理解驾驶员个人状态、智能预测高速列车牵引/制动操纵过程成为未来列控系统发展的一大挑战。

对于高速列车操纵过程的建模，相关研究人员提出了机理分析和数据驱动的预测方法[13-17]。由于驾驶员操纵的牵引及制动手柄级位变化具有高度非线性的特点，目前的高速列车模型也往往都是在忽略列车操纵过程中的某些因素而建立的，因此很难准确可靠地描述高速列车复杂的操纵特性[18-24]。针对当前高速列车操纵过程中存在的问题，一些研究者提出采用面向边缘计算的数据驱动建模方法来建立更加精确的模型[25-27]。上述研究虽然都采用了边-云协同的思路，但面向边缘计算的算法模型相对简单，这在一定程度上限制了实际应用效果。随着人工智能的发展，深度学习得到重视，其中长短期记忆(long short-term memory，LSTM)网络特别适用于复杂时间序列数据的处理[28,29]。相关学者采用 LSTM 网络对大数据特征进行分析，利用边缘计算实现并行计算，提高工业电气设备识别效率[30]；利用 LSTM 网络实现短期的铁路客运流量和交通流量的预测等[31]。但由于高速列车运行过程数据多样且特性复杂，上述传统 LSTM 网络模型很难直接用于高速列车运行过程中操纵状态的感知以及辅助驾驶控制策略的预测。因此，研究端-边-云协同思路下的基于机理分析和深度学习的高速列车牵引/制动操纵过程预测技术具有重要的现实意义。

9.2　问　题　描　述

9.2.1　高速列车操纵手柄特性描述

高速列车操纵手柄是高速列车运行操纵的主要控制器，包括牵引操纵手柄和制动操纵手柄，主要用于调整列车牵引、制动状态，调节列车速度，进而控制列车运行过程。CRH380B 高速列车驾驶员操作台如图 9.1 所示。

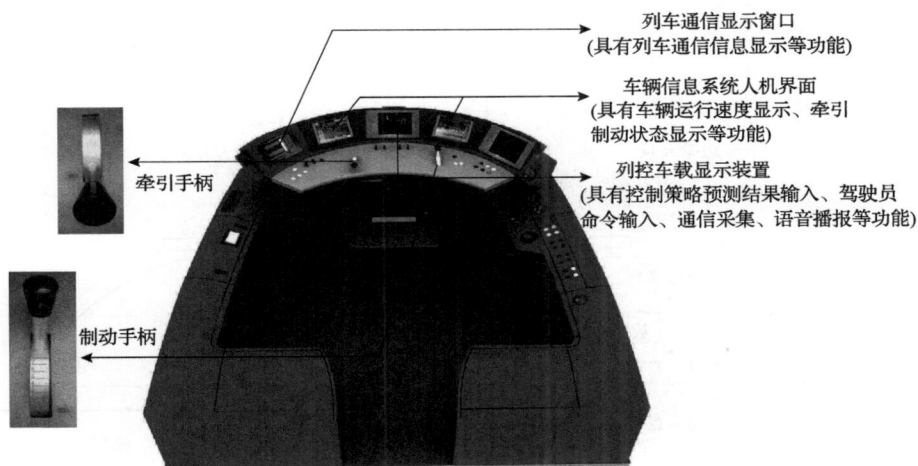

图 9.1　CRH380B 高速列车驾驶员操作台

牵引操纵手柄控制杆一共有 10 个档位，分别表征牵引控制的 10 个等级，即级位 1 到级位 10，沿着逆时针方向(即朝列车前进方向)，牵引手柄的级位逐渐递增。

作为高速列车手动操作的主要控制器，操纵手柄的不同位置 $\vartheta(-1 \leqslant \vartheta \leqslant 1)$ 都代表一定的能效以及对于高速列车速度和牵引力或制动力的一定调节。因此，也可将操纵手柄分为三个区域：牵引手柄区域 $\vartheta(0 < \vartheta \leqslant 1)$、空挡位置 $\vartheta(\vartheta=0)$ 和制动手柄区域 $\vartheta(-1 \leqslant \vartheta < 0)$。$\vartheta=0.75$ 指最大牵引功率的 75% 的牵引功率调节；类似地，制动手柄有 10 个控制命令，$\vartheta=-0.5$ 指最大再生制动功率的 50% 的制动功率调节；同时，对于牵引操纵和制动操纵，其之间需要一个中间挡，此时 ϑ 应为零。因此，驾驶员可根据列车运行要求操纵手柄至所需要的级位上，调整列车牵引、制动状态，调节列车速度，控制列车运行过程。

9.2.2　基于端-边-云协同的高速列车操纵系统

由于高速列车操纵过程数据具有规模巨大、种类繁多、冗余度高、完备性低等特点，传统的集中式分析方法无法胜任高速列车运行过程中操纵状态的感知以及操纵过程的预测等复杂任务。而基于端-边-云协同辅助学习机制，利用边缘计算等分布式计算方法能够更好地解决这些问题。如图 9.2 所示，根据节点的属性和位置可将高速列车操纵过程分为三层，即端层、边缘层和云层，形成端-边-云协同的结构，边缘层、云层和端层之间均配备 5G 无线传输模块，实现层间信息交换。

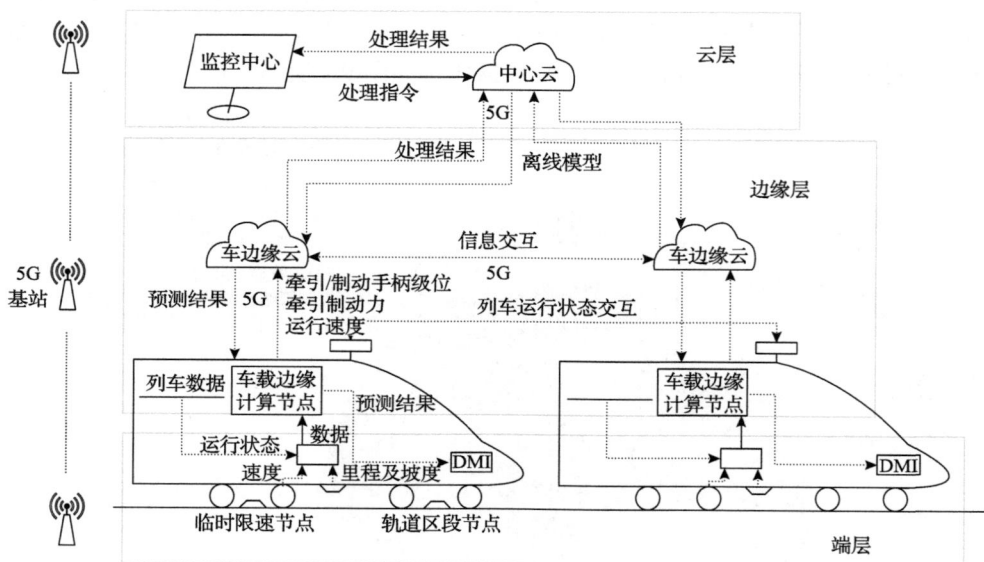

图 9.2　高速列车操纵过程端-边-云协同系统框架图

端层包括临时限速节点(即应答器传输模块)和轨道区段节点(包含线路里程、线路坡度)。由于里程和坡度的静态特性，因此可提前将不同路段的坡度及里程数据存储在中心云以及覆盖该路段的边缘云上，另外线路坡度及里程等信息也通常会存储于应答器中，一旦有突发情况发生，则在列车通过应答器上方时，通过应答器天线及应答器传输模块传输给列车，进而将突发情况时的相关线路信息发送给车边缘云。

边缘层包括车边缘云节点、车载边缘计算节点及列车运行控制动力学节点(包含列车牵引制动力、列车牵引/制动手柄级位、列车运行速度)。车边缘云节点设于 5G 基站附近或轨旁，实时传输数据，高效处理数据，减轻云计算负担。车载边缘计算节点即时分析数据，实时向驾驶员提供关键指令。

云层包括多个云服务器，可基于大量历史数据离线构建高速列车操纵过程模型，且相关模型可供边缘层下载。同时，来自端层及边缘层的当前工况信息(包括列车运行状态信息、线路状态信息)、相应处理结果(包括列车运行速度预测结果、列车牵引/制动手柄级位预测结果)也可上传至云层进行备份,以供后期调用。

9.2.3　面向边缘计算的高速列车模型

基于高速列车操纵过程速度变化机理特性及级位变化机理特性的动态分析,在端-边-云协同体系架构中,采用如下列车动力学模型适合描述边缘节点的动态特性:

$$\frac{\mathrm{d}s}{\mathrm{d}t} = \frac{k_{\mathrm{r}}R\left(D^{\mathrm{r}},s\right) - k_{\mathrm{b}}B\left(D^{\mathrm{b}},s\right) - G(m) - W(s)}{M_{\mathrm{t}}}$$

$$\frac{\mathrm{d}e}{\mathrm{d}t} = U\left(k_{\mathrm{r}},k_{\mathrm{b}},D^{\mathrm{r}},D^{\mathrm{b}}\right)$$

(9.1)

式中,s、e、t、m 分别为列车运行速度、列车牵引/制动手柄级位、时间及线路里程;M_{t} 为列车总质量;D^{r} 和 D^{b} 分别为列车牵引手柄级位和制动手柄级位;k_{r} 和 k_{b} 分别为列车牵引和制动级位系数;R 和 B 分别为列车牵引力和制动力,与 D^{r}、s 和 D^{b} 有关;$G(m)$ 为弯道阻力;$W(s)$ 为空气阻力;U 为列车手柄级位特性,与 k_{r}、k_{b}、D^{r} 和 D^{b} 有关。

式(9.1)中的机理驱动模型提供了列车操纵手柄级位、运行速度和其他因素之间的清晰计算关系。该模型的主要缺点是在实践中要准确识别机理模型参数,非常复杂。因此,首要问题则是如何基于所采集到的端层及边层数据 e、t、s、R、B 之间的非线性关系及列车操纵状态的特征分析来获得可靠和准确的高速列车操纵过程模型。

目前,围绕高速列车端-边-云协同辅助学习架构,基于人工智能技术的数据驱动建模已成为热门研究方向,然而,现有的数据驱动方法大都是基于黑箱模型的,这些模型没有阐明它们如何在高速列车运行过程中使用完整的列车操纵手柄级位信息。为了达到令人满意的列车操纵状态感知效果以及辅助驾驶控制策略的预测精度,本章提出一种新的基于机理和数据驱动的高速列车深度学习模型。基于深度学习的模型具有特殊的网络结构组织方式,采用反向梯度算法和随机梯度算法相结合的模型参数学习机制,能够有效地提取数据的高维特征。

9.3　基于 LSTM 网络的高速列车操纵过程预测

9.3.1　LSTM 网络架构

LSTM 是长短期记忆网络,是递归神经网络中最具代表性的深度神经网络之一,能够循环递归处理历史数据,并对历史记忆进行建模,同时能够很好地解决复杂序列数据的长期依赖问题，适合处理复杂的在时间、空间上有强关联的序列。因此，LSTM 网络适合学习高速列车运行过程中的时间序列数据，可用来构建本章所提出的高速列车牵引/制动过程设定值预测模型。

LSTM 网络隐藏层细胞的记忆状态分为两部分：一部分是负责处理短期信息的隐藏状态 h，另一部分是负责处理长期信息的细胞状态 c，用于控制网络中记忆信息的更新。LSTM 网络具有控制信息流存储和更新的门控机制（包含遗忘门、输入门、输出门），所以能够有效避免梯度爆炸和消失现象。因此，对于长时间序列数据，LSTM 网络能够进行精确的建模。LSTM 网络隐藏层细胞结构如图 9.3 所示。

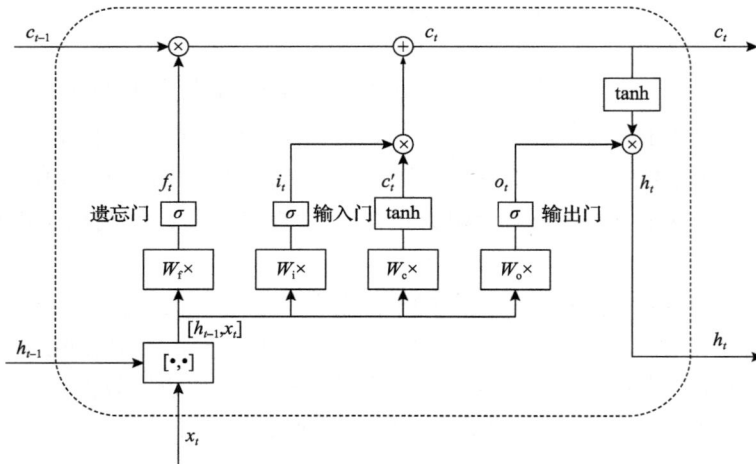

图 9.3 LSTM 网络隐藏层细胞结构

在 LSTM 网络信息传递过程中，第一步是通过遗忘门来决定需要舍弃或保留哪些信息。来自前一隐藏状态的信息 h_{t-1} 和当前输入的信息 x_t，同时传递到"遗忘门"激活函数 σ 中（设置为 sigmoid 函数），得到一个 0～1（0 表示完全舍弃，1 表示完全保留）的输出 f_t。遗忘门具体过程见式(9.2)：

$$f_t = \sigma\left(W_f \cdot [h_{t-1}, x_t] + b_f\right) \tag{9.2}$$

式中，W_f 为输入项到遗忘门的权重；b_f 为偏置。

第二步则是通过输入门来决定需将哪些新信息加入到细胞状态中。首先，将前一隐藏状态信息 h_{t-1} 和当前输入信息 x_t 传递到"输入门"的 sigmoid 函数中，以决定哪些信息需要更新，0 表示不重要，1 表示重要，进而得到输出 i_t；其次，还要将前一隐藏状态信息 h_{t-1} 和当前输入信息 x_t 传递到 tanh 函数中生成一个候选值向量 c_t'。最后将两输出相乘，决定哪些信息用来补充更新细胞状态 c_t。输入门具

体过程见式(9.3):

$$i_t = \sigma\left(W_\mathrm{i} \cdot \left[h_{t-1}, x_t\right] + b_\mathrm{i}\right)$$
$$c_t' = \tanh\left(W_\mathrm{c} \cdot \left[h_{t-1}, x_t\right] + b_\mathrm{c}\right)$$

$$(9.3)$$

式中，W_i 和 W_c 为输入项到输入门的权重；b_i 和 b_c 为偏置。

在之前两步的处理过程中，将前一细胞状态 c_{t-1} 与遗忘门输出 f_t 卷积，保留需要的信息，接着再与新的候选值 $i_t * c_t'$（即输入门输出）相加，得到当前细胞状态 c_t，具体过程如式(9.4)所示：

$$c_t = c_{t-1} * f_t + i_t * c_t'$$

$$(9.4)$$

最后一步利用输出门确定输出值，即当前隐藏状态的值 h_t。首先，将前一隐藏状态信息 h_{t-1} 和当前输入信息 x_t 传递到"输出门"的 sigmoid 函数中，以确定哪些信息需要保留，进而得到输出 o_t。同时将得到的当前细胞状态 c_t 通过 tanh 函数进行处理，并将处理得到的输出和 sigmoid 函数的输出相乘，最终确定当前隐藏状态应携带的信息。输出门具体公式如式(9.5)所示：

$$o_t = \sigma\left(W_\mathrm{o} \cdot \left[h_{t-1}, x_t\right] + b_\mathrm{o}\right)$$
$$h_t = o_t * \tanh\left(c_t\right)$$

$$(9.5)$$

式中，W_o 为输入项到输出门的权重；b_o 为偏置。

由上述 LSTM 网络的工作原理可知，其能够通过门控机制控制隐藏层输出 h_t，进而控制训练梯度的收敛性，很好地解决训练过程中的梯度问题，并具备长期记忆性，使得细胞状态 c_t 在一条直线上更新和传递。另外，LSTM 网络以反向传播算法为训练算法，在模型训练阶段能够根据训练数据不断更新网络的权重，有效提取并记忆时间序列数据的特征。在测试阶段，将数据输入训练好的模型即可获得其对应的预测值。因此，利用 LSTM 网络可以有效地提取和存储云层中时间序列数据的高维特征，构建精准的机理与数据驱动相结合的模型，同时通过端-边-云协同辅助学习辅助框架中的双向交互方案，LSTM 网络模型将实现令人满意的实时预测效果。

9.3.2　数据采集及预处理

1. 数据采集

本章从某一特定高速铁路段上采集高速列车运行过程现场数据，线路全长

693km，运行时长 2h19min。为实现高速列车端-边-云协同辅助学习，该路段的高速列车均配备了一种智能辅助驾驶系统，即高速列车驾驶员操纵分析系统，见图 9.4。

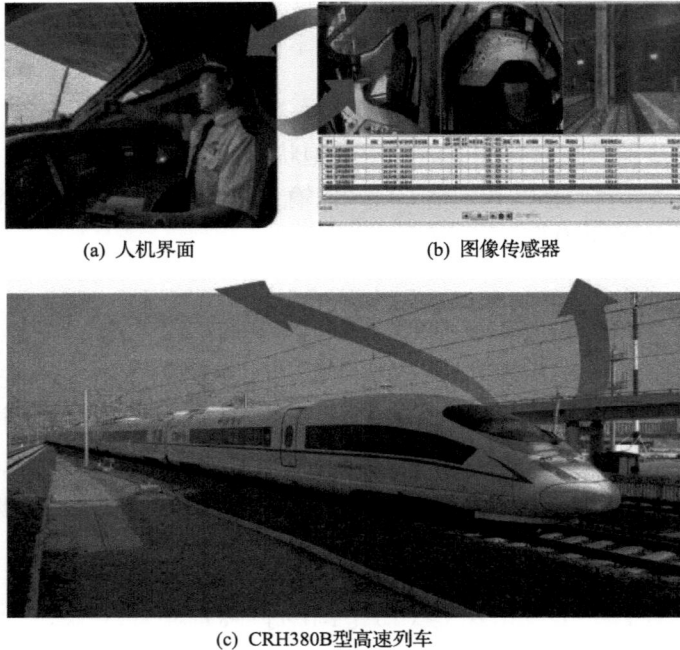

(a) 人机界面　　　　　　　　　　(b) 图像传感器

(c) CRH380B 型高速列车

图 9.4　现场数据采集过程

　　现场数据均采集自 CRH380B 型列车，同一列车在该路段总共运行了 12 个周期，高速列车驾驶员操纵分析系统中的图像传感器(图 9.4(b))用于记录驾驶员的所有控制命令，如牵引手柄级位操作和制动手柄级位操作。在测试期间，总共采集了 104448 个数据样本，每个数据样本记录 O 都涉及线路里程 m、线路坡度 l、列车牵引力/制动力 f、列车牵引制动手柄级位 e 和列车运行速度 s 等信息。根据时间序列的特点及 LSTM 网络特性，本章将原始数据记录 o 转换为相应的时间序列数据集 $O = \{o_1, o_2, \cdots, o_t, o_{t+0.5}, o_{t+2}, \cdots\}$，其中 o_t 代表时刻 t 的数据记录。

　　2. 数据预处理

　　为了构建更加精确的面向边缘计算的高速列车模型，现场采集到的数据还需经过数据清洗、数据变换、数据划分和数据标准化等数据预处理操作，其中数据预处理操作关系如图 9.5 所示。数据清洗主要在车载边缘计算节点执行，其余预处理操作在车边缘云节点执行，为减少通信延迟和能源消耗成本，各节点之间通过 5G 无线传输模块进行信息交互。

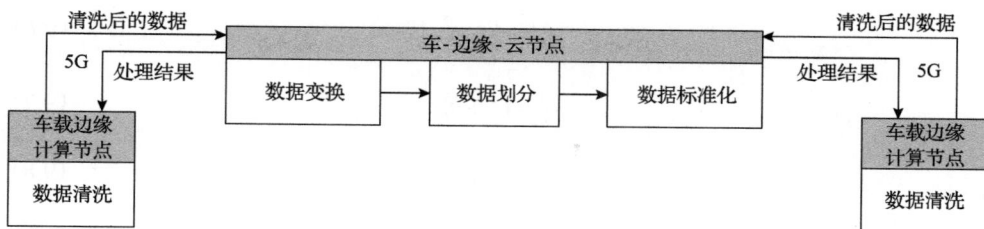

图 9.5　数据预处理操作关系

（1）数据清洗：数据清洗主要包括缺失值处理和异常值处理两部分。对于缺失值的处理通常通过数据插补方法来处理，本章采用固定值插补法，缺失值由其前一秒的数据值来补齐，若其中间隔多秒有缺失，则由该时间间隔区间起始点那一秒的数据值补齐。对于异常值的处理，本章主要包括两方面：一方面是针对数据值异常的情况，这种情况则采用视为缺失项的处理方法，将异常值清除，当作缺失项，再采用固定值插补法对缺失项进行处理；另一方面是针对同一时刻及其时序间隔内出现多个值的情况，只取其中的第一个值，其余值剔除。例如，原始序列数据为 $O = \{o_1, o_2, \cdots, o_t, o_t, o_{t+0.5}, o_{t+2}, \cdots\}$，按照上述操作处理之后，可得处理后的数据为 $O^c = \{o_1, o_2, \cdots, o_t, o_{t+1}, o_{t+2}, \cdots\}$，其中 o_{t+1} 的数值等于 o_t 的数值。

（2）数据变换：数据变换主要包括简单函数变换、规范化、连续属性离散化等方法。

原始线路里程数据值 $M = \{m_1, m_2, \cdots, m_t, m_{t+1}, m_{t+2}, \cdots\}$ 均为小数形式，因此无须做过多变换，只做保留小数点后三位处理即可。

线路坡度数据 $L = \{l_1, l_2, \cdots, l_t, l_{t+1}, l_{t+2}, \cdots\}$ 均以千分比形式出现，因此需将千分数形式转换为小数形式，如 2‰变换为 0.002。

原始高速列车操纵过程牵引制动力数据 $F = \{f_1, f_2, \cdots, f_t, f_{t+1}, f_{t+2}, \cdots\}$，分别包括列车牵引力数据 $R = \{(r_1^1; r_1^2), \cdots, (r_t^1; r_t^2), (r_{t+1}^1; r_{t+1}^2), \cdots\}$ 和制动力数据 $B = \{(b_1^1; b_1^2), \cdots, (b_t^1; b_t^2), (b_{t+1}^1; b_{t+1}^2), \cdots\}$ 两部分，对于数据中出现的无效牵引和无效制动均以数值 0 替代。同时，牵引力数据包括牵引力 1 数据和牵引力 2 数据，首先需将同一时刻的牵引力 1 数据值 r_t^1 和牵引力 2 数据值 r_t^2 按式（9.6）求得列车行车的实际牵引力 r_t。同理，对制动力 1 数据值 b_t^1 和制动力 2 数据值 b_t^2 按式（9.7）求得列车行车的实际制动力 b_t'，为方便区分牵引力和制动力数据值，统一对制动力数据值按式（9.8）处理得列车制动力数据值 b_t。最后只需将同一时刻的牵引力 r_t 和制动力数据 b_t 按式（9.9）处理即可得到列车牵引制动力数据 f_t，牵引制动力数据值均为整数形式，因此只做保留小数点后一位处理即可。

$$r_t = r_t^1 + r_t^2 \tag{9.6}$$

$$b_t' = b_t^1 + b_t^2 \tag{9.7}$$

$$b_t = -b_t' \tag{9.8}$$

$$f_t = r_t + b_t \tag{9.9}$$

原始高速列车操纵过程牵引/制动手柄级位数据为 $E = \{e_1, e_2, \cdots, e_t, e_{t+1}, e_{t+2}, \cdots\}$。高速列车牵引操纵手柄控制杆一共有 10 个档位，分别表征着牵引控制的 10 个等级，即级位 1 到级位 10，现需将不同级位映射为不同的数值，输出的牵引级位数据均为 100 以内的整数，牵引操纵手柄不同级位对应数据值 $D^r\{d_t^r\}$ 如表 9.1 所示。

表 9.1　牵引操纵手柄不同级位对应数据值

牵引手柄	级别	级位值
1st	1	0~10
2nd	2	10~20
3rd	3	20~30
4th	4	30~40
5th	5	40~50
6th	6	50~60
7th	7	60~70
8th	8	70~80
9th	9	80~90
10th	10	90~100

高速列车制动操纵手柄控制杆也一共有 10 个等级，依次为常用制动级位的 1A 级、1B 级、2 级、3 级、4 级、5 级、6 级、7 级、8 级和紧急制动(emergency brake, EB)级位，同样需将不同级位映射为不同的数值，制动操纵手柄不同级位对应数据值 D^b 如表 9.2 所示。

表 9.2　制动操纵手柄不同级位对应数据值

制动手柄	级别	级位值
1st	1A	−10~0
2nd	1B	−20~−10
3rd	2	−30~−20

制动手柄	级别	级位值
4th	3	−40～−30
5th	4	−40～−50
6th	5	−50～−60
7th	6	−60～−70
8th	7	−70～−80
9th	8	−80～−90
10th	EB	−90～−100

　　最后只需将同一时刻的牵引级位数据和制动级位数据按式(9.10)处理即可得到牵引/制动手柄级位数据：

$$e_t = d_t^{\mathrm{r}} + d_t^{\mathrm{b}} \tag{9.10}$$

式中，e_t 为 t 时刻列车牵引/制动手柄级位数据值；d_t^{r} 和 d_t^{b} 分别为 t 时刻列车的牵引手柄级位数据值和制动手柄级位数据值。

　　列车速度数据 $S = \{s_1, s_2, \cdots, s_t, s_{t+1}, s_{t+2}, \cdots\}$ 均以整数形式输出，无须进行过多变换，为保持数值形式的统一，只保留小数点后一位处理。

　　(3) 数据划分：为验证 LSTM 网络在大数据处理中的优势，同时确保训练集、验证集和测试集都包含不同工况下的列车运行操纵数据信息，在经上述操作处理后，需将处理好的数据按照一定比例将其划分为训练用数据集和测试用数据集。例如，在本章中，1 月 25 日的数据集用于训练，1 月 29 日的数据集用于测试，可以分别表示为 $D^{\mathrm{train}} = \{X^{\mathrm{train}}, Y^{\mathrm{train}}\}$ 和 $D^{\mathrm{test}} = \{X^{\mathrm{test}}, Y^{\mathrm{test}}\}$。

　　(4) 数据标准化：线路里程、线路坡度、列车牵引/制动力、列车牵引/制动操纵级位、列车速度这五种输入数据具有不同的值域范围，容易导致训练过程中权重分布不均匀等问题，进而影响训练性能及模型拟合效果。此外，由上述 LSTM 网络的内部结构及工作原理可知，LSTM 网络模型中需要范围为[−1, 1]的激活函数。因此，数据标准化是数据预处理操作中的一个重要环节，本章采用零均值标准化方法对输入数据进行标准化，如下所示：

$$x_t = \frac{o_t - \bar{o}}{\sigma} \tag{9.11}$$

式中，$\bar{o}$ 为均值；σ 为标准差。标准化后的数据可表示为 $X = \{x_1, x_2, \cdots, x_t,$

$x_{t+1}, x_{t+2}, \cdots\}$。

9.3.3 高速列车操纵过程预测流程

按照上述步骤处理好数据之后，在输入数据到 LSTM 网络中进行训练之前，首先需要初步确定 LSTM 网络中涉及的一些基本参数，包括激励函数、学习率、损失函数等。在基本参数确定之后，则可将训练集输入 LSTM 网络中进行训练。基于 LSTM 网络的高速列车操纵过程预测流程如图 9.6 所示。

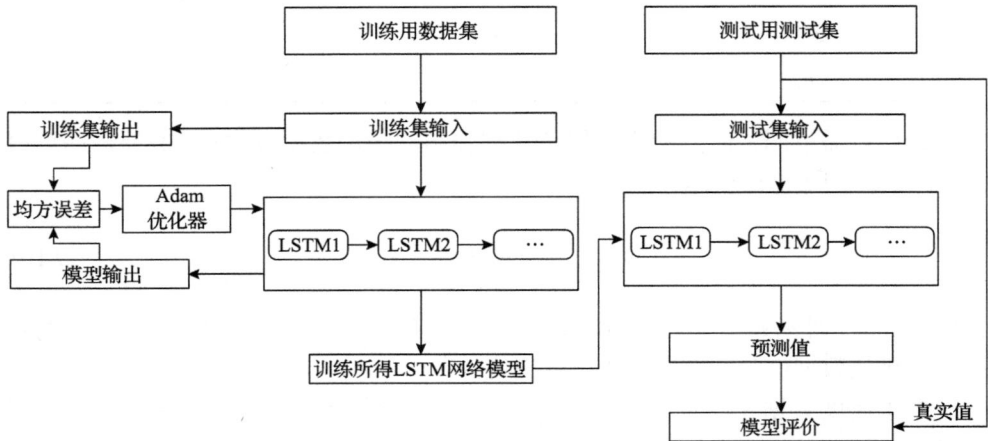

图 9.6　基于 LSTM 网络的高速列车操纵过程预测流程

其中，模型训练过程可被定义为

$$Y^{\mathrm{a}} = V\left(X^{\mathrm{train}}\right) \tag{9.12}$$

式中，Y^{a} 为 LSTM 网络模型训练输出（如式(9.1)中 s、e）；V 为输入 X^{train}（如式(9.1)中 s、e、m、R、B）同输出 Y^{a} 之间的非线性关系。

本章中，LSTM 网络模型训练过程采用的优化器是 Adam，初始学习率为 0.0001，并使用均方误差(mean squared error，MSE)作为其损失函数：

$$\mathrm{MSE} = \frac{1}{N}\sum_{t=1}^{N}\left(Y^{\mathrm{train}} - Y^{\mathrm{a}}\right)^2 \tag{9.13}$$

式中，N 为训练用数据总数；Y^{train} 为训练输入 X^{train} 所对应的现场真实输出数据。

然后，用测试集 $D^{\mathrm{test}} = \left\{X^{\mathrm{test}}, Y^{\mathrm{test}}\right\}$ 对训练好后的模型进行预测测试，预测输出可表示为 Y^{pre}，并利用均方根误差(root mean square error，RMSE)来评估训练

模型的预测性能。最后，通过去标准化，恢复 Y^{pre} 和 Y^{test} 的数据属性：

$$\text{RMSE} = \sqrt{\frac{1}{n}\sum_{t=1}^{n}\left(y_t^{\text{pre}} - y_t^{\text{test}}\right)^2} \tag{9.14}$$

式中，n 为测试用数据总数；y_t^{pre} 和 y_t^{test} 分别为 t 时刻的预测值及其对应的实际值。

9.4　应　用　案　例

本节将通过对高速列车实际运行过程的一些案例研究，验证该方法对于高速列车操纵过程预测的有效性。下面将列车操纵过程预测实验分为两部分：一部分为列车运行速度预测实验；另一部分为列车牵引/制动手柄级位预测实验。

9.4.1　速度预测

在这组实验中，给出了五个比较案例：①普通的单输入单输出 LSTM 网络模型；②两输入单输出的微改进 LSTM 网络模型；③三输入单输出 LSTM 网络模型；④四输入单输出 LSTM 网络模型；⑤五输入单输出 LSTM 网络模型。

在案例 1 中，利用之前时刻的线路里程数据对下一时刻的列车运行速度进行预测。训练网络结构总共包括输入层、LSTM 层、tanh 层、drop-out 层、全连接层和回归输出层 6 层，利用 LSTM 层中的隐藏神经元来建模过去时间序列和未来时间序列之间的关系。训练过程如下：采用 1 月 25 日的线路里程数据作为训练输入，可由式(9.15)表示；采用 1 月 25 日的列车速度数据作为训练输出，可由式(9.16)表示。训练过程可由式(9.17)表示。

$$X^{\text{train}} = \left\{x_1, x_2, \cdots, x_t, \cdots, x_{8714}\right\} = M_{25} = \left\{m_1, m_2, \cdots, m_t, \cdots, m_{8714}\right\} \tag{9.15}$$

$$Y^{\text{train}} = \left\{y_1, y_2, \cdots, y_t, \cdots, y_{8714}\right\} = S_{25} = \left\{s_2, s_3, \cdots, s_{t+1}, \cdots, s_{8715}\right\} \tag{9.16}$$

$$Y^{\text{a}} = V\left(M_{25}\right) \tag{9.17}$$

测试过程：基于训练好的模型，采用 1 月 29 日的线路里程数据作为测试输入，对列车的运行速度进行预测。

$$X^{\text{test}} = \left\{x_1, x_2, \cdots, x_t, \cdots, x_{8703}\right\} = M_{29} = \left\{m_1, m_2, \cdots, m_t, \cdots, m_{8703}\right\} \tag{9.18}$$

如图 9.7 所示，预测速度可以大致跟踪上真实值的变化趋势，然而当速度有较大波动时，预测值则难以接近真实值，尤其是在工况切换时(例如，当列车从牵引状态转变为惰行状态或从巡航状态转变为制动状态时)。这意味着案例 1 中模型的预测性能有待提高。

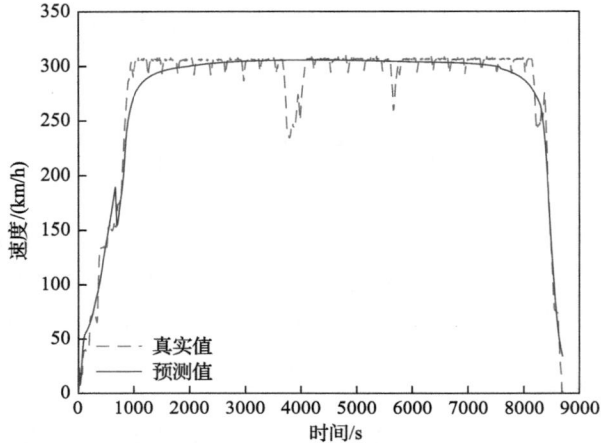

图 9.7　案例 1 速度预测值与其真实值对比图

为充分利用端层数据，案例 2 采用之间时刻的线路里程数据和线路坡度数据输入组合来预测列车运行速度，由于具有两个输入变量，输入层的特征数应设置为 2。训练过程可表示为

$$X^{\text{train}} = \left\{x_1, \cdots, x_t, \cdots, x_{8714}\right\} = \text{ML}_{25} = \left\{(m_1; l_1), \cdots, (m_t; l_t), \cdots, (m_{8714}; l_{8714})\right\} \tag{9.19}$$

$$Y^{\text{train}} = \left\{y_1, y_2, \cdots, y_t, \cdots, y_{8714}\right\} = S_{25} = \left\{s_2, s_3, \cdots, s_{t+1}, \cdots, s_{8715}\right\} \tag{9.20}$$

$$Y^{\text{a}} = V\left(\text{ML}_{25}\right) \tag{9.21}$$

相应地，基于训练好的模型，测试过程输入如下所示：

$$X^{\text{test}} = \left\{x_1, \cdots, x_t, \cdots, x_{8703}\right\} = \text{ML}_{29} = \left\{(m_1; l_1), \cdots, (m_t; l_t), \cdots, (m_{8703}; l_{8703})\right\} \tag{9.22}$$

案例 2 中速度预测值与其真实值之间的对比如图 9.8 所示。可以看出，其预测性能要优于案例 1。虽然案例 2 充分利用端层数据在一定程度上能够减少速度预测误差，但其预测精度并不适用于实际工程，也即当速度 ⩽ 30km/h 时，速度误差的范围不应超过 ±2km/h，当速度 > 30km/h 时，速度误差的范围应在其速度值的 2%以内。

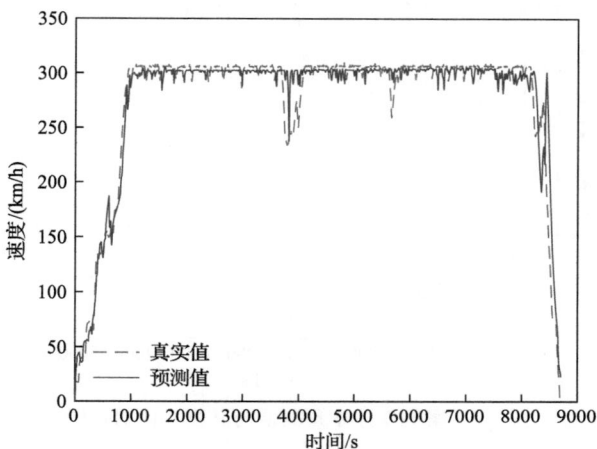

图 9.8　案例 2 速度预测值与其真实值对比图

案例 3 应用基于端-边-云协同辅助学习求得的式 (9.1) 中的高速列车运行过程模型，基于之前时刻的线路里程数据、线路坡度数据和列车牵引/制动力数据来预测下一时刻的速度。由于具有三个输入变量，因此输入层的特征数被设置为 3。其基于机理分析和数据驱动的深度学习模型可表示为

$$X^{\text{train}} = \{x_1, \cdots, x_t, \cdots, x_{8714}\} = \text{MLF}_{25} = \begin{cases} (m_1; l_1; f_1), \cdots, (m_t; l_t; f_t), \\ \cdots, (m_{8714}; l_{8714}; f_{8714}) \end{cases} \tag{9.23}$$

$$Y^{\text{train}} = \{y_1, y_2, \cdots, y_t, \cdots, y_{8714}\} = S_{25} = \{s_2, s_3, \cdots, s_{t+1}, \cdots, s_{8715}\} \tag{9.24}$$

$$Y^{\text{a}} = V\left(\text{MLF}_{25}\right) \tag{9.25}$$

相应地，基于训练好的模型，测试过程输入如下所示：

$$X^{\text{test}} = \{x_1, \cdots, x_t, \cdots, x_{8703}\} = \text{MLF}_{29} = \begin{cases} (m_1; l_1; f_1), \cdots, (m_t; l_t; f_t), \\ \cdots, (m_{8703}; l_{8703}; f_{8703}) \end{cases} \tag{9.26}$$

案例 3 预测值与其对应真实值的比较如图 9.9 所示。与前两种案例相比，模型预测输出能够很好地跟踪实际输出的变化。即使在巡航运行工况的速度波动过程中，预测值也能够比较好地逼近真实值。然而，当速度发生急剧变化时，预测值会在真实值附近的更大范围内波动，无法有效逼近真实值。

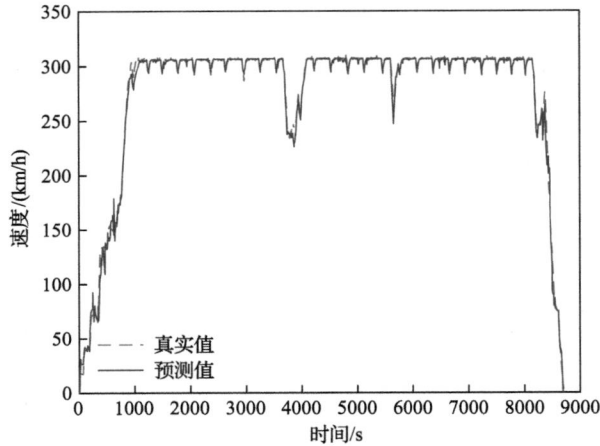

图 9.9 案例 3 速度预测值与其真实值对比图

综合考虑到式 (9.1) 中的高速列车操纵级位变量和 LSTM 网络模型的预测精度,案例 4 利用之前时刻的线路里程数据、线路坡度数据、列车牵引/制动力数据和列车牵引/制动手柄级位数据来预测下一时刻的速度。由于具有四个输入变量,因此输入层特征数设置为 4。训练过程可表示为

$$X^{\text{train}} = \left\{ x_1, \cdots, x_t, \cdots, x_{8714} \right\} = \text{MLFE}_{25} = \begin{cases} \left(m_1; l_1; f_1; e_1 \right), \cdots, \left(m_t; l_t; f_t; e_t \right), \\ \cdots, \left(m_{8714}; l_{8714}; f_{8714}; e_{8714} \right) \end{cases} \quad (9.27)$$

$$Y^{\text{train}} = \left\{ y_1, y_2, \cdots, y_t, \cdots, y_{8714} \right\} = S_{25} = \left\{ s_2, s_3, \cdots, s_{t+1}, \cdots, s_{8715} \right\} \quad (9.28)$$

$$Y^{\text{a}} = V \left(\text{MLFE}_{25} \right) \quad (9.29)$$

相应地,基于训练好的模型,测试过程输入如下所示:

$$X^{\text{test}} = \left\{ x_1, \cdots, x_t, \cdots, x_{8703} \right\} = \text{MLFE}_{29} = \begin{cases} \left(m_1; l_1; f_1; e_1 \right), \cdots, \left(m_t; l_t; f_t; e_t \right), \\ \cdots, \left(m_{8703}; l_{8703}; f_{8703}; e_{8703} \right) \end{cases} \quad (9.30)$$

图 9.10 给出了案例 4 中预测值与其真实值之间的比较结果。可以明显地观察到,案例 4 中的 LSTM 网络模型预测性能有了显著改进,其获得了比前三种案例更准确的速度预测序列。这说明列车牵引/制动操纵特性有助于修正基于 LSTM 网络的高速列车运行速度预测模型,能够有效提高高速列车运行速度预测精度。然而,由于高速列车运行过程中存在的一些时滞惯性,预测值曲线在牵引阶段会略有波动。

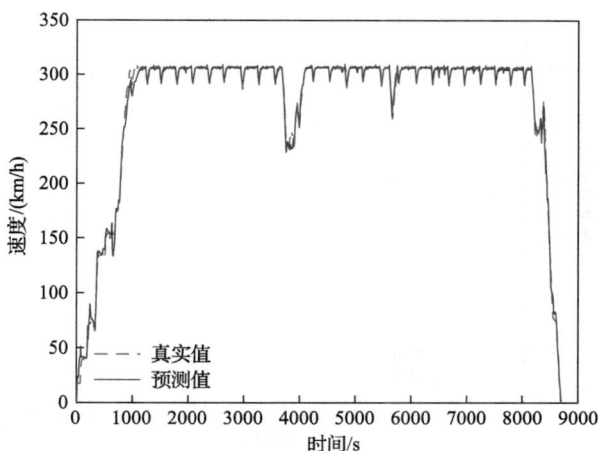

图 9.10　案例 4 速度预测值与其真实值对比图

为阐明高速列车运行过程中的时滞敏感特性，案例 5 充分利用边缘层资源，利用之前时刻的线路里程数据、线路坡度数据、列车牵引/制动力数据、列车牵引/制动手柄级位数据和列车速度数据来预测下一时刻的列车运行速度。由于输入层具有五个输入变量，因此输入层特征数应设置为 5，案例 5 训练模型为

$$X^{\text{train}} = \left\{ x_1, \cdots, x_t, \cdots, x_{8714} \right\} = \text{MLFES}_{25} = \begin{cases} (m_1; l_1; f_1; e_1; s_1), \cdots, (m_t; l_t; f_t; e_t; s_t), \\ \cdots, (m_{8714}; l_{8714}; f_{8714}; e_{8714}; s_{8714}) \end{cases}$$

$$(9.31)$$

$$Y^{\text{train}} = \left\{ y_1, y_2, \cdots, y_t, \cdots, y_{8714} \right\} = S_{25} = \left\{ s_2, s_3, \cdots, s_{t+1}, \cdots, s_{8715} \right\} \qquad (9.32)$$

$$Y^{\text{a}} = V\left(\text{MLFES}_{25} \right) \qquad (9.33)$$

相应地，基于训练好的模型，测试过程输入如下所示：

$$X^{\text{test}} = \left\{ x_1, \cdots, x_t, \cdots, x_{8703} \right\} = \text{MLFES}_{29} = \begin{cases} (m_1; l_1; f_1; e_1; s_1), \cdots, (m_t; l_t; f_t; e_t; s_t), \\ \cdots, (m_{8703}; l_{8703}; f_{8703}; e_{8703}; s_{8703}) \end{cases}$$

$$(9.34)$$

案例 5 的预测结果如图 9.11 所示。与前四种案例相比，发现所提出的方法可以在牵引、巡航、惰行和制动多种运行工况下甚至当速度急剧变化时都能准确地跟踪实际速度。显然，本章提出的采用端-边-云协同辅助学习的基于机理分析和数据驱动的高速列车操纵过程预测模型优于式 (9.1) 中的基于机理分析的模型及式 (9.5) 中的基于数据驱动的模型。

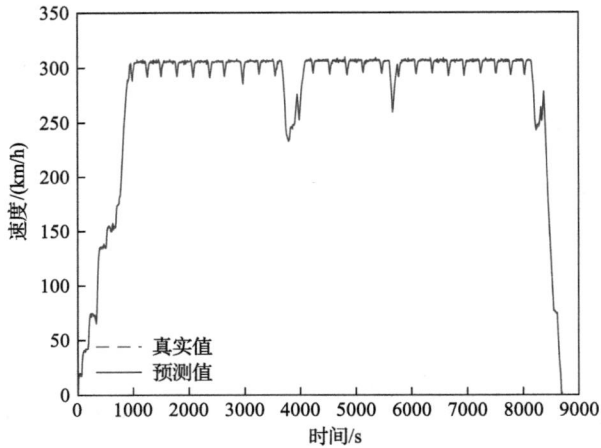

图 9.11 案例 5 速度预测值与其真实值对比图

　　结合表 9.3 中五种不同案例，对训练模型预测过程的 RMSE 值及图 9.12 中不同案例模型预测误差进行分析，阐明不同案例中高速列车运行速度预测之间的差异。

表 9.3 不同案例速度预测的 RMSE

案例	RMSE
1	0.2881
2	0.2794
3	0.1642
4	0.1032
5	0.0441

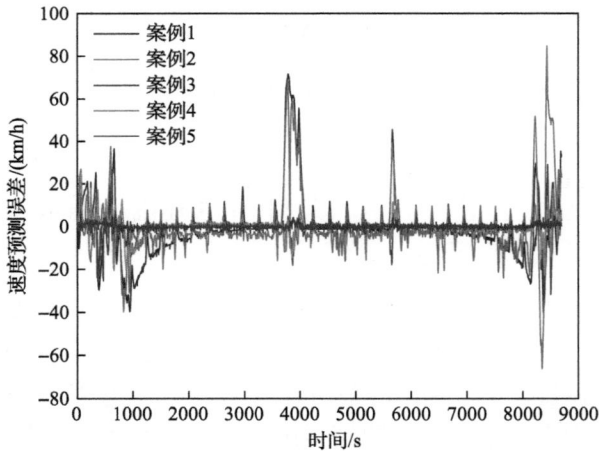

图 9.12 不同案例速度预测误差对比图

由表 9.3 可见，从案例 1 到案例 5 速度预测 RMSE 值逐渐降低，这表明案例 5 训练效果和拟合精度要优于前 4 种情况。同时，比较图 9.12 中不同案例间的速度预测误差，可以看出，案例 5 的速度预测精度更高，预测值能更好地逼近真实值。因此，可以得出结论，未来时间序列的列车运行速度与过去时间序列的线路里程、线路坡度、列车牵引力/制动力、列车牵引/制动手柄级位和列车速度等因素均有关。

9.4.2　级位预测

为评价所提出的高速列车操纵过程预测方法的性能，高速列车牵引/制动手柄级位预测实验给出了两个比较案例：①具有四个输入和一个输出的传统 LSTM 网络模型；②所提出的具有五个输入和一个输出的 LSTM 网络模型。

在现实中，由于只有很少部分的高速列车安装了智能辅助驾驶系统，关于高速列车牵引/制动手柄级位的数据通常很少，所以传统方法大多仅利用线路里程、线路坡度、列车牵引/制动力和列车运行速度等变量作为输入来预测高速列车牵引/制动手柄级位。其模型建立过程如下所示：

$$X^{\text{train}} = \{x_1, \cdots, x_t, \cdots, x_{8714}\} = \text{MLFS}_{25} = \begin{cases} (m_1; l_1; f_1; s_1), \cdots, (m_t; l_t; f_t; s_t), \\ \cdots, (m_{8714}; l_{8714}; f_{8714}; s_{8714}) \end{cases} \quad (9.35)$$

$$Y^{\text{train}} = \{y_1, y_2, \cdots, y_t, \cdots, y_{8714}\} = E_{25} = \{e_2, e_3, \cdots, e_{t+1}, \cdots, e_{8715}\} \quad (9.36)$$

$$Y^{\text{a}} = V(\text{MLFS}_{25}) \quad (9.37)$$

相应地，测试过程输入如下所示：

$$X^{\text{test}} = \{x_1, \cdots, x_t, \cdots, x_{8703}\} = \text{MLFS}_{29} = \begin{cases} (m_1; l_1; f_1; s_1), \cdots, (m_t; l_t; f_t; s_t), \\ \cdots, (m_{8703}; l_{8703}; f_{8703}; s_{8703}) \end{cases} \quad (9.38)$$

案例 1 高速列车牵引/制动手柄级位预测的结果如图 9.13 所示。实验结果表明，案例 1 模型其预测值不能有效地逼近真实值，这也说明传统模型在时间序列预测中具有较大的预测误差，其预测精度有待提高。

案例 2 采用本章提出的牵引/制动手柄级位 LSTM 网络预测模型，综合利用上述四种数据以及所采集到的高速列车牵引/制动手柄级位数据来预测未来时刻的牵引/制动手柄级位信息，可得训练模型：

$$X^{\text{train}} = \{x_1, \cdots, x_t, \cdots, x_{8714}\} = \text{MLFES}_{25} = \begin{cases} (m_1; l_1; f_1; e_1; s_1), \cdots, (m_t; l_t; f_t; e_t; s_t), \\ \cdots, (m_{8714}; l_{8714}; f_{8714}; e_{8714}; s_{8714}) \end{cases}$$

$$(9.39)$$

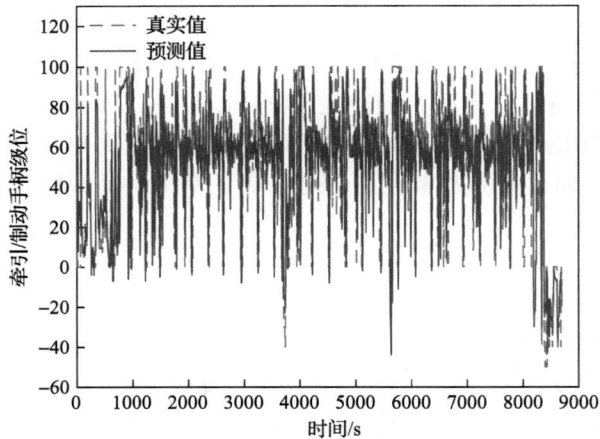

图 9.13　案例 1 牵引/制动手柄级位预测值与其真实值对比图

$$Y^{\text{train}} = \left\{ y_1, y_2, \cdots, y_t, \cdots, y_{8714} \right\} = E_{25} = \left\{ e_2, e_3, \cdots, e_{t+1}, \cdots, e_{8715} \right\} \tag{9.40}$$

$$Y^{\text{a}} = V\left(\text{MLFES}_{25} \right) \tag{9.41}$$

相应地，基于训练好的模型，测试过程输入如下所示：

$$X^{\text{test}} = \left\{ x_1, \cdots, x_t, \cdots, x_{8703} \right\} = \text{MLFES}_{29} = \left\{ \begin{array}{l} (m_1; l_1; f_1; e_1; s_1), \cdots, (m_t; l_t; f_t; e_t; s_t), \\ \cdots, (m_{8703}; l_{8703}; f_{8703}; e_{8703}; s_{8703}) \end{array} \right\} \tag{9.42}$$

图 9.14 给出了案例 2 基于本章提出的模型的牵引/制动手柄级位预测值与其真实值的对比。由图可知，大多数时刻，其预测值都能够很好地贴合真实值，

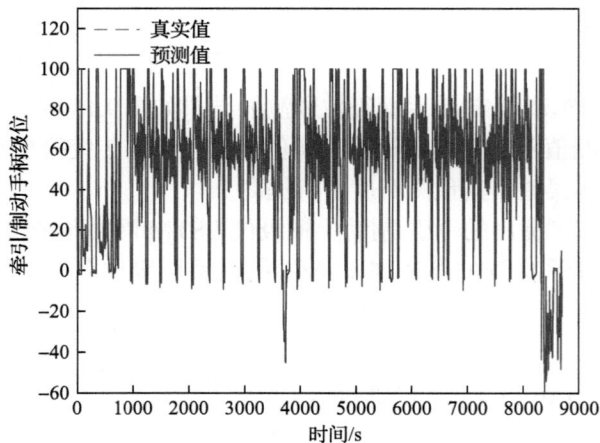

图 9.14　案例 2 牵引/制动手柄级位预测值及其真实值对比图

与上述模型预测结果相比，本章提出的方法能够显著降低高速列车牵引/制动手柄级位预测误差。

结合表 9.4 中两种不同案例其训练模型预测过程的 RMSE 值及图 9.15 中不同案例模型预测误差，阐明不同案例高速列车牵引/制动手柄极位预测之间的差异。由表 9.4 可知，案例 2 模型预测 RMSE 值要比案例 1 的 RMSE 值小得多，这表明本章综合利用边缘层资源，考虑高速列车牵引/制动手柄级位因素的影响得到的级位预测模型，能够有效降低高速列车操纵级位预测误差。同时，从图 9.15 可以看出，与传统级位预测模型相比，本章提出的模型针对高速列车不同运行工况下的级位预测有更高的预测精度。因此，可以得出结论，高速列车牵引/制动操纵主要取决于驾驶员的经验、能力、表现和注意力，这一现象也表明，高速列车驾驶员操纵分析系统中记录驾驶员所有操纵控制命令的图像传感器对于预测高速列车操纵过程非常重要。

表 9.4　不同案例牵引/制动手柄级位预测的 RMSE

案例	RMSE
1	0.7071
2	0.1257

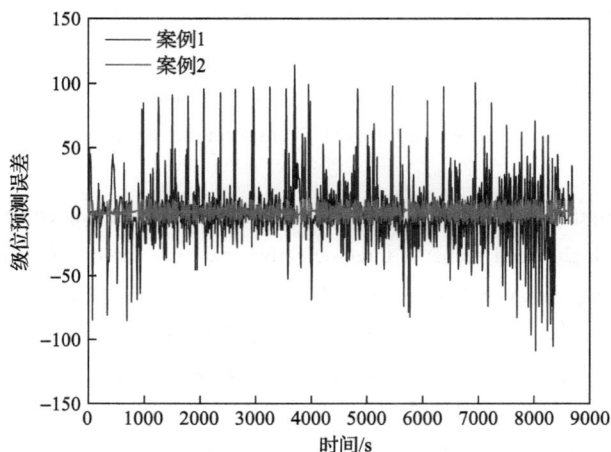

图 9.15　不同案例牵引/制动手柄级位预测误差对比图

9.5　本　章　小　结

本章针对高速列车操纵过程中驾驶员可获取操作指令有限、列车操纵受驾驶员个人能力经验影响较大、传统预测方法只考虑列车速度因素等问题，提出了一种基于端-边-云协同的高速列车牵引/制动手柄级位预测控制技术，通过采用机理与数据驱动建模技术相结合，构建了基于 LSTM 网络的高速列车操纵过程预测模型，并在此基础上，基于现场数据验证了高速列车牵引/制动过程设定值预测的有效性。实验结果表明本章所提方法能够以较高精度实现高速列车牵引/制动操纵过程的预测。进一步结合高速列车操纵过程机理特性和深度学习的数据驱动建模方法来建立更加精确的模型，将会是后续研究的重点之一。

参 考 文 献

[1] Tasiu I A, Liu Z G, Wu S Q, et al. Review of recent control strategies for the traction converters in high-speed train[J]. IEEE Transactions on Transportation Electrification, 2022, 8(2): 2311-2333.

[2] Yin J T, Ning C H, Tang T. Data-driven models for train control dynamics in high-speed railways: LAG-LSTM for train trajectory prediction[J]. Information Sciences, 2022, 600: 377-400.

[3] Yin J T, Tang T, Yang L X, et al. Research and development of automatic train operation for railway transportation systems: A survey[J]. Transportation Research Part C: Emerging Technologies, 2017, 85: 548-572.

[4] Xiao Z, Wang Q Y, Sun P F, et al. Real-time energy-efficient driver advisory system for high-speed trains[J]. IEEE Transactions on Transportation Electrification, 2021, 7(4): 3163-3172.

[5] Dong H R, Zhu H N, Gao S G. An approach for energy-efficient and punctual train operation via driver advisory system[J]. IEEE Intelligent Transportation Systems Magazine, 2018, 10(3): 57-67.

[6] Fernández-Rodríguez A, Fernández-Cardador A, Cucala A P. Balancing energy consumption and risk of delay in high speed trains: A three-objective real-time eco-driving algorithm with fuzzy parameters[J]. Transportation Research Part C: Emerging Technologies, 2018, 95: 652-678.

[7] Ghaviha N, Bohlin M, Holmberg C, et al. A driver advisory system with dynamic losses for passenger electric multiple units[J]. Transportation Research Part C: Emerging Technologies, 2017, 85: 111-130.

[8] Wang J H, Rakha H A. Longitudinal train dynamics model for a rail transit simulation system[J]. Transportation Research Part C: Emerging Technologies, 2018, 86: 111-123.

[9] Wang P L, Trivella A, Goverde R M P, et al. Train trajectory optimization for improved on-time arrival under parametric uncertainty[J]. Transportation Research Part C: Emerging Technologies, 2020, 119: 102680.

[10] Xu Y, Jia B, Li X P, et al. An integrated micro-macro approach for high-speed railway energy-efficient timetabling problem[J]. Transportation Research Part C: Emerging

Technologies, 2020, 112: 88-115.

[11] Yang H, Zhang K P, Liu H E. Online regulation of high speed train trajectory control based on T-S fuzzy bilinear model[J]. IEEE Transactions on Intelligent Transportation Systems, 2015, 17(6): 1496-1508.

[12] Liu H E, Yang H, Cai B G. Optimization for the following operation of a high-speed train under the moving block system[J]. IEEE Transactions on Intelligent Transportation Systems, 2018, 19(10): 3406-3413.

[13] Yang H, Fu Y T, Wang D H. Multi-ANFIS model based synchronous tracking control of high-speed electric multiple unit[J]. IEEE Transactions on Fuzzy Systems, 2018, 26(3): 1472-1484.

[14] Mao Z H, Tao G, Jiang B, et al. Adaptive control design and evaluation for multibody high-speed train dynamic models[J]. IEEE Transactions on Control Systems Technology, 2021, 29(3): 1061-1074.

[15] Faieghi M, Jalali A, Mousavi Mashhadi S K, et al. Passivity-based cruise control of high speed trains[J]. Journal of Vibration and Control, 2016, 24(3): 492-504.

[16] Wang R Z, Liang T T. Finite time speed and position control for dynamics of HST with time-varying delays[J]. Journal of Physics: Conference Series, 2022, 2258: 012061.

[17] Tan C, Tao G, Yang H. A multiple-model adaptive tracking scheme for high-speed train motion control[C]. 2017 11th Asian Control Conference, Gold Coast, 2017: 1205-1210.

[18] Liu Y F, Zhou Y, Su S, et al. An analytical optimal control approach for virtually coupled high-speed trains with local and string stability[J]. Transportation Research Part C: Emerging Technologies, 2021, 125: 102886.

[19] de Martinis V, Corman F. Data-driven perspectives for energy efficient operations in railway systems: Current practices and future opportunities[J]. Transportation Research Part C: Emerging Technologies, 2018, 95: 679-697.

[20] Chen H T, Jiang B, Ding S X, et al. Data-driven fault diagnosis for traction systems in high-speed trains: A survey, challenges, and perspectives[J]. IEEE Transactions on Intelligent Transportation Systems, 2022, 23(3): 1700-1716.

[21] Yu Q X, Hou Z S, Xu J X. D-type ILC based dynamic modeling and norm optimal ILC for high-speed trains[J]. IEEE Transactions on Control Systems Technology, 2018, 26(2): 652-663.

[22] Guo Y X, Wang Q Y, Sun P F, et al. Distributed adaptive fault-tolerant control for high-speed trains using multi-agent system model[J]. IEEE Transactions on Vehicular Technology, 2024, 73(3): 3277-3286.

[23] Lee J, Hwang Y, Choi S B. Robust tube-MPC based steering and braking control for path tracking at high-speed driving[J]. IEEE Transactions on Vehicular Technology, 2023, 72(12):

15301-15316.

[24] 杨辉, 彭达, 付雅婷, 等. 基于多级切换的动车组制动过程 RBF 模型参考自适应控制方法: CN201710106658.4[P]. 2017-05-24.

[25] Chen H T, Jiang B, Chen W, et al. Edge computing-aided framework of fault detection for traction control systems in high-speed trains[J]. IEEE Transactions on Vehicular Technology, 2020, 69 (2): 1309-1318.

[26] Zhang K L, Huang W, Hou X Y, et al. A fault diagnosis and visualization method for high-speed train based on edge and cloud collaboration[J]. Applied Sciences, 2021, 11 (3): 1251.

[27] Xu Q, Zhang P, Liu W, et al. A platform for fault diagnosis of high-speed train based on big data[J]. IFAC-PapersOnLine, 2018, 51 (18): 309-314.

[28] Ergen T, Kozat S S. Online training of LSTM networks in distributed systems for variable length data sequences[J]. IEEE Transactions on Neural Networks and Learning Systems, 2018, 29 (10): 5159-5165.

[29] Sun J, Kim J. Joint prediction of next location and travel time from urban vehicle trajectories using long short-term memory neural networks[J]. Transportation Research Part C: Emerging Technologies, 2021, 128: 103114.

[30] Lai C F, Chien W C, Yang L T, et al. LSTM and edge computing for big data feature recognition of industrial electrical equipment[J]. IEEE Transactions on Industrial Informatics, 2019, 15 (4): 2469-2477.

[31] Zheng H F, Lin F, Feng X X, et al. A hybrid deep learning model with attention-based conv-LSTM networks for short-term traffic flow prediction[J]. IEEE Transactions on Intelligent Transportation Systems, 2021, 22 (11): 6910-6920.

第10章 数据驱动的高速列车牵引电机多故障诊断与容错控制技术

10.1 引　　言

第9章对高速列车正常工况下的手柄级位设定值预测问题进行了分析，由于高速列车牵引电机长期在恶劣环境中高速工作，再加上牵引系统的互联分布式属性，多故障的发生成为常态，其动态过程往往呈现出时变、连锁耦合和不平衡分布的特性。考虑到多故障建模过程包含多个模态，并和多模型系统具有相同的结构，本章采用基于多模型空间学习的方法来解决牵引电机多故障诊断与容错控制问题。

面向多模型系统结构辨识可解释性问题，本章通过对牵引电机多故障动态特性分析，将牵引电机状态空间模型转换为易于辨识的自回归滑动平均模型，并采用最小二乘法辨识模型参数，根据模型参数收敛范围确定多故障阈值，进而建立模型参数和故障特征之间的对应关系。以此为基础，找到故障机理模型和数据驱动模型的融合性，针对多故障样本分布不一致的特点，基于类别不平衡学习技术建立描述牵引电机多故障的最优模型集合。在此基础上，将牵引电机多模式辨识问题抽象为切换系统，并建立牵引电机多故障的分布式模型。利用异步切换和闭环估计机制，对建立的多故障模型设计鲁棒观测器。仿真实验表明，该设计在抑制电磁干扰的同时，实现了异步切换模式下的多故障分离和估计。

10.2 问 题 描 述

在牵引电机多故障建模过程中，基于单一模型描述的方法难以表征系统所有可能的故障行为，需要设计一组解耦的多模型集合，研究系统结构辨识和参数自适应调整方法，得到模型库和故障特征库的一一对应关系，实现不同故障的重构。如何确定待设计故障模型的个数是多模型结构辨识的重要内容。常规的基于机理模型的方法采用穷举的方式来遍历系统可能的故障模式，因此故障模型的个数将会很大。另外，基于数据驱动的方法借助模式识别和机器学习技术，对故障数据进行聚类分析，得到可能的故障模型个数。不过，该方法在故障模型识别中存在精准度无法保障、难以有效利用先验知识等瓶颈问题[1-3]。

10.2.1　牵引电机最小二乘模型描述

基于牵引电机结构损伤降阶模型辨识理论，三相不平衡电流在较短时间间隔内仍具有相对平衡性，可将电机三相复杂的损伤模型，降阶为定子侧两相相对平衡模型，同时又使传统的两相电机模型适用于电机结构不平衡情形，牵引电机三相模型可以转化为如下形式[4]：

$$\frac{\mathrm{d}i_{\mathrm{sa}}}{\mathrm{d}t} + N_{\mathrm{sa}}\gamma i_{\mathrm{sa}} - N_{\mathrm{sb}}\frac{\beta}{T_{\mathrm{r}}}\psi_{\mathrm{ra}} - N_{\mathrm{sb}}n_{\mathrm{p}}\beta w\psi_{\mathrm{rb}} - N_{\mathrm{sa}}n_{\mathrm{p}}wi_{\mathrm{sb}} = \frac{1}{\sigma L_{\mathrm{s}}}U_{\mathrm{sa}} \tag{10.1}$$

$$\frac{\mathrm{d}i_{\mathrm{sb}}}{\mathrm{d}t} + N_{\mathrm{sa}}\gamma i_{\mathrm{sb}} - N_{\mathrm{sb}}\frac{\beta}{T_{\mathrm{r}}}\psi_{\mathrm{rb}} + N_{\mathrm{sb}}n_{\mathrm{p}}\beta w\psi_{\mathrm{ra}} + N_{\mathrm{sa}}n_{\mathrm{p}}wi_{\mathrm{sa}} = \frac{1}{\sigma L_{\mathrm{s}}}U_{\mathrm{sb}} \tag{10.2}$$

$$\frac{\mathrm{d}\psi_{\mathrm{ra}}}{\mathrm{d}t} = \frac{M}{T_{\mathrm{r}}}i_{\mathrm{sa}} - \frac{1}{T_{\mathrm{r}}}\psi_{\mathrm{ra}} \tag{10.3}$$

$$\frac{\mathrm{d}\psi_{\mathrm{rb}}}{\mathrm{d}t} = \frac{M}{T_{\mathrm{r}}}i_{\mathrm{sb}} - \frac{1}{T_{\mathrm{r}}}\psi_{\mathrm{rb}} \tag{10.4}$$

式中，i_{sa} 和 i_{sb} 为定子侧电流；N_{sa} 和 N_{sb} 为定子侧绕组匝数；U_{sa} 和 U_{sb} 为定子侧电压；ψ_{ra} 和 ψ_{rb} 为对应的转子磁通；n_{p} 为极对数；w 为电机转速；$T_{\mathrm{r}} = \frac{L_{\mathrm{r}}}{R_{\mathrm{r}}}$；$\sigma = 1 - \frac{M^2}{L_{\mathrm{s}}L_{\mathrm{r}}}$；$\beta = \frac{M}{\sigma L_{\mathrm{s}}L_{\mathrm{r}}}$；$\gamma = \frac{R_{\mathrm{s}}}{\sigma L_{\mathrm{s}}} + \frac{M^2 R_{\mathrm{r}}}{\sigma L_{\mathrm{s}}L_{\mathrm{r}}^2}$。其中，$R_{\mathrm{s}}$ 和 R_{r} 为定子电阻和转子电阻；L_{s} 和 L_{r} 为定子电感和转子电感；M 为互感。

为了使上述模型未知参数和已知信号具有线性关系，并满足数据驱动建模要求，需要将不可测的磁通变量 ψ_{ra} 和 ψ_{rb} 消去。为此，对式(10.1)和式(10.2)分别求一阶导数，利用式(10.3)和式(10.4)的恒等关系，将所得的结果再分别与各自的 $\frac{1}{T_{\mathrm{r}}}$ 相加，可以得到

$$\frac{1}{\sigma L_{\mathrm{s}}}\frac{\mathrm{d}U_{\mathrm{sa}}}{\mathrm{d}t} + \frac{1}{T_{\mathrm{r}}}\frac{1}{\sigma L_{\mathrm{s}}}U_{\mathrm{sa}} = \frac{\mathrm{d}i_{\mathrm{sa}}^2}{\mathrm{d}t^2} + \left(N_{\mathrm{sa}}\gamma + \frac{1}{T_{\mathrm{r}}}\right)\frac{\mathrm{d}i_{\mathrm{sa}}}{\mathrm{d}t} + \left(\frac{N_{\mathrm{sa}}\gamma}{T_{\mathrm{r}}} - \frac{\beta N_{\mathrm{sb}}M}{T_{\mathrm{r}}^2}\right)i_{\mathrm{sa}}$$
$$- n_{\mathrm{p}}w\left(\frac{N_{\mathrm{sa}}}{T_{\mathrm{r}}} + \frac{\beta N_{\mathrm{sb}}M}{T_{\mathrm{r}}}\right)i_{\mathrm{sb}} - n_{\mathrm{p}}\left(N_{\mathrm{sa}}i_{\mathrm{sb}} + \beta N_{\mathrm{sb}}\psi_{\mathrm{rb}}\right)\frac{\mathrm{d}w}{\mathrm{d}t} - N_{\mathrm{sa}}n_{\mathrm{p}}w\frac{\mathrm{d}i_{\mathrm{sb}}}{\mathrm{d}t} \tag{10.5}$$

$$\frac{1}{\sigma L_{\mathrm{s}}}\frac{\mathrm{d}U_{\mathrm{sb}}}{\mathrm{d}t} + \frac{1}{T_{\mathrm{r}}}\frac{1}{\sigma L_{\mathrm{s}}}U_{\mathrm{sb}} = \frac{\mathrm{d}i_{\mathrm{sb}}^2}{\mathrm{d}t^2} + \left(N_{\mathrm{sa}}\gamma + \frac{1}{T_{\mathrm{r}}}\right)\frac{\mathrm{d}i_{\mathrm{sb}}}{\mathrm{d}t} + \left(\frac{N_{\mathrm{sa}}\gamma}{T_{\mathrm{r}}} - \frac{\beta N_{\mathrm{sb}}M}{T_{\mathrm{r}}^2}\right)i_{\mathrm{sb}}$$

$$+ n_{\mathrm{p}}w\left(\frac{N_{\mathrm{sa}}}{T_{\mathrm{r}}} + \frac{\beta N_{\mathrm{sb}}M}{T_{\mathrm{r}}}\right)i_{\mathrm{sa}} + n_{\mathrm{p}}\left(N_{\mathrm{sa}}i_{\mathrm{sa}} + \beta N_{\mathrm{sb}}\psi_{\mathrm{ra}}\right)\frac{\mathrm{d}w}{\mathrm{d}t} + N_{\mathrm{sa}}n_{\mathrm{p}}w\frac{\mathrm{d}i_{\mathrm{sa}}}{\mathrm{d}t}$$

$$\tag{10.6}$$

由于在系统特定的工作点附近,其稳态过程满足 $\frac{\mathrm{d}w}{\mathrm{d}t}=0$,式(10.5)和式(10.6)可以转换为

$$\frac{\mathrm{d}i_{\mathrm{sa}}^2}{\mathrm{d}t^2} + K_1\frac{\mathrm{d}i_{\mathrm{sa}}}{\mathrm{d}t} + K_2 i_{\mathrm{sa}} - n_{\mathrm{p}}wK_3 i_{\mathrm{sb}} - N_{\mathrm{sa}}n_{\mathrm{p}}w\frac{\mathrm{d}i_{\mathrm{sb}}}{\mathrm{d}t} = K_4\frac{\mathrm{d}U_{\mathrm{sa}}}{\mathrm{d}t} + K_5 U_{\mathrm{sa}} \tag{10.7}$$

$$\frac{\mathrm{d}i_{\mathrm{sb}}^2}{\mathrm{d}t^2} + K_1\frac{\mathrm{d}i_{\mathrm{sb}}}{\mathrm{d}t} + K_2 i_{\mathrm{sb}} + n_{\mathrm{p}}wK_3 i_{\mathrm{sa}} + N_{\mathrm{sa}}n_{\mathrm{p}}w\frac{\mathrm{d}i_{\mathrm{sa}}}{\mathrm{d}t} = K_4\frac{\mathrm{d}U_{\mathrm{sb}}}{\mathrm{d}t} + K_5 U_{\mathrm{sb}} \tag{10.8}$$

式中, $K_1 = N_{\mathrm{sa}}\gamma + \dfrac{1}{T_{\mathrm{r}}}$, $K_2 = \dfrac{N_{\mathrm{sa}}\gamma}{T_{\mathrm{r}}} - \dfrac{\beta N_{\mathrm{sb}}M}{T_{\mathrm{r}}^2}$, $K_3 = \dfrac{N_{\mathrm{sa}}}{T_{\mathrm{r}}} + \dfrac{\beta N_{\mathrm{sb}}M}{T_{\mathrm{r}}}$, $K_4 = \dfrac{1}{\sigma L_{\mathrm{s}}}$, $K_5 = \dfrac{1}{T_{\mathrm{r}}}\dfrac{1}{\sigma L_{\mathrm{s}}}$ 。

为了实现上述机理模型和数据驱动模型的有效融合,将式(10.7)和式(10.8)写成如下的最小二乘形式:

$$\begin{bmatrix} -\dfrac{\mathrm{d}i_{\mathrm{sa}}}{\mathrm{d}t} & -i_{\mathrm{sa}} & n_{\mathrm{p}}wi_{\mathrm{sb}} & \dfrac{\mathrm{d}U_{\mathrm{sa}}}{\mathrm{d}t} & U_{\mathrm{sa}} \\ -\dfrac{\mathrm{d}i_{\mathrm{sb}}}{\mathrm{d}t} & -i_{\mathrm{sb}} & n_{\mathrm{p}}wi_{\mathrm{sa}} & \dfrac{\mathrm{d}U_{\mathrm{sb}}}{\mathrm{d}t} & U_{\mathrm{sb}} \end{bmatrix}\begin{bmatrix} K_1 \\ K_2 \\ K_3 \\ K_4 \\ K_5 \end{bmatrix} = \begin{bmatrix} \dfrac{\mathrm{d}i_{\mathrm{sa}}^2}{\mathrm{d}t^2} - N_{\mathrm{sa}}n_{\mathrm{p}}w\dfrac{\mathrm{d}i_{\mathrm{sb}}}{\mathrm{d}t} \\ \dfrac{\mathrm{d}i_{\mathrm{sb}}^2}{\mathrm{d}t^2} + N_{\mathrm{sb}}n_{\mathrm{p}}w\dfrac{\mathrm{d}i_{\mathrm{sa}}}{\mathrm{d}t} \end{bmatrix} \tag{10.9}$$

考虑牵引电机数字化故障诊断的要求,在系统多个工作点 $w_i(i=1,2,\cdots,N)$ 附近,上述连续化模型可以离散化为

$$\begin{bmatrix} -\left(i_{\mathrm{sa}}(k)-i_{\mathrm{sa}}(k-1)\right) & -i_{\mathrm{sa}}(k) & n_{\mathrm{p}}w_i(k)i_{\mathrm{sc}}(k) & \left(U_{\mathrm{sa}}(k)-U_{\mathrm{sa}}(k-1)\right) & U_{\mathrm{sa}}(k) \\ -\left(i_{\mathrm{sb}}(k)-i_{\mathrm{sb}}(k-1)\right) & -i_{\mathrm{sb}}(k) & -n_{\mathrm{p}}w_i(k)i_{\mathrm{sa}}(k) & \left(U_{\mathrm{sb}}(k)-U_{\mathrm{sb}}(k-1)\right) & U_{\mathrm{sb}}(k) \end{bmatrix}\begin{bmatrix} K_1(k) \\ K_2(k) \\ K_3(k) \\ K_4(k) \\ K_5(k) \end{bmatrix}$$

$$= \begin{bmatrix} i_{\mathrm{sa}}(k)-2i_{\mathrm{sa}}(k-1)+i_{\mathrm{sa}}(k-2)-n_{\mathrm{p}}w_i(k)N_{\mathrm{sa}}\left(i_{\mathrm{sb}}(k)-i_{\mathrm{sb}}(k-1)\right) \\ i_{\mathrm{sb}}(k)-2i_{\mathrm{sb}}(k-1)+i_{\mathrm{sb}}(k-2)+n_{\mathrm{p}}w_i(k)N_{\mathrm{sa}}\left(i_{\mathrm{sa}}(k)-i_{\mathrm{sa}}(k-1)\right) \end{bmatrix}$$

$$\tag{10.10}$$

通过增加随机噪声信号 $v(k)$ 来模拟牵引电机运行过程中的电磁干扰,则在系

统多个工作点附近，式(10.10)变为

$$y(k) = \Phi^{\mathrm{T}}(k-1)\theta + v(k) \tag{10.11}$$

式中，$y(k) = \begin{bmatrix} i_{\mathrm{sa}}(k) - 2i_{\mathrm{sa}}(k-1) + i_{\mathrm{sa}}(k-2) - n_{\mathrm{p}}w_i(k)N_{\mathrm{sa}}\big(i_{\mathrm{sb}}(k) - i_{\mathrm{sb}}(k-1)\big) \\ n_{\mathrm{p}}w_i(k)N_{\mathrm{sa}}\big(i_{\mathrm{sa}}(k) - i_{\mathrm{sa}}(k-1)\big) + i_{\mathrm{sb}}(k) - 2i_{\mathrm{sb}}(k-1) + i_{\mathrm{sb}}(k-2) \end{bmatrix}$，

$\Phi^{\mathrm{T}}(k) = \begin{bmatrix} -(i_{\mathrm{sa}}(k) - i_{\mathrm{sa}}(k-1)) & -i_{\mathrm{sa}}(k) & n_{\mathrm{p}}w_i(k)i_{\mathrm{sb}}(k) & (U_{\mathrm{sa}}(k) - U_{\mathrm{sa}}(k-1)) & U_{\mathrm{sa}}(k) \\ -(i_{\mathrm{sb}}(k) - i_{\mathrm{sb}}(k-1)) & -i_{\mathrm{sb}}(k) & -n_{\mathrm{p}}w_i(k)i_{\mathrm{sa}}(k) & (U_{\mathrm{sb}}(k) - U_{\mathrm{sb}}(k-1)) & U_{\mathrm{sb}}(k) \end{bmatrix}$，

$\theta = \begin{bmatrix} K_1(k) & K_2(k) & K_3(k) & K_4(k) & K_5(k) \end{bmatrix}^{\mathrm{T}}$。

　　由于多故障具有时变特性和分布不平衡等特点，其动态过程难以用单个最小二乘模型进行近似，同时也不是多个最小二乘模型的简单相加。因此，需要研究基于故障特征提取的多故障分离方法。

　　假设 10.1[5,6]　对于式(10.11)所描述的系统，只需用有限个故障特征来表征。此外，合适的故障诊断特征将具备较好的识别能力，对牵引电机的动态变化较敏感。

　　假设 10.2[6,7]　对于高速列车牵引电机可区分的故障特征来说，存在一个可靠的故障分离策略，能够从历史故障库中筛选合适的故障模型集合，以便找到描述多故障的最小二乘模型集合。

10.2.2　牵引电机多故障特征提取

　　现有的故障特征提取方法大都是针对特定的故障分离问题设计的，难以适用于多故障具有拥挤和分布不平衡特性的分离。从统计信息或概率分布的角度来看，类不平衡学习机制能够有效处理多故障分离过程中的不平衡分布问题。然而，该方法的可解释性较差。如何根据牵引电机故障数据确定合适的聚类个数，使较少类样本和较多类样本具有同样的识别机会，是急需解决的科学问题[8-11]。

　　定义 10.1　如果下列属性满足，那么实值函数 $d(X_i, X_j)$ 是距离的函数或度量：

$$\begin{aligned} &d(X_i, X_j) \geqslant 0, \quad \forall X_i, X_j \in E_p \\ &d(X_i, X_j) = 0, \quad X_i = X_j \\ &d(X_i, X_j) = d(X_j, X_i), \quad \forall X_i, X_j \in E_p \\ &d(X_i, X_j) \leqslant d(X_i, X_k) + d(X_k, X_j), \quad \forall X_i, X_j, X_k \in E_p \end{aligned} \tag{10.12}$$

式中，E_p 是 p 维的欧几里得空间。

　　定义 10.2　假定聚类 C 包含 m 个 p 维欧几里得空间的元素 $X_1, X_2, \cdots, X_m \in E_p$，如果下列属性满足，那么实值函数 $S(X_1, X_2, \cdots, X_m)$ 是分散性度量：

$$S(X_1, X_2, \cdots, X_m) \geqslant 0, \quad X_i = X_j, \quad \forall X_i, X_j \in C$$
$$S(X_1, X_2, \cdots, X_m) = 0 \tag{10.13}$$

基于上述定义，接下来的目标是定义具有普遍意义的聚类分离测量函数 $B(S_i, S_j, M_{ij})$，以便计算每个聚类和其最相似类之间的平均相似度。

定义 10.3　如果下列属性满足，那么实值函数 $B(S_i, S_j, d_{ij})$ 是聚类相似度测量：

$$B(S_i, S_j, d_{ij}) \geqslant 0$$
$$B(S_i, S_j, d_{ij}) = B(S_j, S_i, d_{ji})$$
$$B(S_i, S_j, d_{ij}) = 0, \quad S_i = S_j = 0 \tag{10.14}$$
如果 $S_j = S_k$ 且 $d_{ij} < d_{ik}$，那么 $B(S_i, S_j, d_{ij}) > B(S_i, S_k, d_{ik})$
如果 $S_j > S_k$ 且 $d_{ij} = d_{ik}$，那么 $B(S_i, S_j, d_{ij}) > B(S_i, S_k, d_{ik})$

式中，d_{ij} 是表征聚类 i 和聚类 j 之间距离的特征向量；S_i 和 S_j 是表征聚类 i 和聚类 j 的分散性度量。

定义 10.4　对 B 的一些性质进行约束，具体如下：

(1) 相似性函数 B 是非负的；

(2) 具有对称性质；

(3) 如果类之间的分散性度量为零，那么类之间的相似度也为零；

(4) 如果类之间的距离增加，但其分散性度量保持不变，那么类之间的相似度减小；

(5) 如果类之间的距离保持不变，但其分散性度量增加，那么类之间的相似度增加。

定义 10.2 和定义 10.3 中的条件是最小的必要条件。上述属性表明 B 可以用互反关系的函数 $F(S_i, S_j)$ 和 $G(d_{ij})$ 来表示。

下列定义的函数将满足上述期望的准则要求，并符合特定的分散性测量、距离测量和特征向量选择的要求。

定义 10.5
$$B_{ij} = \frac{S_i + S_j}{d_{ij}} \tag{10.15}$$

式中，B_{ij} 是满足定义 10.3 的最简单函数。$\overline{B}$ 定义如下：

定义 10.6
$$\overline{B} = \frac{1}{N} \sum_{i=1}^{N} B_i \tag{10.16}$$

式中，B_i 是 B_{ij} 的最大值，其中 $i \neq j$。

$\bar{B}$ 能够从系统级层面刻画每个类与其最相似类之间的相似度测量。对于最优的聚类个数，$\bar{B}$ 将取得最小值。一般来说，下列分散性度量 S_i 和特征向量 d_{ij} 可用来计算 $\bar{B}$，其表达式为

$$S_i = \left(\frac{1}{T_i} \sum_{j=1}^{T_i} \left| X_j - A_i \right|^q \right)^{1/q} \tag{10.17}$$

式中，T_i 表示聚类 i 向量的个数；A_i 是聚类 i 的中心。

$$d_{ij} = \left(\sum_{k=1}^{N} \left| a_{ki} - a_{kj} \right|^p \right)^{1/p} \tag{10.18}$$

式中，a_{ki} 和 a_{kj} 分别是 n 维聚类中心 A_i 的第 k 个分量。

注释 10.1　一般来说，$p = 2$，d_{ij} 为故障特征之间的度量范围。$q = 2$，S_i 代表故障特征的分散度。

注释 10.2[12]　聚类测量 $\bar{B}$ 不依赖任何特定的聚类算法，可以用来比较数据划分的有效性，特别适用于牵引电机多故障数据不平衡分布特性。

为了充分利用牵引电机多故障数据特性，本章联合减法聚类算法和上述聚类测量定义，形成多故障特征提取算法。

算法 10.1　多故障特征提取算法

(1)给定维修数据集 $\{s_1, \cdots, s_p, \cdots, s_t\}$，其中 $s_t = (i_{sa}, i_{sc}, w)$ 是当前数据流。

(2)输出最优的聚类数和相应的多故障特征向量。

(3)对于每个滑动窗口 s_p，执行如下操作：

①给定邻域半径 r_a，计算聚类中心 D_p 的密度

$$D_p = \sum_{q=1}^{t} \exp\left(-\frac{\left\| s_p - s_q \right\|^2}{\left(r_a / 2 \right)^2} \right) \tag{10.19}$$

②计算密度的最大值

$$D_c(1) = \max D_p \tag{10.20}$$

③辨识第一个聚类中心

$$s_{c1} = s_p \mid \max D_p \tag{10.21}$$

④调整密度值

$$D_p \Leftarrow D_p - D_c(1)\sum_{q=1}^{t}\exp\left(-\frac{\|s_p - s_q\|^2}{(r_a/2)^2}\right) \qquad (10.22)$$

⑤重复③和④，得到相应的聚类数 $k(1 \leqslant k \leqslant t)$、聚类中心 s_{ci} 和类中数据点数 $|C_i|$。

(4)对于每个辨识得到的类，进行如下操作：

①计算分散性度量 S_i 和特征向量 M_{ij}；

②计算 $\bar{B}$；

③辨识得到最优的多故障特征集合 $\{s_{c1}, s_{c2}, \cdots, s_{ck_{op}}\}$。

10.3　牵引电机多故障分离

考虑牵引电机恶劣的运行环境和长期的持续高速运行，高速列车牵引系统的速度传感器、电流传感器和电压传感器都容易发生故障。由于这三种传感器故障都会引起速度传感器的误动作，速度传感器具有较高的故障率。另外，当牵引电机内部不对称参数变化时，电机振动样本明显多于电机过热样本。然而，电机过热对应的故障严重程度是三类故障最高的，因此需要及时分离[8,11,13]。

10.3.1　故障分离机制

为了有效描述牵引电机多故障状态，其故障模式、故障模式可检测性和故障模式可分离性定义如下。

定义 10.7（故障模式）　故障模式 $Z \subseteq \Gamma$ 是包含当前出现在系统中故障的集合，即 $Z = \{Z_i, i = 1, 2, 3\} = \{$速度传感器故障，电机振动故障，电机过热故障$\}$。

定义 10.8（故障模式可检测性）　如果存在故障特征 A_i 至少对故障模式 $Z \subseteq \Gamma$ 中的一个故障 $f \subseteq Z_i$ 敏感，那么该故障模式是结构上可检测的。

定义 10.9（故障模式可分离性）　如果存在故障特征 A_i 至少对故障模式 $Z_i \subseteq \Gamma$ 中的一个故障 $f \subseteq Z_i$ 敏感，但对故障模式 $Z_j \subseteq \Gamma$ 中的任意一个故障 $f \subseteq Z_j$ 都不敏感，那么故障模式 $Z_i \subseteq \Gamma$ 和故障模式 $Z_j \subseteq \Gamma$ 是结构上可分离的。

根据上述定义，结合辨识得到的多故障特征集合 $\{s_{c1}, s_{c2}, \cdots, s_{ck_{op}}\}$，下面将阐述类不平衡学习在故障类别解耦方面的性能机制。

引理 10.1[14]　假定 $\mu(y = C)$ 是类 C 的先验概率，$\mu_{ic}(y = C \mid s_i)$ 是当前故障数据 s_i 对于类 C 的真（未知）后验概率，即类别隶属度函数。如果每个类的大小从训练到测试保持不变，那么通过最大化类别不平衡测量，预测当前故障数据 s_i 最可能属于的类别 k 如下：

$$k = \underset{C \in \{1,2,\cdots,k_{op}\}}{\arg\max} \frac{\mu(y=C)}{\mu_{ic}(y=C \mid s_i)} \tag{10.23}$$

$$\mu_{ic} = \frac{1}{\sum_{q=1}^{k_{op}} \left(\dfrac{\|s_i - s_C\|}{\|s_i - s_q\|} \right)^2} \tag{10.24}$$

证明　假设 $\rho = \{1,0\}$ 为类别标签（正值为 1，负值为 0）；d 为随机变量，对应于分类器预测的类别。因此，$\mu_{ic}(d=C \mid s_i)$ 是对于 s_i 属于类 C 的预测概率。

为了完成该证明过程，首先需要得到类别不平衡测量的总体表达式。表 10.1 定义了二值分类的混淆矩阵。其中，TP 代表真实值为 1、预测值为 1 的数量；FN 代表真实值为 1、预测值为 0 的数量，这是统计学上的第二类错误；FP 代表真实值为 0、预测值为 1 的数量，这是统计学上的第一类错误；TN 代表真实值为 0、预测值为 0 的数量。

表 10.1　二值分类的混淆矩阵

二值分类	预测值(1)	预测值(0)
真实值(1)	TP	FN
真实值(0)	FP	TN

表 10.2 定义了混淆矩阵的灵敏度指标和特异度指标。其中，P=TP+FN，N=TN+FP。

表 10.2　混淆矩阵相关指标

指标	公式	意义
灵敏度 TPR	TPR=TP/P	在真实值是 1 的所有结果中，预测值预测对的比例
特异度 TNR	TNR=TN/N	在真实值是 0 的所有结果中，预测值预测对的比例

根据表 10.1 和表 10.2 的定义，类别不平衡测量 U 可定义为，$U = (\text{TPR} + \text{TNR})/2$。由于下列等式成立：

$$\frac{\text{TP}}{P+N} = \int_{\mathbf{R}} \mu_{ic}(y=1 \mid s_i)\mu_{ic}(d=1 \mid s_i)\mu_{ic}(s_i)\mathrm{d}s_i \tag{10.25}$$

$$P/(P+N) = P(y=1) \tag{10.26}$$

则式(10.25)和式(10.26)的比值与 TPR 的值相等。因此，TPR 的连续表达式为

$$\mathrm{TPR} = \frac{\int_{\mathbf{R}} \mu_{ic}(y=1\,|\,s_i)\mu_{ic}(d=1\,|\,s_i)\mu_{ic}(s_i)\mathrm{d}s_i}{\mu(y=1)} \tag{10.27}$$

TNR 的表达式可以通过类似的方法得到。因此，类别不平衡测量 U 的表达式可表示为

$$U = \frac{1}{2}\frac{\int_{\mathbf{R}} \mu_{ic}(y=1\,|\,s_i)\mu_{ic}(d=1\,|\,s_i)\mu_{ic}(s_i)\mathrm{d}s_i}{\mu(y=1)} + \frac{1}{2}\frac{\int_{\mathbf{R}} \mu_{ic}(y=0\,|\,s_i)\mu_{ic}(d=0\,|\,s_i)\mu_{ic}(s_i)\mathrm{d}s_i}{\mu(y=0)} \tag{10.28}$$

考虑式 (10.28) 中的两个相加项具有相同的积分项，则式 (10.28) 可以变为

$$\frac{1}{2}\int_{\mathbf{R}}\left\{\frac{\mu_{ic}(y=1\,|\,s_i)}{\mu(y=1)}\mu_{ic}(d=1\,|\,s_i) + \frac{\mu_{ic}(y=0\,|\,s_i)}{\mu(y=0)}\mu_{ic}(d=0\,|\,s_i)\right\}\mu_{ic}(s_i)\mathrm{d}s_i \tag{10.29}$$

因此，对于 s_i，通过最大化式 (10.29) 的积分项，可得到

$$\frac{1}{2}\int_{\mathbf{R}}\left\{\frac{\mu_{ic}(y=1\,|\,s_i)}{\mu(y=1)}\mu_{ic}(d=1\,|\,s_i) + \frac{\mu_{ic}(y=0\,|\,s_i)}{\mu(y=0)}\mu_{ic}(d=0\,|\,s_i)\right\}\mu_{ic}(s_i)\mathrm{d}s_i$$

和

$$\mu_{ic}(d=0\,|\,s_i)$$

的最佳选择，即用最合适的概率方式来分配类别标签 1 和 0。

考虑到式 (10.29) 中积分项是凸组合，则可写为

$$\frac{\mu_{ic}(y=1\,|\,s_i)}{\mu(y=1)}\beta_{s_i} + \frac{\mu_{ic}(y=0\,|\,s_i)}{\mu(y=0)}\left(1-\beta_{s_i}\right) \tag{10.30}$$

式中，$\beta_{s_i} = \mu_{ic}(d=1\,|\,s_i)$。因此，基于凸组合的单调性，当且仅当最大项取值为概率 1 时，式 (10.30) 才会在 s_i 处取得最大值。也就是说，最优的方法是：当 $\mu_{ic}(y=1\,|\,s_i)/\mu(y=1)$ 为最大值时，分配正样本类 1 为概率 1；当 $\mu_{ic}(y=0\,|\,s_i)/\mu(y=0)$ 为最大值时，分配负样本类 0 为概率 1。具体如下：

$$\beta_{s_i} = \mu_{ic}(d=1\,|\,s_i) = \begin{cases} 1, & \text{如果} \dfrac{\mu_{ic}(y=1\,|\,s_i)}{\mu(y=1)} > \dfrac{\mu_{ic}(y=0\,|\,s_i)}{\mu(y=0)} \\[3mm] 0, & \text{如果} \dfrac{\mu_{ic}(y=1\,|\,s_i)}{\mu(y=1)} \leqslant \dfrac{\mu_{ic}(y=0\,|\,s_i)}{\mu(y=0)} \end{cases} \tag{10.31}$$

至此，式 (10.23) 得到证明。

10.3.2　故障分离决策

综合上述分析，通过重复学习类不平衡机制，在牵引电机未知的故障参数空间内可得到解耦的故障类集合。因此，基于分类决策逻辑，可设计多故障分离算法如下。

算法 10.2　多故障分离算法

---

(1) 给定维修数据集 $\{s_1, \cdots, s_p, \cdots, s_t\}$，最优的故障特征集合 $\{s_{c1}, s_{c2}, \cdots, s_{ck_{op}}\}$。

(2) 输出解耦的故障类集合。

(3) 对于每个滑动窗口 s_i，执行如下操作：

①根据式(10.23)计算类别隶属度函数；
②根据式(10.24)计算 s_i 最可能属于的类别；

③构建解耦的故障类别 $\{c_1, c_2, \cdots, c_{k_{op}}\}$。

联合多故障特征提取算法和分离算法，牵引电机多故障分离流程如图 10.1 所示。

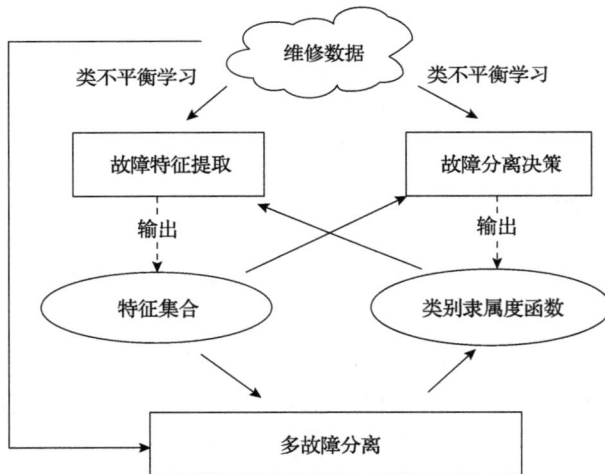

图 10.1　牵引电机多故障分离流程图

10.4　牵引电机多故障估计

根据 10.3 节辨识的故障模型结构，本节采用两层故障参数辨识机制，首先设计多个估计模型来辨识对应的未知故障参数。对于故障严重程度估计，采用二阶段自适应多模型融合方法来提供集成的故障参数估计向量。因此，本章提出的多故障诊断方法能够估计实际的故障参数，改善系统暂态性能，并提高参数收敛效果。

10.4.1　基于多模型的故障参数估计

为了解决多模型系统参数冗余估计问题，根据文献[15]中模型降阶和系统重构思想，本章重点考虑电机速度 w 的辨识问题。这是因为电机电流 i_{sa}、i_{sb} 以及电机内部参数的不确定条件可以建模为缓慢变化的微小故障，并对应于 w 的暂态过程。因此，式（10.11）的多参数故障诊断问题可以转换为如下的单一参数估计问题：

$$y(w)(k) = \Phi^T(w)(k-1)\theta(w) + v(k) \tag{10.32}$$

式中，$y(w) = col(i_{sa}, i_{sb})$；$\Phi(w) = col(i_{sa}, i_{sb}, U_{sa}, U_{sb})$；$\theta(w)$ 表示待估计的电机内部参数；$v(k)$ 为电磁干扰。

根据引理 10.1，可以用一组解耦的自适应滤波器 $\{\hat{\theta}_i(w), i = 1, 2, \cdots, k_{op}\}$ 来估计未知的系统参数 $\theta(w)$。由误差信号驱动的第 i 个自适应滤波器设计如下：

$$e_i(w)(k) = y(w)(k) - \hat{y}_i(w)(k) = \Phi^T(w)(k-1)\theta(w) - \Phi^T(w)(k-1)\hat{\theta}_i(w) \tag{10.33}$$

式中，$\hat{y}_i(w)(k) = \Phi^T(w)(k-1)\hat{\theta}_i(w)$ 是第 i 个自适应滤波器的输出。在电磁干扰 $v(k)$ 的影响下，由于其会对估计器 $\hat{\theta}_i(w)$ 带来影响，误差信号不为零。正确的设计目标是从 $y(w)(k) + v(k)$ 的混合信号中提取出 $v(k)$，例如，从误差信号 $e(w)$ 中恢复 $v(k)$。

注释 10.3　对于高度参数化不确定系统，采用固定遗忘因子的最小二乘算法将在上述未知参数估计中产生缓慢和振荡的响应。基于类不平衡学习的变遗忘因子最小二乘算法，是二阶段自适应学习的一种新形式。这种集成算法将不同的故障类型建模为由聚类和分类技术拟合的滤波器集合。根据文献[16]，该方法可以有效克服传统最小二乘法难以处理时变故障模式的缺陷。

为了学习和更新最合适的参数估计向量 $\hat{\theta}_i(w)$，式（10.34）~式（10.36）给出了第 i 个变遗忘因子最小二乘算法：

$$\hat{\theta}_i(w)(k+1) = \hat{\theta}_i(w)(k) - K(k)e_i(w)(k) \tag{10.34}$$

$$K(k) = \frac{P(k-1)\Phi(k)}{\lambda_i(k) + \Phi^T(k)P(k-1)\Phi(k)} \tag{10.35}$$

$$P(k) = \frac{1}{\lambda_i(k)}\Big(P(k-1) - K(k)\Phi^T(k)P(k-1)\Big) \tag{10.36}$$

式中，$K(k)$ 是卡尔曼增益向量；$P(k)$ 是矩阵 $\Phi(k)$ 的逆，在算法训练过程中可以得到对应的参数向量 $\hat{\theta}_i(w)$；第 i 个变遗忘因子 $\lambda_i(k)$ 定义如下：

$$\lambda_i(k)=\frac{\sigma_q(k)\sigma_v}{\sigma_{e_i}(k)-\sigma_v} \tag{10.37}$$

令 $q(k)=\Phi^T(k)P(k-1)\Phi(k)$，$E\{q^2(k)\}=\sigma_q^2(k)$，$E\{v^2(k)\}=\sigma_v^2$，$E\{e_i^2(k)\}=\sigma_{e_i}^2(k)$。一般来说，当系统参数缓慢变化时，$\lambda_i(k)$ 为接近于 1 的小数，当系统参数变化较大时，$\lambda_i(k)$ 为较大的数 $(1<\lambda_i(k)<2)$。

为了实现用一组解耦的参数估计向量 $\hat{\theta}_i$ 集合来实现式 (10.32) 中未知参数 θ 或 w 的零稳态误差估计，引入下列定理。

定理 10.1　给定参数化模型 (10.32) 和基于多模型的误差估计信号 (10.33)。考虑由周期正弦交流控制信号驱动，以变遗忘因子有界特性，则信号 $\Phi(w)$ 具有大范围持续激励属性。那么式 (10.32) 中不确定参数 w 的辨识误差能够按指数方式收敛到零。

证明　因为单个变遗忘因子最小二乘法的收敛性在文献 [17] 中已经得到证明。由文献 [18] 可知，式 (10.32) 具有多个相同结构滤波器，其辨识误差也能够按照指数方式收敛到零。

注释 10.4　综合上述分析，不确定的 $\Phi(w)$ 能够辨识。根据辨识得到的 w，结合文献 [19]，i_{sa}、i_{sb} 和电机内部参数的估计值也能得到。

由定理 10.1 可知，基于多模型二阶段自适应融合的多故障诊断框架如图 10.2 所示，该诊断框架能够辨识出高速列车牵引电机当前的故障严重等级。

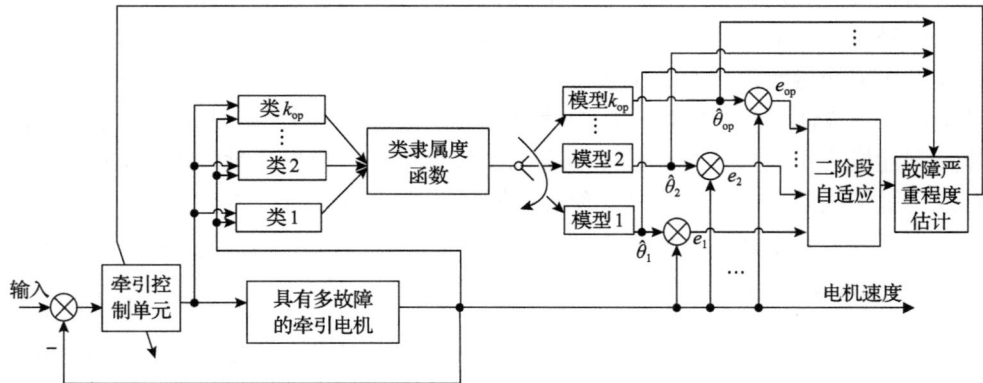

图 10.2　基于多模型二阶段自适应融合的多故障诊断框架

10.4.2　二阶段自适应设计

由上述讨论分析可知，辨识的多个线性模型能够表征牵引电机原始的高阶、多变量和非线性耦合动态特性。本章采用的二阶段自适应多模型机制不需要模型进行切换，所有模型信息在第二阶段进行融合。因此，高速列车牵引电机多故障特征可以由具有不同报警优先级的单一故障集合构成。与单故障诊断方法相比，该方法需要重点研究多故障的耦合效应并进行估计。二阶段自适应估计的目标是确定单故障权重。

对于每个解耦的故障类 $\left\{c_1, c_2, \cdots, c_{k_{op}}\right\}$，第一阶段自适应机制已经实现真实模型估计及其对应的参数估计 $\hat{\theta}_i$。因此，第二阶段自适应机制需要构建虚模型 θ_p，以便用自适应权重 $\alpha_i(k)(i = 1, 2, \cdots, k_{op})$ 完成对各个模型的融合：

$$\theta_p = \sum_{i=1}^{k_{op}} \alpha_i(k) \hat{\theta}_i(k) \tag{10.38}$$

式中，$\sum_{i=1}^{k_{op}} \alpha_i(k) = 1$ 且 $\alpha_i(k) \geqslant 0$。

引理 10.2[18]　考虑到自适应参数 $\hat{\theta}_i$ 是未知参数 θ 的零稳态误差估计，那么 $\hat{\theta}_i$ 的每个凸组合都是 θ 的渐近收敛估计。

基于引理 10.2，接下来要重点设计自适应权重 α_i 的更新律。首先将式(10.38)两边同时减去 θ，得到误差方程：

$$\tilde{\Theta}(k)\alpha = \theta_p - \theta \tag{10.39}$$

式中，$\alpha = \left[\alpha_1, \alpha_2, \cdots, \alpha_{k_{op}}\right]^T$，$\tilde{\Theta}(k)$ 的列为 $\hat{\theta}_i - \theta = \tilde{\theta}_i$。

由引理 10.2 和式(10.38)可知，θ_p 和 θ 之间的差值为零。因此，式(10.39)可转化为

$$\tilde{\Theta}(k)\alpha = 0 \tag{10.40}$$

根据辨识误差方程(10.33)及其线性性质，可以得到

$$\left[e_1(k), e_2(k), \cdots, e_{k_{op}}(k)\right]\alpha(k) = E(k)\alpha(k) = 0 \tag{10.41}$$

式中，矩阵 $E(k)$ 的列为辨识误差 $e_i(k)$。

从另一个角度来看，$\alpha(k)$ 可以写为 $\alpha(k) = \begin{bmatrix} \alpha_\chi(k) & \alpha_{k_{op}}(k) \end{bmatrix}^T$，其中 $\alpha_\chi(k) = \left[\alpha_1(k), \alpha_2(k), \cdots, \alpha_{k_{op}-1}(k)\right]$。根据凸条件可以得到 $\alpha_{k_{op}}(k) = 1 - \sum_{i=1}^{k_{op}-1} \alpha_i(k)$。因此，

式(10.41)可以变换为

$$P(k)\alpha_\chi(k) = \eta(k) \tag{10.42}$$

式中，$P(k) = \left[\left(e_1 - e_{k_{op}}\right), \left(e_2 - e_{k_{op}}\right), \cdots, \left(e_{k_{op-1}} - e_{k_{op}}\right)\right]$，$\eta(k) = -e_{k_{op}}$。

为了估计 $\alpha_\chi(k)$，需要建立下列估计模型：

$$P(k)\hat{\alpha}_\chi(k) = \hat{\eta}(k) \tag{10.43}$$

式中，$\hat{\alpha}_\chi(k)$ 和 $\hat{\eta}(k)$ 分别是 $\alpha_\chi(k)$ 和 $\eta(k)$ 的估计。

将式(10.42)减去式(10.43)可得

$$P(k)\tilde{\alpha}_\chi(k) = \tilde{\eta}(k) \tag{10.44}$$

式中，$\tilde{\alpha}_\chi(k) = \alpha_\chi(k) - \hat{\alpha}_\chi(k)$，$\tilde{\eta}(k) = \eta(k) - \hat{\eta}(k)$。

根据上述分析，采用如下的自适应律可以得到 $\hat{\alpha}_\chi(k)$ 的梯度值，即自适应权重 α_i 的更新律：

$$\nabla\hat{\alpha}_\chi(k) = -P^T(k)\tilde{\eta}(k) = -P^T(k)P(k)\hat{\alpha}_\chi(k) + P^T(k)\eta(k) \tag{10.45}$$

注释 10.5 本章提出的自适应权重 $\alpha_i(k)$ 更新方法不会给多故障估计增加计算负担，这是因为在任一时刻，只有 k_{op} 个与辨识误差相关的滤波器在运行。通过分析多故障的联合效应，本章提出的方法能够挖掘多个不同的故障演化机理。此外，基于类不平衡学习的变遗忘因子最小二乘法比传统的差分方程系统更简单有效，这也是二阶段自适应融合的优势之一。

10.4.3 稳定性分析

针对基于多模型故障诊断的稳定性问题，文献[20]给出了非线性系统一阶段自适应稳定性分析的讨论结果。然而，目前尚未有文献采用二阶段自适应多模型方法对牵引电机多故障诊断的稳定性进行分析。根据本章提出的多故障诊断机制，当前数据流是否有多个独立的故障集与之对应，将影响故障诊断的稳定性。定理 10.2 给出了系统稳定性条件。

定理 10.2 给定多个固定的辨识模型集合式(10.34)～式(10.36)、虚模型(10.38)和凸参数更新律(10.45)，那么系统式(10.9)的参数是有界的，并且虚模型 θ_p 的输出渐近收敛于一个指定的较小区域。

证明 由于 $\eta(k)$ 是常量，其差分运算结果为零。通过对式(10.45)两边进行差分运算，可以得到

$$\nabla \nabla \hat{\alpha}_{\chi} = -P^{\mathrm{T}}(k)P(k)\nabla \hat{\alpha}_{\chi}(k) \tag{10.46}$$

由式 (10.33) 和式 (10.42) 可知：

$$e_i(k) - e_{k_{\mathrm{op}}}(k) = \Phi^{\mathrm{T}}(k-1)\theta - \Phi^{\mathrm{T}}(k-1)\hat{\theta}_i - \Phi^{\mathrm{T}}(k-1)\theta + \Phi^{\mathrm{T}}(k-1)\hat{\theta}_{k_{\mathrm{op}}} = \Phi^{\mathrm{T}}(k-1)\left(\hat{\theta}_{k_{\mathrm{op}}} - \hat{\theta}_i\right) \tag{10.47}$$

由于 $\left\{\hat{\theta}_i, i=1,2,\cdots,k_{\mathrm{op}}\right\}$ 是确定的且线性无关，因此 $\hat{\theta}_{k_{\mathrm{op}}} - \hat{\theta}_i \neq 0$。同理，$P(k)$ 不为零。据此，考虑线性无关的性质，存在正定矩阵 Λ，有 $\Lambda < P^{\mathrm{T}}(k)P(k)$。

通过选择李雅普诺夫函数 $V(k) = \nabla \hat{\alpha}_{\chi}^{\mathrm{T}}(k)\nabla \hat{\alpha}_{\chi}(k)$，有

$$\nabla V(k) = -\nabla \hat{\alpha}_{\chi}^{\mathrm{T}}(k)P^{\mathrm{T}}(k)P(k)\nabla \hat{\alpha}_{\chi}(k) < -\nabla \hat{\alpha}_{\chi}^{\mathrm{T}}(k)\Lambda\nabla \hat{\alpha}_{\chi}(k) \tag{10.48}$$

上式可以保证 $\nabla \nabla \hat{\alpha}_{\chi}$ 渐近趋于零。由于定理 10.1 中的假设条件成立，那么系统 (10.9) 的参数是有界的，并且虚模型 θ_p 的输出可以渐近收敛于一个指定的较小区域。

10.4.4　报警等级量化分析

为了估计牵引电机报警等级，需要确定故障阈值集合 $\delta_i^2 \left(1 \leqslant i \leqslant k_{\mathrm{op}}\right)$。根据文献[20]，本章采用基于变量间方差 (inter-variable variance, IVV) 的统计指标。根据辨识得到的多模型集合，包含 k_{op} 个电机速度估计值的样本向量 $\gamma = \left[\gamma_1, \gamma_2, \cdots, \gamma_{k_{\mathrm{op}}}\right]^{\mathrm{T}}$ 可以得到，其对应的 IVV 统计值定义如下：

$$\mathrm{IVV}(\gamma) = \sum_{i=1}^{k_{\mathrm{op}}} \left(\gamma_i - \bar{\gamma}\right)^2 \tag{10.49}$$

式中

$$\bar{\gamma} = \frac{1}{k_{\mathrm{op}}} \sum_{i=1}^{k_{\mathrm{op}}} \gamma_i \tag{10.50}$$

是 k_{op} 个电机速度估计值的均值。

通过采用 H 个覆盖牵引电机不同运行模式的正常样本 $\{\gamma_k, k=1,2,\cdots,H\}$，可以确定 δ_i^2。因此，可以选择对应解耦数据集中 IVV 统计指标的最大值作为 δ_i^2 的值，即

$$\delta_i^2 = \max_{k \in \{1,2,\cdots,H\}} \mathrm{IVV}(\gamma_k) \tag{10.51}$$

对于解耦的故障类 $\{c_1, c_2, \cdots, c_{k_{\mathrm{op}}}\}$，对应的故障估计残差信号 $r_i(k)$ 可以按照下式计算：

$$r_i(k) = \left| y_i(k) - \hat{f}_i(k) \right| \tag{10.52}$$

式中，$y_i(k)$ 是实际的速度故障信号；$\hat{f}_i(k) = \Phi_i^{\mathrm{T}} \theta_p$ 代表对应的故障估计值。

综合上述分析，基于故障模式可分离性属性，式(10.53)给出了报警等级估计机制。根据二阶段自适应权重，该机制可以确定可分离多故障的报警等级：

$$\begin{cases} |r_i(k)| \leqslant |\alpha_1(k)\delta_1(k)|, & \text{报警等级 0} \\ \left| \alpha_{k_{\mathrm{op}}-1}(k)\delta_{k_{\mathrm{op}}-1}(k) \right| < |r_i(k)| \leqslant \left| \alpha_{k_{\mathrm{op}}}(k)\delta_{k_{\mathrm{op}}}(k) \right|, & \text{报警等级 1} \\ \quad\vdots & \vdots \\ \left| \alpha_{k_{\mathrm{op}}-1}(k)\delta_{k_{\mathrm{op}}-1}(k) \right| < |r_i(k)| \leqslant \left| \alpha_{k_{\mathrm{op}}}(k)\delta_{k_{\mathrm{op}}}(k) \right|, & \text{报警等级 } k_{\mathrm{op}} \end{cases} \tag{10.53}$$

从物理意义角度来看，当某些故障对速度估计值产生相同程度的影响时，上述程序难以量化其故障严重程度等级。为了获得可靠的报警优先级，基于数据驱动的稳定性条件将明显改善二阶段自适应设计的性能。

定理 10.3　假定满足报警等级检测的多故障阈值(10.51)是可分离的，如果电磁干扰 $\nu(k)$ 是有界的，那么式(10.53)中的报警等级可以唯一确定。

证明　在定理 10.1 和定理 10.2 成立的情况下，故障估计 $\hat{f}_i(k) = \Phi^{\mathrm{T}} \theta_p$ 是有界的。根据本章采用的类不平衡学习策略，原始的故障参数 θ (式(10.32))和多个自适应滤波器 $\hat{\theta}_i(w)$ 之间存在一一映射关系。同时，由于 θ_p 有界，$\hat{\theta}_i(w)$ 也有界。因此，式(10.32)的故障估计残差信号是有界的。综合考虑式(10.51)中多故障阈值和对应的自适应权重 $\alpha_i(k)$ 的性质，$|r_i(k)|$ 的报警优先级可以唯一确定。

10.5　牵引电机容错控制技术

10.5.1　考虑切换动态的牵引电机多故障模型

由上述牵引电机故障诊断技术可知，牵引电机执行器故障模型应满足从 abc 坐标系到 dq 坐标系的变换。为了表征由切换信号驱动的高速列车动力学特征，基于目标速度切换的运行模式(牵引、惰行、制动)能够满足高速列车牵引电机调速要求。当牵引电机按照牵引、惰行和制动的切换序列运行时，其多故障动态可描述如下：

$$
\begin{cases}
\dot{x}(t) = \displaystyle\sum_{k=1}^{3} \sigma_k(t)\left(A_k(w_k)x(t) + B_k u(t) - \left(\left(\beta E_k\right)\otimes \mathcal{L}\right)f + D_{1k}v(t)\right) \\
y(t) = \displaystyle\sum_{k=1}^{3} \sigma_k(t)\left(C_k x(t) + D_{2k}v(t)\right)
\end{cases}
\tag{10.54}
$$

式中，$x = \begin{bmatrix} I_{ds} & I_{qs} & I_{dr} & I_{qr} \end{bmatrix}^{\mathrm{T}}$ 为电机定子电流和转子电流的状态变量；w_k 为每个切换模式下分段恒定的目标速度；$u = \begin{bmatrix} V_{ds} & V_{qs} \end{bmatrix}^{\mathrm{T}}$ 为输入电压向量；$y = \begin{bmatrix} I_{ds} & I_{qs} \end{bmatrix}^{\mathrm{T}}$ 为输出变量，表示系统电磁干扰；分段定常函数 σ_k 是切换信号，可表示为

$$
\sigma_k(t) : [0, \infty) \to \{0, 1\}, \sum_{k=1}^{3} \sigma_k(t) = 1
\tag{10.55}
$$

对于时刻 t 来说，$\sigma = 1$ 表示系统处于牵引模式。同样地，$\sigma = 2$ 和 $\sigma = 3$ 可分别定义为系统的惰行模式和制动模式。第 k 个模式可由对应的定常矩阵 $A_k(w_k) \in \mathbf{R}^{4\times 4}$、$B_k \in \mathbf{R}^{4\times 2}$、$C_k \in \mathbf{R}^{2\times 4}$、$D_{1k} \in \mathbf{R}^{4\times 2}$、$D_{2k} \in \mathbf{R}^{2\times 2}$、$E_k \in \mathbf{R}^{4\times 2}$ 来描述。特别地，$A_k(w_k)$ 满足

$$
A_k(w_k) = A + A_{\mathrm{n}} w_k
\tag{10.56}
$$

式中

$$
A = \frac{\begin{bmatrix} -L_r R_s & 0 & R_r M & 0 \\ 0 & -L_r R_s & 0 & R_r M \\ R_s M & 0 & -L_s R_r & 0 \\ 0 & R_s M & 0 & -L_s R_r \end{bmatrix}}{L_r L_s - M^2}
\tag{10.57}
$$

$$
A_{\mathrm{n}} = \frac{\begin{bmatrix} 0 & M^2 & 0 & L_r M \\ -M^2 & 0 & -L_r M & 0 \\ 0 & L_s M & 0 & -L_r L_s \\ L_s M & 0 & L_r L_s & 0 \end{bmatrix}}{L_r L_s - M^2}
\tag{10.58}
$$

式中，牵引电机参数的物理意义详见文献[21]。模型(10.54)中的控制输入矩阵 B_k 定义如下：

$$B_k = \frac{\begin{bmatrix} L_{\mathrm{r}} & 0 \\ 0 & L_{\mathrm{r}} \\ -M & 0 \\ 0 & -M \end{bmatrix}}{L_{\mathrm{r}}L_{\mathrm{s}} - M^2}$$

定义 10.10[22]　给定 $\alpha_k(t)$ 和时间间隔 $[t,T]$ ，$\alpha_k(t)$ 的变化频数用 $N_{\sigma_k(t)}(t,T)$ 表征，如果对于 $T_{\mathrm{a}} > 0$ 和 $N_0 \geqslant 0$ ，满足

$$N_{\sigma_k(t)}(t,T) \leqslant N_0 + \frac{T-t}{T_{\mathrm{a}}} \tag{10.59}$$

则平均驻留时间可以用 T_{a} 表示，N_0 代表波动条件。在本章中，N_0 假设为 0。

注释 10.6　考虑到列车运行时刻表的约束，高速列车牵引电机的切换序列是一个缓慢变化的切换信号。对于定义 10.10 来说，T_{a} 代表其最小的时间间隔。

引理 10.3[23]　如果存在函数 $\pi(t)$ 和 $\ell(t)$ 使得

$$\dot{\pi}(t) \leqslant -\gamma\pi(t) + \kappa\ell(t) \tag{10.60}$$

成立，其中常数 γ 和 κ 分别满足 $\gamma > 0$ 和 $\kappa > 0$ ，那么

$$\pi(t) \leqslant \mathrm{e}^{-\gamma(t-t_0)}\pi(t_0) + \kappa\int_0^{t-t_0} \mathrm{e}^{-\gamma\tau}\ell(t-\tau)\mathrm{d}\tau \tag{10.61}$$

由于式(10.54)中模型不匹配和故障建模误差等因素的影响，诊断系统和控制系统之间会存在双向交互作用，这使得传统的分离性设计原则不再适用，需要研究下列的异步切换问题，并对故障估计和控制模块进行集成化设计。

异步切换问题：考虑到式(10.54)系统具有不确定性，故障和电磁干扰、异步切换现象会在故障估计器和系统运行模式之间产生。该切换问题不能简单建模为多个线性动态系统。

假设 10.3　对于高速列车牵引电机真实运行过程来说，可由先验知识确定切换序列。此外，系统当前的运行模式是已知的，并能提供切换模式的信息。在完成对切换模式的故障估计后，对应估计器的切换延迟为 Δ_i ，且最大的切换延迟定义为 $\Delta_{\max}$ 。

10.5.2　基于异步切换的多故障估计原理

综合上述分析，基于异步切换的牵引电机闭环故障估计原理图，如图 10.3 所示。对于系统切换信号 σ' 来说，假设第 i 个模式运行在切换时刻 t_{k-1}，第 j 个模式运行在切换时刻 t_k。那么对于切换信号 σ' 来说，对应的切换控制器/估计器的运行时刻分别为 $t_{k-1}+\varDelta_{k-1}$ 和 $t_k+\varDelta_k$。不难发现，在匹配的时间间隔内 $[t_{k-1}+\varDelta_{k-1},\ t_k)$，故障估计器和系统模式具有同样的切换动态。在不匹配的时间间隔内 $[t_k,\ t_k+\varDelta_k)$，前者明显滞后于后者。

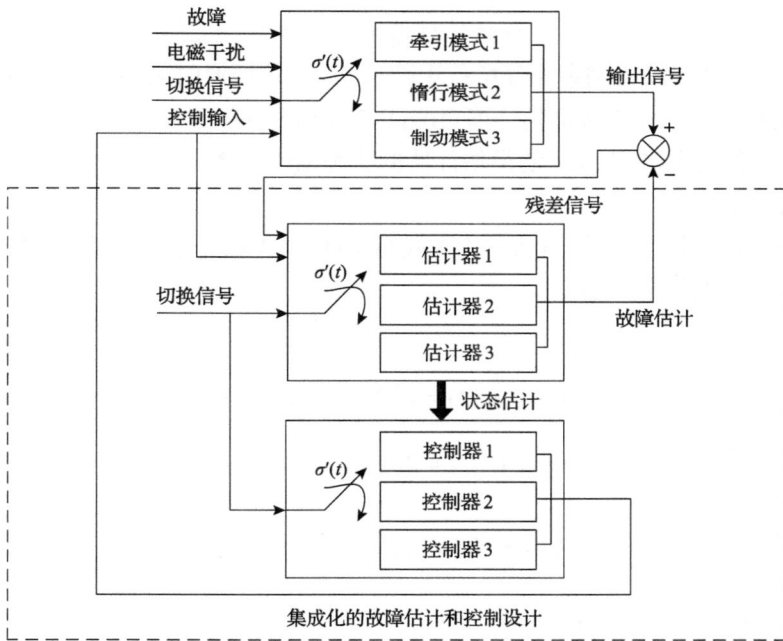

图 10.3　牵引电机闭环故障估计原理图

注释 10.7　由于式 (10.54) 系统的状态变量是部分可观测的，因此难以对系统闭环故障估计机制设计状态反馈控制器。另外，如果系统不设计反馈回路，切换动作将会引起较大的暂态响应。针对该问题，图 10.3 采用可获得的故障估计信号来设计控制输入信号。

10.5.3　牵引电机切换动态鲁棒闭环故障估计

综合上述分析，系统 (10.54) 所描述的故障估计和控制问题，可以建模为闭环鲁棒比例积分观测器设计问题[23-25]。为了同时产生故障估计和控制信号，构造如下的切换控制器 (状态反馈)/估计器模型:

$$\begin{cases} \dfrac{\mathrm{d}\hat{x}}{\mathrm{d}t} = \sum_{k=1}^{3} \sigma_k'(t)\Big(A_k(w_k)\hat{x}(t) + B_k u(t) - \big((\beta E_k)\otimes\mathcal{L}\big)\hat{f}(t) - H_{Pk}(\hat{y}(t)-y(t))\Big) \\[2mm] \hat{y}(t) = \sum_{k=1}^{3}\sigma_k'(t)C_k\hat{x}(t) \\[2mm] \dfrac{\mathrm{d}\hat{f}}{\mathrm{d}t} = \sum_{k=1}^{3}\sigma_k'(t)\big(-H_{Ik}(\hat{y}(t)-y(t))\big) \end{cases} \tag{10.62}$$

$$u(t) = K_{\sigma_k'(t)}\hat{x}(t) \tag{10.63}$$

式中，$\hat{x}(t)$ 是估计器状态；$\hat{y}(t)$ 是估计器输出；$\hat{f}(t)$ 是故障 f 的估计值；H_{Pk} 和 H_{Ik} 分别是估计器的比例和积分增益矩阵；$K_{\sigma_k'(t)}$ 是切换时刻的状态反馈增益。

假设 10.4[26]　对于故障估计器(10.62)和系统模型(10.54)来说，基于极点配置方法存在一组有界的 $K_{\sigma_k'(t)}$，使得估计器的状态 $\hat{x}(t)$ 能够按照全局一致收敛方式逼近实际状态 $x(t)$。

综合上述分析，将式(10.63)代入式(10.54)和式(10.62)，可分别得到闭环形式下的系统模型和估计器。

设

$$e_x(t) = \hat{x}(t) - x(t), \quad e_y(t) = \hat{y}(t) - y(t), \quad e_f(t) = \hat{f}(t) - f(t)$$

那么，当 $t\in[t_0,t_1)\bigcup[t_{k-1}+\varDelta_{k-1},t_k), k=2,3,4,\cdots$ 时，误差动态可描述为

$$\begin{cases} \dot{e}_x(t) = \sum_{k=1}^{3}\sigma_k(t)\Big(\big(A_k(w_k)+B_kK_k-H_{Pk}C_k\big)e_x(t) - \big((\beta E_k)\otimes\mathcal{L}\big)e_f(t) + \big(H_{Pk}D_{2k}-D_{1k}\big)v(t)\Big) \\[2mm] \dot{e}_y(t) = \sum_{k=1}^{3}\sigma_k(t)\big(C_k e_x(t) - D_{2k}v(t)\big) \end{cases}$$

$$\tag{10.64}$$

考虑多故障的时变特性，其误差动态可表述为

$$\begin{aligned} \dot{e}_f(t) &= \frac{\mathrm{d}\hat{f}(t)}{\mathrm{d}t} - \frac{\mathrm{d}f(t)}{\mathrm{d}t} \\ &= \sum_{k=1}^{3}\sigma_k(t)\Big(-H_{Ik}e_y(t) + \big((\beta E_k)\otimes\mathcal{L}\big)f(t)\Big) \\ &= \sum_{k=1}^{3}\sigma_k(t)\Big(\big(-H_{Ik}C_k e_x(t) + H_{Ik}D_{2k}v(t)\big) + \big((\beta E_k)\otimes\mathcal{L}\big)f(t)\Big) \end{aligned} \tag{10.65}$$

由式(10.64)和式(10.65)可得下列增广的切换系统:

$$
\begin{bmatrix} \dot{e}_x(t) \\ \dot{e}_f(t) \end{bmatrix} = \sum_{k=1}^{3} \sigma_k(t) \left(\begin{bmatrix} A_k(w_k) + B_k K_k - H_{Pk} C_k & -(\beta E_k) \otimes \mathcal{L} \\ -H_{Ik} C_k & 0 \end{bmatrix} \begin{bmatrix} e_x(t) \\ e_f(t) \end{bmatrix} \right. \\
\left. + \begin{bmatrix} H_{Pk} D_{2k} - D_{1k} & 0 \\ H_{Ik} D_{2k} & (\beta E_k) \otimes \mathcal{L} \end{bmatrix} \begin{bmatrix} v(t) \\ f(t) \end{bmatrix} \right) \tag{10.66}
$$

设 $\bar{e}(t) = \begin{bmatrix} e_x(t) \\ e_f(t) \end{bmatrix}$, $\eta(t) = \begin{bmatrix} v(t) \\ f(t) \end{bmatrix}$, $\bar{A}_k = \begin{bmatrix} A_k(w_k) + B_k K_k & -(\beta E_k) \otimes \mathcal{L} \\ 0_{2\times 4} & 0_{2\times 2} \end{bmatrix}$, $\bar{H}_k = \begin{bmatrix} H_{Pk} \\ H_{Ik} \end{bmatrix}$,

$\bar{C}_k = [C_k \quad 0_{2\times 2}]$, $\bar{D}_{1k} = \begin{bmatrix} D_{1k} & 0_{2\times 4} \\ 0_{2\times 2} & (\beta E_k) \otimes \mathcal{L} \end{bmatrix}$, $\bar{D}_{2k} = [D_{2k} \quad 0_{2\times 2}]$, $\bar{I}_2 = [0_{2\times 4} \quad I_{2\times 2}]$, 那

么式(10.66)可转化为

$$
\begin{cases} \dfrac{\mathrm{d}\bar{e}(t)}{\mathrm{d}t} = \sum_{k=1}^{3} \sigma_k(t) \left((\bar{A}_k - \bar{H}_k \bar{C}_k) \bar{e}(t) + (\bar{H}_k \bar{D}_{2k} - \bar{D}_{1k}) \eta(t) \right) \\ e_f(t) = \bar{I}_2 \bar{e}(t) \end{cases} \tag{10.67}
$$

当 $t \in [t_k, t_k + \Delta_k), k = 1, 2, 3, \cdots$ 时，增广误差动态方程可写为

$$
\begin{cases} \dfrac{\mathrm{d}\bar{e}(t)}{\mathrm{d}t} = \sum_{k'=1}^{3} \sigma_k(t) \left((\bar{A}_{k'} - \bar{H}_{k'} \bar{C}_{k'}) \bar{e}(t) + (\bar{H}_{k'} \bar{D}_{2k'} - \bar{D}_{1k'}) \eta(t) \right) \\ e_f(t) = \bar{I}_2 \bar{e}(t) \end{cases} \tag{10.68}
$$

式中

$$
\bar{A}_{k'} = \begin{bmatrix} A_{k'}(w_k) + B_{k'} K_{k'} & -(\beta E_{k'}) \otimes \mathcal{L} \\ 0_{2\times 4} & 0_{2\times 2} \end{bmatrix}, \quad \bar{H}_{k'} = \begin{bmatrix} H_{Pk'} \\ H_{Ik'} \end{bmatrix}
$$

$$
\bar{C}_{k'} = [C_{k'} \quad 0_{2\times 2}], \quad \bar{D}_{1k'} = \begin{bmatrix} D_{1k'} & 0_{2\times 4} \\ 0_{2\times 2} & (\beta E_{k'}) \otimes \mathcal{L} \end{bmatrix}
$$

$$
\bar{D}_{2k'} = [D_{2k'} \quad 0_{2\times 2}], \quad \bar{I}_2 = [0_{2\times 4} \quad I_{2\times 2}]
$$

故障估计目标：根据牵引电机异步切换模式设计故障估计观测器，并基于平均驻留时间找到一组可行的切换信号，保证式(10.67)和式(10.68)具有稳定性，并满足 H_∞ 鲁棒参数 γ :

$$
\sup_{\|\eta(t)\|_2 \neq 0} \left\{ \frac{\|\bar{e}(t)\|_2}{\|\eta(t)\|_2} \right\} < \gamma \tag{10.69}
$$

10.5.4 基于 H_∞ 性能指标的观测器增益计算

引理 10.4[27] 对于给定的矩阵 $A \in \mathbf{R}^{n \times n}$，如果对称正定矩阵 $P \in \mathbf{R}^{n \times n}$ 使得下式成立：

$$\begin{bmatrix} -P & P(A - \alpha I_4) \\ * & -\tau^2 P \end{bmatrix} < 0 \tag{10.70}$$

那么 A 的特征值分布式在圆盘区域 $\Gamma(\alpha, \tau)$。

定理 10.4 给定圆盘区域 $\Gamma(\alpha_1, \tau_1)$，$\varepsilon > 0$，$\theta > 0$，$\vartheta > 0$，$\mu_1 \geqslant 1$，$\mu_2 \geqslant 1$。对于 $k \neq k'$，$k, k' = 1, 2, 3$，如果存在三个对称正定矩阵 $\bar{P}_1$、$\bar{P}_{2k}$、$\bar{P}_{2kk'} \in \mathbf{R}^{6 \times 6}$，四个矩阵 $\bar{S}_k$、$\bar{S}_{kk'} \in \mathbf{R}^{6 \times 6}$，$\bar{Y}_k$、$\bar{Y}_{kk'} \in \mathbf{R}^{6 \times 6}$，使得下列条件成立：

$$\bar{P}_{2k} \leqslant \mu_1 \bar{P}_{2kk'}, \quad \bar{P}_{2kk'} \leqslant \mu_2 \bar{P}_{2k} \tag{10.71}$$

$$\begin{bmatrix} -\bar{S}_k - \bar{S}_k^T + \bar{P}_1 & \bar{S}_k \bar{A}_k - \bar{Y}_k \bar{C}_k - \alpha_1 \bar{S}_k \\ * & -\tau_1^2 \bar{P}_1 \end{bmatrix} < 0 \tag{10.72}$$

$$\begin{bmatrix} -\bar{S}_{kk'} - \bar{S}_{kk'}^T + \bar{P}_1 & \bar{S}_{kk'} \bar{A}_{kk'} - \bar{Y}_{kk'} \bar{C}_{kk'} - \alpha_1 \bar{S}_{kk'} \\ * & -\tau_1^2 \bar{P}_1 \end{bmatrix} < 0 \tag{10.73}$$

为了最小化 γ_k，还需满足如下约束条件：

$$\begin{bmatrix} \psi_k & \bar{P}_{2k} - \bar{S}_k + \varepsilon\left(\bar{A}_k^T \bar{S}_k^T - \bar{C}_k^T \bar{Y}_k^T\right) & \bar{Y}_k \bar{D}_{2k} - \bar{S}_k \bar{D}_{1k} & \bar{I}_2^T \\ * & -\varepsilon\left(\bar{S}_k + \bar{S}_k^T\right) & \varepsilon\left(\bar{Y}_k \bar{D}_{2k} - \bar{S}_k \bar{D}_{1k}\right) & 0 \\ * & * & -\gamma_k I_4 & 0 \\ * & * & * & -\gamma_k I_2 \end{bmatrix} < 0 \tag{10.74}$$

$$\begin{bmatrix} \psi_{kk'} & \bar{P}_{2kk'} - \bar{S}_{kk'} + \varepsilon\left(\bar{A}_k^T \bar{S}_{kk'}^T - \bar{C}_k^T \bar{Y}_k^T\right) & \bar{Y}_{k'} \bar{D}_{2k'} - \bar{S}_{kk'} \bar{D}_{1k'} & \bar{I}_2^T \\ * & -\varepsilon\left(\bar{S}_{kk'} + \bar{S}_{kk'}^T\right) & \varepsilon\left(\bar{Y}_{k'} \bar{D}_{2k'} - \bar{S}_{kk'} \bar{D}_{1k'}\right) & 0 \\ * & * & -\gamma_k I_4 & 0 \\ * & * & * & -\gamma_k I_2 \end{bmatrix} < 0 \tag{10.75}$$

式中，式(10.74)的 ψ_k 和式(10.75)的 $\psi_{kk'}$ 分别满足

$$\psi_k = \bar{S}_k \bar{A}_k + \bar{A}_k^T \bar{S}_k^T - \bar{Y}_k \bar{C}_k - \bar{C}_k^T \bar{Y}_k^T + \theta \bar{S}_k$$

$$\psi_{kk'} = \overline{S}_{kk'}\overline{A}_k + \overline{A}_k^{\mathrm{T}}\overline{S}_{kk'}^{\mathrm{T}} - \overline{Y}_k\overline{C}_k - \overline{C}_k^{\mathrm{T}}\overline{Y}_k^{\mathrm{T}} - \vartheta\overline{S}_{kk'}$$

那么式 (10.67) 的特征值 $\left(\overline{A}_k - \overline{H}_k\overline{C}_k\right)$，式 (10.68) 的特征值 $\left(\overline{A}_{k'} - \overline{H}_{k'}\overline{C}_{k'}\right)$ 都位于 $\Gamma(\alpha,\tau)$ 内。此外，在估计器最大异步延迟时间 $\varDelta_{\max}$ 内，如果具有平均驻留时间的切换信号满足

$$T_a^* = \frac{\ln(\mu_1\mu_2)}{\xi^*}, \quad \frac{T^-(t_0,t)}{T^+(t_0,t)} \geqslant \frac{\vartheta + \xi^*}{\theta - \xi^*}, \quad 0 < \xi^* < \theta \tag{10.76}$$

式中，$T^-(t_0,t)$ 和 $T^+(t_0,t)$ 分别表示在 $[t_0,t]$ 内的总匹配时间和不匹配时间。那么估计器误差动态系统是渐近稳定的，系统最优的 H_∞ 性能指标为 $\gamma = \max\left\{\sqrt{\left(\dfrac{1+\theta}{1-\vartheta}\right)^{\varDelta_{\max}-1}\gamma_k}\right\}$。此外，式 (10.67) 和式 (10.68) 的估计器增益分别为 $\overline{H}_k = \overline{S}_k^{-1}\overline{Y}_k$ 和 $\overline{H}_{k'} = \overline{S}_{k'}^{-1}\overline{Y}_{k'}$。

证明 通过引入松弛变量 $\overline{S}_k$、$\overline{S}_{kk'}$，李雅普诺夫矩阵 $\overline{P}_1$、$\overline{P}_{2k}$ 和 $\overline{P}_{2kk'}$ 可用来降低由估计器增益矩阵耦合带来的保守性。

基于条件 (10.72) 的证明如下。

当 $t \in [t_0, t_1) \cup [t_{k-1} + \varDelta_{k-1}, t_k)$，$k = 2,3,4,\cdots$ 时，由式 (10.72) 可知，$\overline{S}_k + \overline{S}_k^{\mathrm{T}} > \overline{P}_1 > 0$，因此 $\overline{S}_k$ 具有非奇异特性。考虑到 $\overline{P}_1$ 的对称正定特性，不等式 $\left(\overline{P}_1 - \overline{S}_k\right)\overline{P}_1^{-1}\left(\overline{P}_1 - \overline{S}_k\right)^{\mathrm{T}} \geqslant 0$ 成立，即 $-\overline{S}_k - \overline{S}_k^{\mathrm{T}} + \overline{P}_1 \geqslant -\overline{S}_k\overline{P}^{-1}\overline{S}_k^{\mathrm{T}}$。因此，由式 (10.72) 可得

$$\begin{bmatrix} -\overline{S}_k\overline{P}_1\overline{S}_k^{\mathrm{T}} & \overline{S}_k\overline{A}_k - \overline{Y}_k\overline{C}_k - \alpha_1\overline{S}_k \\ * & -\tau_1^2\overline{P}_1 \end{bmatrix} < 0 \tag{10.77}$$

通过对式 (10.77) 左乘对角阵 $\mathrm{diag}\left(\overline{P}_1\overline{S}_k^{-1}, I_6\right)$，右乘其迹，可以得到：

$$\begin{bmatrix} -\overline{P}_1 & \overline{P}_1\overline{A}_k - \overline{Y}_k\overline{C}_k - \alpha_1\overline{P}_1 \\ * & -\tau_1^2\overline{P}_1 \end{bmatrix} < 0 \tag{10.78}$$

通过进行如下替换 $\left(\overline{A}_k - \overline{H}_k\overline{C}_k\right) \to A$ 以及 $\overline{P}_1 \to P$，则根据引理 10.4，条件 (10.78) 成立。因此，式 (10.67) 的特征值 $\left(\overline{A}_k - \overline{H}_k\overline{C}_k\right)$ 位于 $\Gamma(\alpha,\tau)$ 内。

当 $t \in [t_k, t_k + \varDelta_k)$，$k = 1,2,\cdots$ 时，基于条件 (10.73) 的证明和上述证明过程相似。

基于条件 (10.74) 的证明如下。

当 $t \in [t_0, t_1) \cup [t_{k-1} + \Delta_{k-1}, t_k)$, $k = 2, 3, \cdots$ 时，如果条件 (10.74) 成立，对其左乘

$$\begin{bmatrix} I_6 & \left(\bar{A}_k - \bar{H}_k \bar{C}_k\right)^{\mathrm{T}} & 0 & 0 \\ 0 & \left(\bar{H}_k \bar{D}_{2k} - \bar{D}_{1k}\right)^{\mathrm{T}} & I_4 & 0 \\ 0 & 0 & 0 & I_2 \end{bmatrix} \tag{10.79}$$

右乘其迹，可以得到

$$\begin{bmatrix} \psi_{1k} & \bar{Y}_k \bar{D}_{2k} - \bar{P}_{2k} \bar{D}_{1k} & \bar{I}_2^{\mathrm{T}} \\ * & -\gamma_k I_4 & 0 \\ * & * & -\gamma_k I_2 \end{bmatrix} < 0 \tag{10.80}$$

式中，$\psi_{1k} = \bar{P}_{2k} \bar{A}_k + \bar{A}_k^{\mathrm{T}} \bar{P}_{2k} - \bar{Y}_k \bar{C}_k - \bar{C}_k^{\mathrm{T}} \bar{Y}_k^{\mathrm{T}} + \theta \bar{P}_{2k}$。

考虑如下切换的李雅普诺夫函数：

$$V_k(t, \bar{e}(t)) = \bar{e}^{\mathrm{T}}(t) \left(\sum_{k=1}^{3} \sigma_k(t) \bar{P}_{2k} \right) \bar{e}(t) \tag{10.81}$$

并定义 $\Upsilon(t) = -\dfrac{1}{\gamma_k} e_f^{\mathrm{T}}(t) e_f^t(t) + \gamma_k \eta^{\mathrm{T}}(t) \eta(t)$，可以得到

$$\dot{V}_k(t, \bar{e}(t)) + \theta V_k(t, \bar{e}(t)) - \Upsilon(t) = \chi^{\mathrm{T}}(t) \Xi \chi(t) \tag{10.82}$$

式中

$$\chi(t) = \begin{bmatrix} \bar{e}(t) \\ \eta(t) \end{bmatrix}$$

$$\Xi = \begin{bmatrix} \bar{P}_{2k}(\bar{A}_k - \bar{H}_k \bar{C}_k) + (\bar{A}_k - \bar{H}_k \bar{C}_k)^{\mathrm{T}} \bar{P}_{2k} + \theta \bar{P}_{2k} + \dfrac{1}{\gamma_k} \bar{I}_2^{\mathrm{T}} \bar{I}_2 & \bar{P}_{2k}(\bar{H}_k \bar{D}_{2k} - \bar{D}_{1k}) \\ * & -\gamma_k I_4 \end{bmatrix} \tag{10.83}$$

根据上述分析，式 (10.83) 和式 (10.80) 具有等价性。应用文献[23]中连续系统的有界实引理，如果式 (10.80) 成立，那么误差动态式 (10.67) 是稳定的，并可利用线性矩阵不等式工具箱获得最优的 H_∞ 性能指标 γ_k。同时估计器增益矩阵可解为 $\bar{H}_k = \bar{S}_k^{-1} \bar{Y}_k$。

根据引理 10.3 和式 (10.82) 可得

$$V_k(t,\overline{e}(t)) \leqslant \begin{cases} \mathrm{e}^{-\theta(t-t_0)} V_k\big(t_0,\overline{e}(t_0)\big) + \displaystyle\int_{t_0}^t \mathrm{e}^{-\theta(t-\tau)} \varUpsilon(\tau)\mathrm{d}\tau, & t_0 \leqslant t \leqslant t_1,\ k=2,3,\cdots \\[4mm] \mathrm{e}^{-\theta(t-t_{k-1}-\varDelta_{k-1})} V_k\big(t_{k-1}+\varDelta_{k-1},\overline{e}(t_{k-1}+\varDelta_{k-1})\big) + \displaystyle\int_{t_{k-1}+\varDelta_{k-1}}^t \mathrm{e}^{-\theta(t-\tau)} \varUpsilon(\tau)\mathrm{d}\tau, \\[3mm] \hspace{4cm} t_{k-1}+\varDelta_{k-1} \leqslant t \leqslant t_k,\ k=2,3,\cdots \end{cases}$$

$$(10.84)$$

基于条件 (10.75) 的证明如下。

当 $t \in [t_k, t_k + \varDelta_k)$，$k = 1,2,\cdots$ 时，增广系统的误差动态如式 (10.68) 所示。考虑如下的切换李雅普诺夫函数：

$$V_{kk'}(t,\overline{e}(t)) = \overline{e}^{\mathrm{T}}(t)\left(\sum_{k'=1}^3 \sigma_{k'}(t)\overline{P}_{2kk'}\right)\overline{e}(t) \tag{10.85}$$

可得

$$\dot{V}_{kk'}(t,\overline{e}(t)) - \vartheta V_{kk'}(t,\overline{e}(t)) - \varUpsilon(t) = \chi^{\mathrm{T}}(t)\varXi_{kk'}\chi(t) \tag{10.86}$$

式中

$$\varXi_{kk'} = \begin{bmatrix} \overline{P}_{2kk'}\big(\overline{A}_{k'}-\overline{H}_k\overline{C}_{k'}\big) + \big(\overline{A}_{k'}-\overline{H}_k\overline{C}_{k'}\big)^{\mathrm{T}}\overline{P}_{2kk'} - \vartheta\overline{P}_{2kk'} + \dfrac{1}{\gamma_k}\overline{I}_2^{\mathrm{T}}\overline{I}_2 & \overline{P}_{2kk'}\big(\overline{H}_k\overline{D}_{2k'}-\overline{D}_{1k'}\big) \\ * & -\gamma_k I_4 \end{bmatrix}$$

$$(10.87)$$

因此，基于条件 (10.75) 的证明和上述证明过程相似。

根据引理 10.3 和式 (10.86)，可得

$$V_{kk'}(t,\overline{e}(t)) \leqslant \mathrm{e}^{\vartheta(t-t_k)} V_{kk'}(t,\overline{e}(t)) + \int_{t_k}^t \mathrm{e}^{\vartheta(t-\tau)} \varUpsilon(\tau)\mathrm{d}\tau, \quad t_k \leqslant t < t_k+\varDelta_k \tag{10.88}$$

在异步切换模式下，对于式 (10.67) 和式 (10.68) 的集成系统，考虑如式 (10.81) 和式 (10.85) 所示的分段李雅普诺夫函数：

$$V(t) = \begin{cases} V_k(t,\overline{e}(t)), & t \in [t_0,t_1) \cup [t_{k-1}+\varDelta_{k-1},t_k),\ k=2,3,\cdots \\ V_{kk'}(t,\overline{e}(t)), & t \in [t_k,t_k+\varDelta_k),\ k=1,2,\cdots \end{cases} \tag{10.89}$$

当 $t \in [t_0,t_1) \cup [t_{k-1}+\varDelta_{k-1},t_k)$，$k=2,3,4,\cdots$ 时，在式 (10.71)、式 (10.84) 和式 (10.88) 成立的条件下，可以得到

$$V(t) \leqslant V_{\sigma'(t_{k-1}+\varDelta_{k-1})\sigma(t_k)}(t_k)\mathrm{e}^{\vartheta T^+(t_k,t)-\theta T^{-1}(t_k,t)} + \int_{t_k}^t \mathrm{e}^{\vartheta T^+(\tau,t)-\theta T^{-1}(t_k,t)} \varUpsilon(\tau)\mathrm{d}\tau \tag{10.90}$$

根据文献[23]的定理 1，系统(10.67)和式(10.68)的最优 H_∞ 性能指标 γ 满足

$$\gamma = \max\left\{\sqrt{\left(\frac{1+\theta}{1-\vartheta}\right)^{\Delta_{\max}-1}}\gamma_k\right\}。$$ 由文献[25]的稳定性证明可知：

$$V(t) \leqslant \mu_1^{-1}V_{\alpha(t_0)}(t_0)\mathrm{e}^{N_0\ln(\mu_1\mu_2)}\mathrm{e}^{-\left(\xi^* - \frac{\ln(\mu_1\mu_2)}{T_{\mathrm{a}}}\right)(t-t_0)} \tag{10.91}$$

因此，如果平均驻留时间满足式(10.76)，那么当 $t \to \infty$ 时，$V(t)$ 收敛到零。

至此，证明完成。

推论 10.1 给定圆盘区域 $\Gamma(\alpha_1, \tau_1)$，$\varepsilon > 0$，$\theta > 0$，$\vartheta > 0$，$\mu_1 \geqslant 1$，$\mu_2 \geqslant 1$。对于 $k \neq k'$，$k, k' = 1, 2, 3$，如果存在三个对称正定矩阵 $\overline{P}_1$、$\overline{P}_{2k}$、$\overline{P}_{2kk'} \in \mathbf{R}^{6\times6}$，四个矩阵 $\overline{S}_k$、$\overline{S}_{kk'} \in \mathbf{R}^{6\times6}$，$\overline{Y}_k$、$\overline{Y}_{kk'} \in \mathbf{R}^{6\times6}$，且式(10.71)～式(10.75)成立，切换信号具有式(10.76)的性质，那么估计器误差系统式(10.67)和式(10.68)是渐近稳定的，其最优的 H_∞ 性能指标 $\gamma = \max\{\gamma_k\}$。此外，如果上述条件的可行解存在，那么能够得到可靠的估计器增益。

注释 10.8 考虑高速列车牵引电机慢变切换信号，式(10.76)的条件通常难以实现。在最大异步切换延迟 $\Delta_{\max}$ 下，条件(10.76)可简化为如下形式：

$$T_{\mathrm{a}} > T_{\mathrm{a}}^* = \max\left\{\frac{\ln(\mu_1\mu_2)}{\xi^*}, \left(\frac{\vartheta + \xi^*}{\theta - \xi^*} + 1\right)\Delta_{\max}\right\} \tag{10.92}$$

10.6 应用案例 1

由于高速列车是高度智能化的设备(车载设备安装了大量的传感器，并具有先进的测量技术)，铁路运营部门可以采集到大量的铁路信号维修数据。由文献[8]可知，高速列车牵引电机数据可以从铁路信号维修系统中提取出来。由兰州铁路局相关部门提供的技术数据可知，多故障样本较少且具有不平衡分布特性，能够覆盖牵引电机不同运行工况的数据为 800 组。

图 10.4 和图 10.5 分别给出了牵引电机目标速度和故障下速度以及速度残差曲线。通过图中数据的对比性分析，电机振动故障的残差阈值不会超过 0.4km/h，速度传感器故障的残差分布在 0.4～1.299km/h。电机过热故障的残差值最大，对应于图 10.4 中故障下的速度数据波动较大的位置。表 10.3 阐述了每个故障类及其占整个数据集的比例。根据表 10.3 中的先验知识，多故障数据集具有典型的不平衡特性。例如，速度传感器故障最为常见，其次是电机振动故障，而电机过热故障

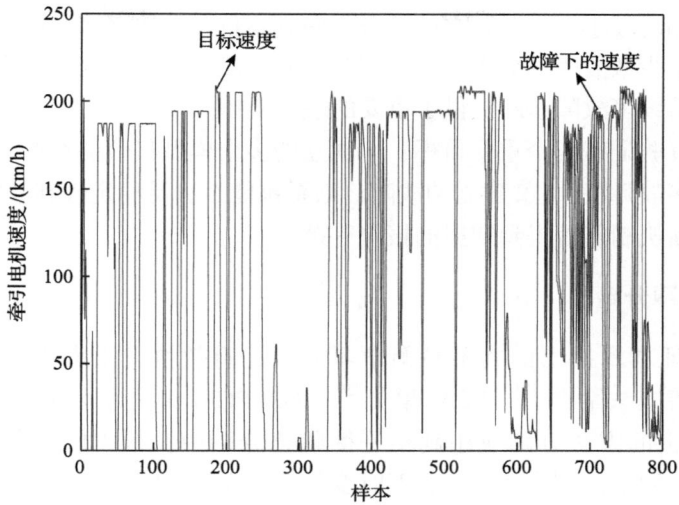

图 10.4　牵引电机目标速度和故障下速度的曲线图

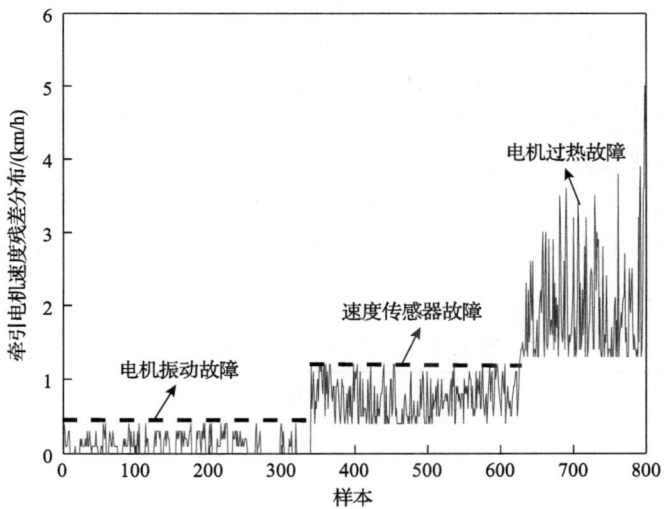

图 10.5　牵引电机速度残差分布图

表 10.3　故障类别所占比例

序号	故障类别	比例/%
1	速度传感器故障	49.1
2	电机振动故障	38.3
3	电机过热故障	12.6

出现的概率相对较小。因此，多故障分离精度不仅仅取决于多数故障类的诊断情况，更取决于少数故障的分离精度，因为这些故障的报警等级可能会更高。这些经验知识为后续多故障诊断提供了重要的理论支撑。

本章仿真验证有三个重要目标：①建立的多个模型集合能否有效描述高速列车牵引电机多故障特性；②建立的故障诊断系统能否满足稳定性和故障估计性能；③设计的诊断机制能否得到期望的报警等级。

10.6.1　多故障分离

为了验证本章提出的类不平衡学习方法的有效性，下面采用对比分析方法。首先，将减法聚类[28]、FCM 聚类[29]、GA-FCM 聚类和 GA-SA-FCM 聚类，以及本章提出的方法分别应用到不平衡状态分析中。根据收集的真实故障数据，表 10.4 给出了不同聚类方法下时变故障参数空间划分指标。从表 10.4 可以看出，和其他方法相比，基于本章方法得到的聚类有效性指标最小，达到 0.1838，即根据该方法得到的多故障数据划分空间最合理。而且，辨识得到的三个最优聚类中心（故障特征）：(194.4km/h, 102.8807kN)、(10.8km/h, –490kN)和 (0km/h, 0kN)可以直接用于多故障分离。然而，由文献[29]聚类不平衡学习算法可知，该方法得到的聚类有效性指标随着类别增加具有快速增加的趋势。特别地，当不平衡状态数量接近 6 时，其有效性指标达到了 8.4783。由于这些算法可能对不平衡状态误分类，因此其对应的故障参数空间的划分不具有可靠性。另外，基于减法聚类算法，不平衡状态数量为 2，这将导致多故障某些耦合的部分难以估计出来。

表 10.4　类不平衡学习方法对比

类不平衡学习	不平衡状态数量	有效性指标
减法聚类	2	0.8078
本章提出的方法	3	0.1838
GA-SA-FCM 聚类	4	1.8966
GA-FCM 聚类	5	3.35
FCM 聚类	6	8.4783

根据辨识的故障特征分布，图 10.6 给出了解耦的故障集合。对应图 10.5 中，故障集合 1、2、3 分别代表速度传感器故障、电机振动故障和电机过热故障。相对其他两种故障集合，故障集合 3 属于少数类样本。如果故障分离决策具有较好的泛化能力，那么故障集合 3 可以被合理地分离出来。

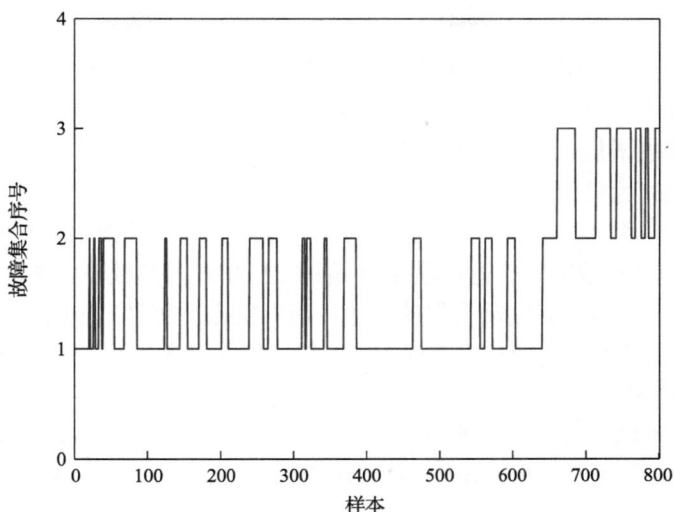

图 10.6　解耦的故障集合分布图

　　为了实现上述目标，对于每个故障样本来说，下面通过对比性仿真来验证类别隶属度函数的有效性。从图 10.7 可以看出，对于具有多数类别属性的故障来说，文献[14]的类别隶属度函数接近 1，并在故障集合 1 和故障集合 2 联合的故障效应之间，具有明显可区分的概率($\mu_{12} > 0.5$)。然而，对于具有少数类别属性的故障来说，该方法得到的类别隶属度函数分布曲线呈现下降趋势，其值在 0.8 附近波动，并且故障集合之间存在重叠。因此，故障原因不能很好地被分离，需要研究

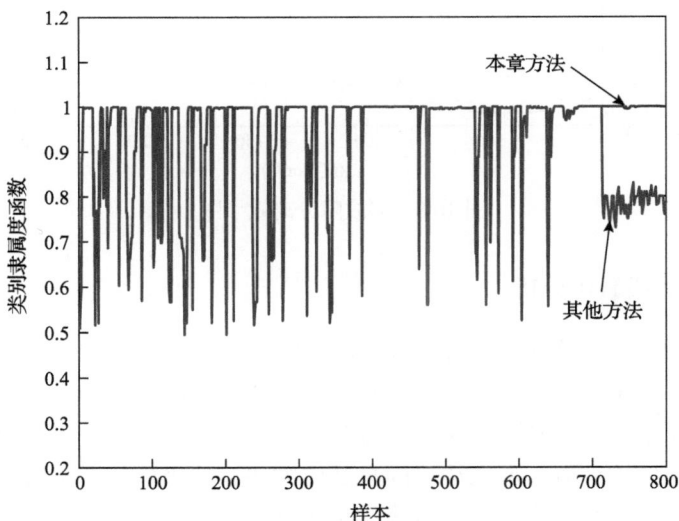

图 10.7　故障类别隶属度函数分布图

具有更严格统计意义的方法。

从图 10.7 可以看出，基于本章方法提出的类不平衡测量具有满意的性能。图中每个故障样本都以合适的概率属于一个独立的故障集合。特别地，少数类样本的类隶属度函数增加到 1，这将保护故障数据类别分布的自然属性，并产生具有良好检验功能的后验概率。

为了验证本章提出的基于分类方法的故障分离算法，下面用具有不平衡分布的 CRH5G 型高速列车故障数据进行验证。一般来说，电机过热故障经常出现在 CRH5G 型高速列车制动阶段，其制动力保持负值。当电机振动故障出现时，牵引力为零。速度传感器故障的发生将导致高速列车牵引特性偏离正常条件。图 10.8 给出了多故障分离效果图。从图 10.8 中可以看出，在高速列车速度和牵引力大范围变化条件下，多故障的拥挤和耦合特性可以被精确地分离，而且三个解耦的故障类别尤其是少数样本(故障集合 3)也能被辨识出来。这些结果和表 10.3 中的结论相吻合。

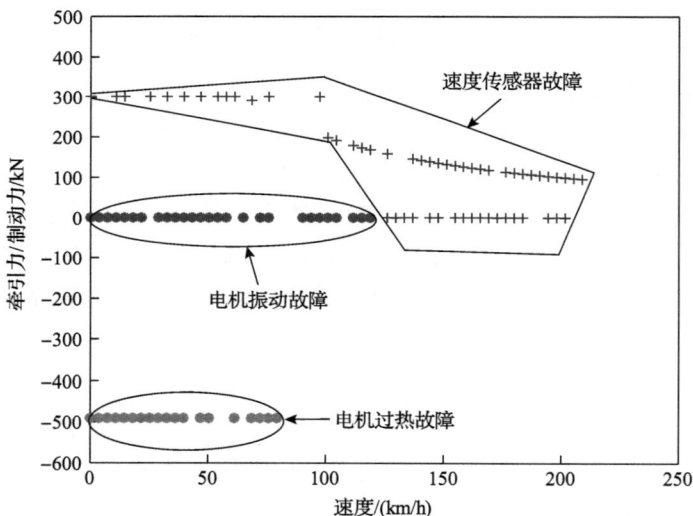

图 10.8　多故障分离效果图

10.6.2　报警等级量化分析

为了验证报警等级量化分析的有效性，将本章提出的二阶段自适应方法和传统的自适应方法进行对比分析。基于提出的多故障分离策略，表 10.5 给出了两种自适应方法对应的三个模型参数 (a_1, b_0) 的收敛值。其中 a_1 表示速度变量的系数，b_0 表示控制变量的系数。考虑传统的自适应方法，每当信号达到最大值时，就会发生较大的暂态现象，并且参数估计对时变故障参数不敏感。因此，该方法得到的三个模型的最终收敛值可能不准确。

表 10.5　多模型参数的收敛值

多模型	传统的自适应方法 (a_1, b_0)	本章方法 (a_1, b_0)
1	$(-1.005, -0.0254)$	$(-0.8915, -0.0028)$
2	$(-0.9934, 0.2)$	$(-0.4533, 0.1087)$
3	$(-0.1792, -0.1048)$	$(-0.1689, -0.0019)$

基于文献[18]中可靠的自适应权重，根据式(10.38)得到的二阶段参数估计分别如图 10.9 和图 10.10 所示。根据图中数据的变化趋势来看，这些参数估计值具

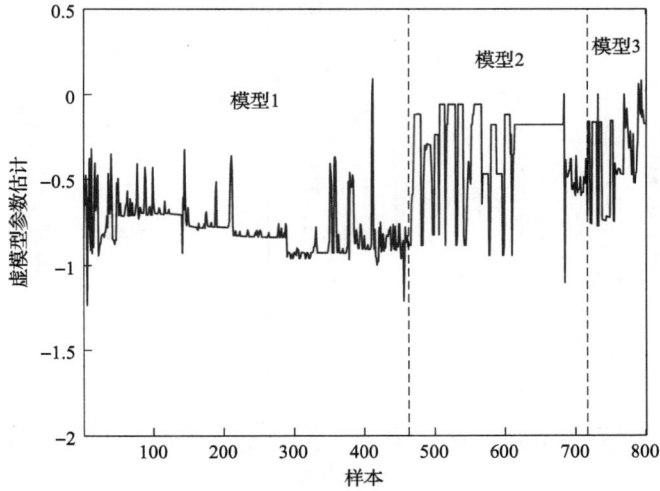

图 10.9　虚模型参数 a_1 曲线图

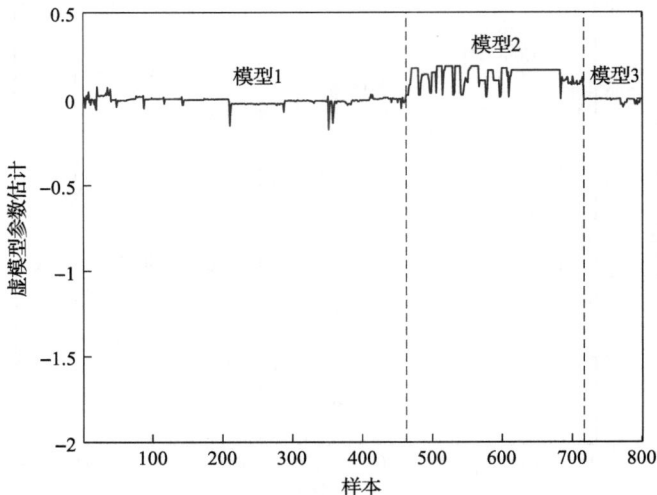

图 10.10　虚模型参数 b_0 曲线图

有较快的收敛率和较小的跳变量。除此之外，根据定理 10.1 和定理 10.2，基于多模型空间学习的方法具有较高的估计精度。类似地，为了表征微小故障的缓变特征，模型 1 和模型 3 的遗忘因子分别设定为 0.97 和 0.96。为了有效描述电机振动的突变动态，模型 2 对应的遗忘因子为 1.99999。更重要的是，从图 10.9 和图 10.10 可以看出，这些设定值满足参数变化趋势。

　　根据上述性质，报警等级量化图及故障估计曲线分别如图 10.11 和图 10.12 所示。在定理 10.2 成立的条件下，从图 10.10 可以看出，故障参数变化不会引起误

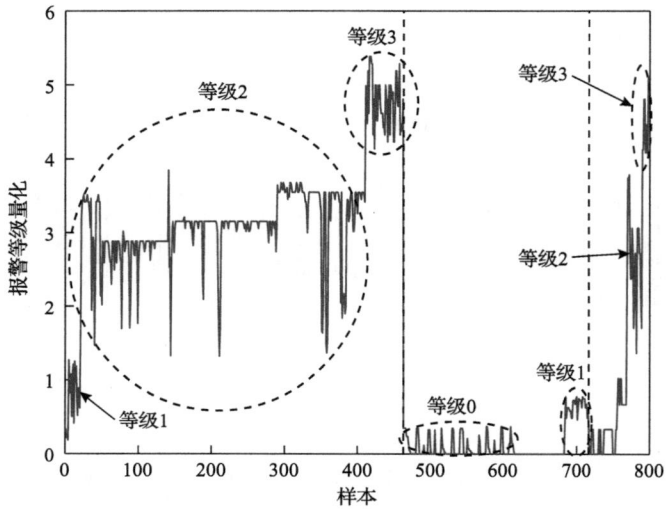

图 10.11　报警等级量化图

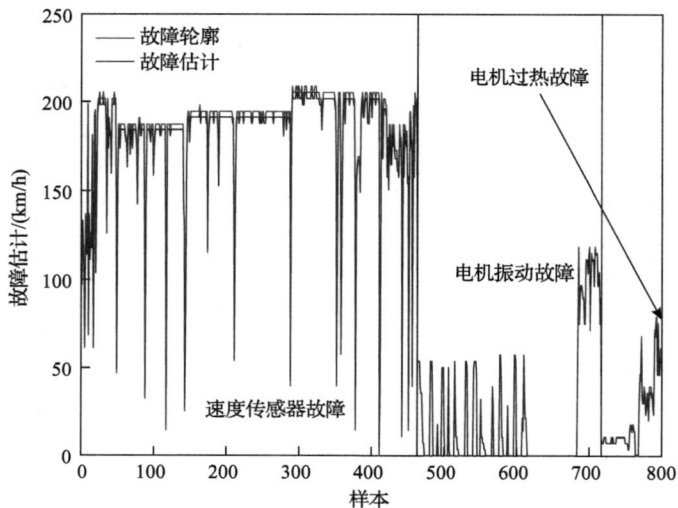

图 10.12　故障估计曲线图

报警现象，故障诊断结果是稳定的，并具有合适的报警优先级。对于故障严重程度估计来说，图 10.11 给出了四个报警等级的量化描述 (0,1,2,3)：电机振动故障、速度传感器故障、电机过热故障，以及包含速度传感器故障和电机过热的多故障。

根据定理 10.3，报警等级 0 可以在电机振动故障和电机过热故障阶段观察到，这表明高速列车牵引系统可以容错一些不严重的故障或者可以自愈合的故障，在这些故障影响下，牵引电机可以继续运行。对于多故障阈值特征 (10.51)，尽管报警等级 1 在三种故障模式中都会出现，但结合本章提出的报警等级量化评价机制 (10.53)，多故障也能被有效地分离出来。类似地，速度传感器故障和电机过热故障对应的报警等级 2 也能被唯一确定。当速度传感器故障和电机过热故障相互抵消或相互增强时，报警等级 3 可能会被触发。在这种情况下，故障模式具有严重性且合适的容错方案需要尽快实施。

从图 10.12 故障估计结果来看，在牵引电机所有运行区域，不论是在单一还是多故障状态，故障诊断结果具有较高的可靠性和较小的波动性。通过联合多模型和二阶段自适应方法，诊断结果在不同的故障模式下，其输出是稳定的，这将明显改善多模型输出的稳定性。此外，本章提出的方法不需要过多的模型和故障样本，其复杂性也有所降低。

10.7　应用案例 2

采用文献[16]中的速度聚类技术对牵引电机切换模式进行分析，式 (10.54) 中的矩阵参数可计算如下：

$$A_1 = \begin{bmatrix} -54.3306 & 0 & 52.9852 & 0 \\ 0 & -54.3306 & 0 & 52.9852 \\ 52.2593 & 0 & -55.2467 & 0 \\ 0 & 52.2593 & 0 & -55.2467 \end{bmatrix}$$

$$A_2 = \begin{bmatrix} -54.3306 & 271.549 & 52.9852 & 282.3116 \\ -271.549 & -54.3306 & -282.3116 & 52.9852 \\ 52.2593 & 283.1395 & -55.2467 & -294.3615 \\ 283.1395 & 52.2593 & 294.3615 & -55.2467 \end{bmatrix}$$

$$A_3 = \begin{bmatrix} -54.3306 & 661.2405 & 52.9852 & 687.4482 \\ -661.2405 & -54.3306 & -687.4482 & 52.9852 \\ 52.2593 & 689.4641 & -55.2467 & -716.7905 \\ 689.4641 & 52.2593 & 716.7905 & -55.2467 \end{bmatrix}$$

$$B_k = \begin{bmatrix} 377.2959 & 0 \\ 0 & 377.2959 \\ -362.9121 & 0 \\ 0 & -362.9121 \end{bmatrix}, \quad C_k = \begin{bmatrix} 1 & 0 & 0 & 0 \\ 0 & 1 & 0 & 0 \end{bmatrix}$$

$$D_{11} = \begin{bmatrix} 0.962 & 0 \\ 0 & 0.962 \\ -0.925 & 0 \\ 0 & -0.925 \end{bmatrix}, \quad D_{12} = \begin{bmatrix} 0.509 & 0 \\ 0 & 0.509 \\ -0.49 & 0 \\ 0 & -0.49 \end{bmatrix}, \quad D_{13} = \begin{bmatrix} 0.17 & 0 \\ 0 & 0.17 \\ -0.163 & 0 \\ 0 & -0.163 \end{bmatrix}$$

$$D_{2k} = \begin{bmatrix} 0.01 & 0 \\ 0 & 0.01 \end{bmatrix}, \quad E_1 = \begin{bmatrix} 320.7015 & 0 \\ 0 & 320.7015 \\ -308.4753 & 0 \\ 0 & -308.4753 \end{bmatrix}$$

$$E_2 = \begin{bmatrix} 169.7831 & 0 \\ 0 & 169.7831 \\ -163.3105 & 0 \\ 0 & -163.3105 \end{bmatrix}, \quad E_3 = \begin{bmatrix} 56.5944 & 0 \\ 0 & 56.5944 \\ -54.4368 & 0 \\ 0 & -54.4368 \end{bmatrix}$$

由于控制输入 $u(t)$ 在切换系统和观测器中同时存在，故其不会影响故障估计结果。另外，由于牵引电机定子参考电压为正弦信号且满足持续激励条件，参考输入 $u(t)$ 可选为 $u(t) = [0.1\sin(2\pi t) \quad 0.1\sin(2\pi t + 90)]^{\mathrm{T}}$，其采样步长为 0.05s。由文献[21]可知，电磁干扰 v 的幅值约为定子参考电压的 10%。为了验证所提出观测器的有效性，v 也要满足持续激励条件，本章仿真中 v 设为 $v = 0.01\sin(2\pi t)$。此外，本章多故障 $f(t) = [f_1(t) \quad f_2(t)]^{\mathrm{T}}$ 定义如下：

$$f_1(t) = \begin{cases} 0, & 0\mathrm{s} \leqslant t < 30\mathrm{s} \\ 1 - \mathrm{e}^{-0.15(t-30)}, & 30\mathrm{s} \leqslant t < 60\mathrm{s} \\ 1 - 2\left(1 - \mathrm{e}^{-0.1(t-60)}\right), & 60\mathrm{s} \leqslant t < 100\mathrm{s} \end{cases} \tag{10.93}$$

$$f_2(t) = \begin{cases} 0, & 0\mathrm{s} \leqslant t < 35\mathrm{s} \\ 3\left(1 - \mathrm{e}^{-0.15(t-30)}\right), & 35\mathrm{s} \leqslant t < 60\mathrm{s} \\ 3 - 2\left(1 - \mathrm{e}^{-0.1(t-60)}\right), & 60\mathrm{s} \leqslant t < 100\mathrm{s} \end{cases} \tag{10.94}$$

对于特定的切换信号，状态反馈增益矩阵 $K_{\sigma_{k'(t)}}$ 设计如下：

$$K_1 = \begin{bmatrix} 2.5746 & 0 & 2.0774 & 0 \\ 0 & 2.5746 & 0 & 2.0774 \end{bmatrix}$$

$$K_2 = \begin{bmatrix} 0.1664 & 0.2302 & 0.1356 & 1.0486 \\ -0.409 & 1.2818 & -0.5476 & 0.5023 \end{bmatrix}$$

$$K_3 = \begin{bmatrix} -0.3308 & -3.507 & -0.5082 & 0.728 \\ -1.5671 & 1.2403 & -1.6928 & 0.3105 \end{bmatrix}$$

因此，考虑 $\varepsilon = 0.001$，$\theta = 0.7$，$\vartheta = 0.25$，$\mu_1 = 1.4$，$\mu_2 = 2$，在求解定理 10.4 的过程中，为了保证系统具有较好的电磁干扰抑制能力，区域极点约束为 $\Gamma(-50,50)$，最优的 γ_k 集合为 $\gamma_1 = 3.0389$，$\gamma_2 = 3.2951$，$\gamma_3 = 4.5002$。

给定 $\xi^* = 0.6$，$\varDelta_{\max} = 2$，由推论 10.1 和注释 10.7 可知，平均驻留时间 $T_a > T_a^* = \max\{1.5404, 19\}$，$\gamma = \max\{\gamma_k\} = 4.5002$。此外，不同切换模式对应的估计器增益矩阵计算如下：

$$\bar{H}_1 = \begin{bmatrix} H_{P1} \\ H_{I1} \end{bmatrix} = \begin{bmatrix} -204.3424 & 0 \\ 0 & -204.3726 \\ 200.7023 & 0 \\ 0 & 200.7315\partial \\ 12.5285 & 0 \\ 0 & 12.5356 \end{bmatrix}$$

$$\bar{H}_2 = \begin{bmatrix} H_{P2} \\ H_{I2} \end{bmatrix} = \begin{bmatrix} -13.9552 & 299.5736 \\ -28.8027 & -289.204 \\ 17.5892 & 275.9323 \\ 26.7345 & 283.1609 \\ 9.9894 & 5.4302 \\ 5.1566 & 23.5672 \end{bmatrix}$$

$$\bar{H}_3 = \begin{bmatrix} H_{P3} \\ H_{I3} \end{bmatrix} = \begin{bmatrix} -16.2113 & 1572 \\ -47.2266 & -352.4134 \\ 15.8594 & -145.9385 \\ 54.4974 & 346.8637 \\ 28.1339 & -66.1525 \\ -20.9173 & 57.3678 \end{bmatrix}$$

综合上述分析，在平均驻留时间 $T_a = 20s$ 的情况下，图 10.13 分别给出了异步切换模式下系统和估计器的切换效果图。基于闭环比例积分故障观测器式(10.67)和式(10.68)的求解，图 10.14 给出了式(10.93)和式(10.94)中时变故障同时估计曲线图。从图中可以看出，本章提出的观测器能够在异步切换模式下实现多故障的准确估计。

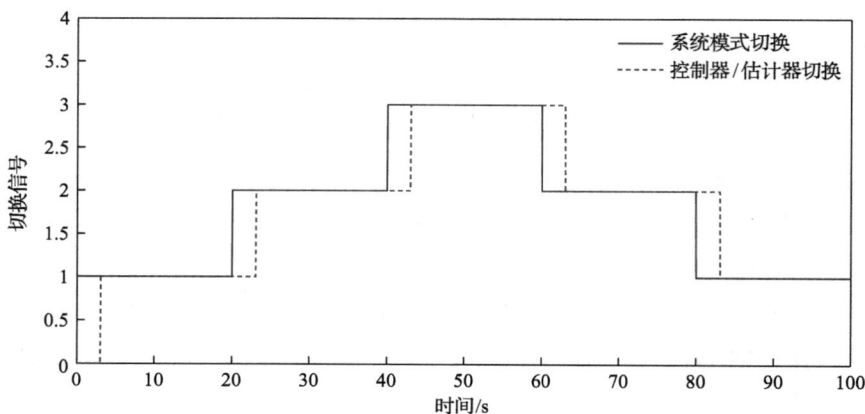

图 10.13　异步切换模式下的切换效果图

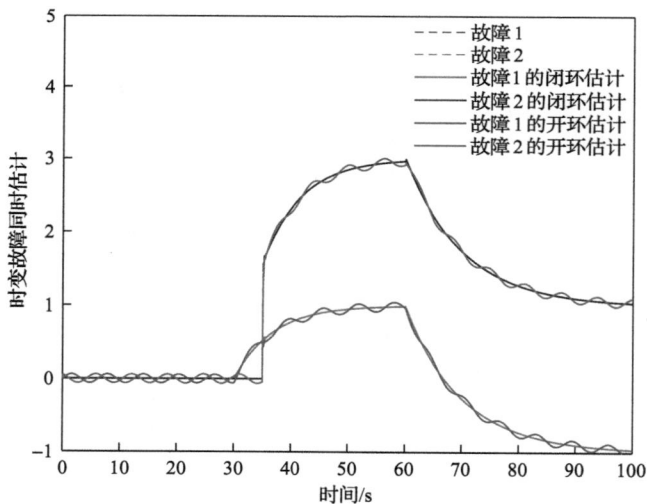

图 10.14　时变故障同时估计曲线图

为了进一步验证本章提出方法的有效性，对比性仿真分析如图 10.14 和图 10.15 所示。从图中可以看出，在高速列车异步切换模式阶段，闭环故障观测器估计误差明显低于文献[21]和[26]中的开环估计误差；在故障演化的最终阶段，故障开环估计值仍然在实际值附近振荡。此外，在电磁干扰作用下，闭环故障观测器的干扰抑制能力明显优于开环故障观测器。

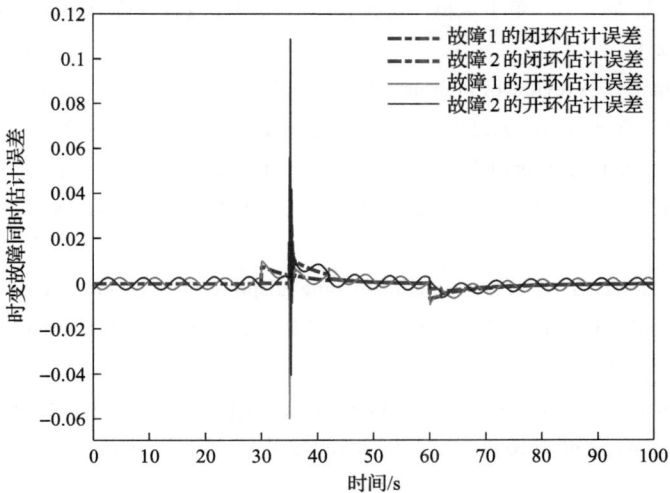

图 10.15　时变故障同时估计误差曲线图

10.8　本 章 小 结

　　本章提出了新的牵引电机多故障建模、分离、估计和容错控制方案。针对非线性时变多故障诊断和容错控制问题，深入研究了牵引电机的降阶模型机理，得到了便于系统辨识的最小二乘模型结构，发展了新的类不平衡学习机制，并基于该结构设计了二阶段自适应多模型诊断系统，实现了故障报警等级量化分析。针对牵引电机的切换动态和电磁干扰，基于上述多故障模型，设计了鲁棒闭环故障估计器，讨论了该方案实现异步切换的可行性以及需要解决的技术性问题。仿真结果也证实了所提方法的有效性。

参 考 文 献

[1] Yu W K, Zhao C H. Online fault diagnosis in industrial processes using multimodel exponential discriminant analysis algorithm[J]. IEEE Transactions on Control Systems Technology, 2019, 27(3): 1317-1325.

[2] Zhao S Y, Huang B, Liu F. Fault detection and diagnosis of multiple-model systems with mismodeled transition probabilities[J]. IEEE Transactions on Industrial Electronics, 2015, 62(8): 5063-5071.

[3] Sadeghzadeh-Nokhodberiz N, Poshtan J. Distributed interacting multiple filters for fault diagnosis of navigation sensors in a robotic system[J]. IEEE Transactions on Systems, Man, and

Cybernetics: Systems, 2017, 47(7): 1383-1393.

[4] 张坤鹏, 姜斌, 陈复扬. 牵引电机结构损伤降阶模型和复合故障分离[J]. 控制工程, 2020, 27(2): 212-218.

[5] Chen H T, Jiang B. A review of fault detection and diagnosis for the traction system in high-speed trains[J]. IEEE Transactions on Intelligent Transportation Systems, 2020, 21(2): 450-465.

[6] Wang F, Xu T H, Tang T, et al. Bilevel feature extraction-based text mining for fault diagnosis of railway systems[J]. IEEE Transactions on Intelligent Transportation Systems, 2017, 18(1): 49-58.

[7] Gou B, Xu Y, Xia Y, et al. An intelligent time-adaptive data-driven method for sensor fault diagnosis in induction motor drive system[J]. IEEE Transactions on Industrial Electronics, 2019, 66(12): 9817-9827.

[8] Zhang K P, Jiang B, Chen F Y. Multiple-model-based diagnosis of multiple faults with high-speed train applications using second-level adaptation[J]. IEEE Transactions on Industrial Electronics, 2021, 68(7): 6257-6266.

[9] Gou B, Ge X L, Wang S L, et al. An open-switch fault diagnosis method for single-phase PWM rectifier using a model-based approach in high-speed railway electrical traction drive system[J]. IEEE Transactions on Power Electronics, 2016, 31(5): 3816-3826.

[10] Kim Y, Koo B, Nam K. Induction motor design strategy for wide constant power speed range[J]. IEEE Transactions on Industrial Electronics, 2019, 66(11): 8372-8381.

[11] Chen H T, Jiang B, Ding S X, et al. Probability-relevant incipient fault detection and diagnosis methodology with applications to electric drive systems[J]. IEEE Transactions on Control Systems Technology, 2019, 27(6): 2766-2773.

[12] Davies D L, Bouldin D W. A cluster separation measure[J]. IEEE Transactions on Pattern Analysis and Machine Intelligence, 1979, 1(2): 224-227.

[13] Yang C H, Yang C, Peng T, et al. A fault-injection strategy for traction drive control systems[J]. IEEE Transactions on Industrial Electronics, 2017, 64(7): 5719-5727.

[14] Collell G, Prelec D, Patil K R. A simple plug-in bagging ensemble based on threshold-moving for classifying binary and multiclass imbalanced data[J]. Neurocomputing, 2018, 275: 330-340.

[15] Jiang Y C, Yin S, Kaynak O. Data-driven monitoring and safety control of industrial cyber-physical systems: Basics and beyond[J]. IEEE Access, 2018, 6: 47374-47384.

[16] Paleologu C, Benesty J, Ciochina S. A robust variable forgetting factor recursive least-squares algorithm for system identification[J]. IEEE Signal Processing Letters, 2008, 15: 597-600.

[17] 张坤鹏, 姜斌, 陈复扬, 等. 基于时变模型辨识的高速列车复合故障诊断[J]. 控制与决策, 2019,34(2): 274-278.

[18] Han Z, Narendra K S. New concepts in adaptive control using multiple models[J]. IEEE

Transactions on Automatic Control, 2012, 57(1): 78-89.

[19] Mustafa M O, Nikolakopoulos G, Gustafsson T, et al. A fault detection scheme based on minimum identified uncertainty bounds violation for broken rotor bars in induction motors[J]. Control Engineering Practice, 2016, 48: 63-77.

[20] Zhou D H, Ji H Q, He X, et al. Fault detection and isolation of the brake cylinder system for electric multiple units[J]. IEEE Transactions on Control Systems Technology, 2018, 26(5): 1744-1757.

[21] Zhang K K, Jiang B, Yan X G, et al. Incipient fault detection for traction motors of high-speed railways using an interval sliding mode observer[J]. IEEE Transactions on Intelligent Transportation Systems, 2019, 20(7): 2703-2714.

[22] Chen L H, Zhao Y X, Fu S S, et al. Fault estimation observer design for descriptor switched systems with actuator and sensor failures[J]. IEEE Transactions on Circuits and Systems I: Regular Papers, 2019, 66(2): 810-819.

[23] Du D S, Jiang B, Shi P, et al. Fault detection for continuous-time switched systems under asynchronous switching[J]. International Journal of Robust and Nonlinear Control, 2014, 24(11): 1694-1706.

[24] Zhang K P, Jiang B, Tao G, et al. MIMO evolution model-based coupled fault estimation and adaptive control with high-speed train applications[J]. IEEE Transactions on Control Systems Technology, 2018, 26(5): 1552-1566.

[25] Eddoukali Y, Benzaouia A, Ouladsine M. Integrated fault detection and control design for continuous-time switched systems under asynchronous switching[J]. ISA Transactions, 2019, 84: 12-19.

[26] Raza M T, Khan A Q, Mustafa G, et al. Design of fault detection and isolation filter for switched control systems under asynchronous switching[J]. IEEE Transactions on Control Systems Technology, 2016, 24(1): 13-23.

[27] Peng T, Tao H W, Yang C, et al. A uniform modeling method based on open-circuit faults analysis for NPC-three-level converter[J]. IEEE Transactions on Circuits and Systems II: Express Briefs, 2019, 66(3): 457-461.

[28] Yang H, Fu Y T, Wang D H. Multi-ANFIS model based synchronous tracking control of high-speed electric multiple unit[J]. IEEE Transactions on Fuzzy Systems, 2018, 26(3): 1472-1484.

[29] Yang H, Zhang K P, Liu H E. Online regulation of high speed train trajectory control based on T-S fuzzy bilinear model[J]. IEEE Transactions on Intelligent Transportation Systems, 2016,17(6): 1496-1508.

第 11 章　高速列车智能辅助驾驶
关键技术应用与展望

11.1　本书的主要工作

本书针对高速列车运行过程建模、优化控制、诊断与容错控制理论及应用开展系列研究，部分研究成果在京沈高铁、京沪高铁相关区间运营的高速列车上进行了验证应用；在大秦铁路运营的重载列车进行了现场测试；在凤凰磁悬浮列车进行了现场调试。本书主要解决如下三个问题：高速列车行驶状态智能感知技术；高速列车运行目标优化和控制一体化技术；高速列车智能辅助驾驶技术。主要内容与贡献归纳如下。

(1) 第 2 章将信息融合定位问题转化成带约束的多目标优化问题，采用电子地图信息拟合成轨道约束方程的方法，将地图匹配加入到定位过程中，并改进微分进化算法提出 GWDE-MM 算法。对比实验结果表明，改进算法提高了求解速度和精度，增强了高速列车定位的实时性和可靠性。

(2) 在第 2 章介绍的高速列车定位的基础上，第 3 章贡献主要包括采用姿态测量原理推导阐述和姿态检测实验两方面。首先，明确了载体姿态测量中的相关参数，包括载体姿态角参数的定义、姿态测量中的坐标系及其转换关系，其次，推导了载波相位差分观测量和待定参数之间的确定性数学关系，构建了基于智能优化算法的姿态测量模型。实验结果表明，所提出的方法在姿态检测上获得了较好的仿真效果，为动车组安全运行监测提供了一种可靠的实现方式。

(3) 第 4 章针对现有高速列车运行优化控制难以同时满足准点、节能、停车精度、乘坐舒适性指标要求的问题，基于高速列车运行过程的动力学分析和实际运行数据(可结合第 2 章和第 3 章感知的列车数据)，在线优化获得其运行过程理想的多目标速度曲线。最后基于 CRH380AL 型高速列车的实际运行数据的实验结果表明优化结果实时有效。

(4) 基于第 4 章提出的高速列车运行多目标优化技术，第 5 章采用 ANFIS 来描述高速列车复杂非线性动态特性，并基于建立的 ANFIS 模型设计有效的广义预测控制方法保障列车运行性能。与线性多模型切换预测控制方法的对比实验验证了该章方法的有效性，同时表明 ANFIS 建模有异于普通线性多模型，其模型自调整功能使得建模精度更高，更适用于高速列车复杂运行的建模。

(5)在第 5 章高速列车运行建模与控制的基础上，第 6 章提出多质点-ANFIS
建模方法和相应的模型预测控制器完成对高速列车的同步跟踪控制。将每一个
车厢视为一个质点，整个列车看成一个质点链，考虑高速列车运行过程中，每
个车厢除了受到控制力、运行阻力外，还受到前后车厢的拉力或推力作用。基
于高速列车牵引/制动力特性曲线和真实运营数据，建立多质点-ANFIS 模型，
设计高速列车运行速度同步跟踪控制方法，并详细剖析了控制系统的可行性与
稳定性。最后采集短编组 CRH380A 的真实运行数据检验所提方法的有效性和
优越性。

(6)针对高速列车难以建立有效的模型描述和实现运行优化的难题，基于第 5
章和第 6 章中高速列车操纵过程机理分析和系统运行数据，第 7 章提出了离线建立
高速列车 T-S 模糊双线性模型、基于即时学习的模型在线调整与自适应预测控制相
结合的闭环辨识策略。最后基于 CRH380AL 型高速列车在京沪高铁"济南西—徐
州东"区间内实际运行数据的仿真结果，验证了所提方法的有效性。

(7)在第 5～7 章介绍的高速列车优化操纵技术的保障下，第 8 章提出了高速
列车追踪运行特征建模方法和多目标追踪运行优化控制策略。首先，在分析高速
列车追踪运行场景关键特征的基础上，建立包含线路、过分相、追踪运行约束等
因素的高速列车追踪运行场景特征模型。然后采用所建立的特征模型，给出高速
列车追踪运行多目标优化模型，并设计基于多目标粒子群优化算法的模型求解方
法。最后，利用高速列车现场运行数据开展仿真实验，验证所提出建模和优化控
制方法的有效性。

(8)在第 5～8 章介绍的高速列车运行优化控制的基础上，第 9 章针对高速列
车操纵过程中驾驶员可获取的操作指令有限、列车操纵受驾驶员个人能力经验影
响较大、传统预测方法只考虑列车速度因素等问题，提出了一种基于端-边-云协
同的高速列车牵引/制动手柄级位预测技术，通过融合机理与数据驱动建模技术，
构建了基于 LSTM 网络的高速列车操纵过程预测模型。

(9)考虑高速列车优化运行主要依靠牵引电机的工作性能，通过集成第 5～9
章介绍的高速列车智能辅助驾驶技术，第 10 章给出了基于二阶段自适应多模型的
牵引电机多故障诊断与容错控制方案。首先在系统多个工作点附近建立牵引电机
最小二乘模型结构，实现机理模型和数据驱动模型的统一描述，再基于类不平衡
学习技术，实现多故障特征的提取。接着基于分类算法完成对牵引电机未知参数
空间的合理划分，采用两层故障参数估计框架来提高参数收敛性能，并实现故障
报警等级估计的量化分析。据此，将牵引系统多模式辨识问题抽象为切换系统，
对建立的多故障模型设计鲁棒观测器。最后基于 CRH5G 型高速列车故障数据的
仿真结果验证了所提方法的有效性。